Ganz normal anders

THOMAS IHDE-SCHOLL

Ganz normal anders

Alles über psychische Krankheiten,
Behandlungsmöglichkeiten und Hilfsangebote

Beobachter-Edition
3., aktualisierte Auflage, 2020
© 2013 Ringier Axel Springer Schweiz AG, Zürich
Alle Rechte vorbehalten
www.beobachter.ch

Herausgeber: Schweizerische Stiftung Pro Mente Sana
Lektorat: Christine Klingler Lüthi, Wädenswil
Umschlaggestaltung und Reihenkonzept: buchundgrafik.ch
Umschlagfotos: fotolia
Fotos: iStock
Satz: Bruno Bolliger, Gudo
Druck: Grafisches Centrum Cuno GmbH & Co. KG, Calbe

ISBN 978-3-03875-184-7

Zufrieden mit den Beobachter-Ratgebern?
Bewerten Sie unsere Ratgeber-Bücher im Shop:
www.beobachter.ch/shop

Mit dem Beobachter online in Kontakt:

 www.facebook.com/beobachtermagazin
 www.twitter.com/BeobachterRat
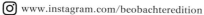 www.instagram.com/beobachteredition

MIX
Papier aus verantwor-
tungsvollen Quellen
FSC® C043106

Inhalt

5 Schizophrenie 161

Vorwort

Unter meinen verschiedenen beruflichen Aufgaben war wohl das Schreiben dieses Ratgebers vor sechs Jahren eine meiner schönsten. Nicht nur, weil ich das Buch auf langen Spaziergängen der Aare entlang, begleitet von meiner Hündin, mit einem Diktiergerät in der Hand verfasste, sondern weil der Ratgeber so geschätzt, aber auch für sehr nötig befunden wurde. Die psychische Gesundheit ist zu unserer neuen Achillesferse geworden. Wir alle kennen jemanden im engsten Umfeld, der eine psychische Krise oder Krankheit durchlebt hat. Noch vor zehn Jahren fanden die meisten Menschen, dass so etwas wie eine Erschöpfungsdepression ihnen nie passieren könnte. Das ist heute anders. Viele sind sich bewusster, dass es Konstellationen geben kann, wo auch sie davor nicht gefeit sind. Bewusster sind es sich viele, einige sprechen auch darüber, andere wissen es zwar, würden sich aber nie jemandem anvertrauen. Stigma und Scham sind immer noch ein grosses Thema.

Es war schön, das Buch selbst wieder einmal zu lesen, denn es ist geprägt von vielen Menschen, die mir Wichtiges mit auf den Weg gegeben haben: Betroffene, Angehörige, Peers, Fachpersonen, meine Mitarbeitenden und die Menschen, die mich ausgebildet haben.

Bedanken möchte ich mich bei der Beobachter-Edition, nämlich bei Urs Gysling, der dem Thema bereits früh eine hohe Wichtigkeit gab, auch als noch überhaupt nicht klar war, dass ein Ratgeber zu psychischer Gesundheit auch ein kleiner Bestseller sein kann, und Christine Klingler, «meiner» Lektorin. Christine versteht es perfekt, den Text aus Sicht eines Betroffenen, einer Angehörigen, einer Vorgesetzten oder eines Bewegungstherapeuten, die alle für ihre Arbeit und ihren Alltag mehr zum Thema der psychischen Gesundheit wissen wollen, auf seine Verständlichkeit zu überprüfen.

Dr. med. Thomas Ihde-Scholl
im Januar 2020

Institutionen, Therapien, Medikamente

Nichtbetroffene haben beim Thema psychische Erkrankungen häufig Berührungsängste. Doch je mehr man weiss, desto eher kann man die alten und heute grösstenteils überholten Vorstellungen von psychisch Kranken und der Psychiatrie ablegen. Die Informationen in diesem Kapitel sollen dazu beitragen, Wissen auf- und Unsicherheit abzubauen.

Allgemeine Informationen

Erleben wir einen Boom psychischer Krankheiten? Wo verläuft die Grenze zwischen psychisch krank und gesund? Und wo finden Menschen mit psychischen Schwierigkeiten Hilfe? In diesem Kapitel finden Sie allgemeine Informationen und eine Übersicht über mögliche Anlaufstellen.

Schwere psychische Erkrankungen sind zum Glück relativ selten. Man geht davon aus, dass in der westlichen Welt etwa jeder 16. in seinem Leben psychisch schwer erkrankt, also etwa sechs Prozent der Bevölkerung. Als schwere psychische Erkrankungen gelten die Schizophrenien, die manisch-depressiven Erkrankungen, die schwere depressive Störung und gewisse Persönlichkeitsstörungen wie die Borderline-Persönlichkeitsstörung. Viel häufiger als die schweren Formen sind aber zum Beispiel Angsterkrankungen oder auch leichte bis mittelgradige depressive Erkrankungen.

❗ GUT ZU WISSEN *Zählt man alle psychischen Erkrankungen – leichte und schwere – zusammen, kann man davon ausgehen, dass in der Schweiz jede dritte Person im Lauf ihres Lebens psychisch erkrankt. Das tönt beängstigend. Doch gilt es zu bedenken, dass fast 100 Prozent der Bevölkerung in ihrem Leben körperlich erkranken – und dies sehen wir als normal an.*

Nehmen psychische Erkrankungen zu?

Den Eindruck bekommt man gelegentlich aus den Medien, doch psychische Erkrankungen sind kein Phänomen unserer Zeit; es hat sie schon immer gegeben. In zahlreichen zum Teil 2000 Jahre alten Texten werden Menschen beschrieben, die unter einer Depression, einer manisch-depressiven Erkrankung oder auch einer Schizophrenie litten. Auch Demenzen wurden bereits vor relativ langer Zeit erwähnt.

Man geht davon aus, dass sich die Erkrankungsraten bei schweren psychischen Erkrankungen nicht gross verändert haben. Der Hauptgrund dafür, dass sie heute etwas häufiger sind, ist die gestiegene Lebenserwartung.

Zugenommen haben dagegen die Stresserkrankungen, Angsterkrankungen oder auch leichte bis mittelgradige depressive Erkrankungen. Hier ist allerdings unklar, ob diese früher einfach nicht erkannt und diagnostiziert wurden oder ob sie wirklich häufiger geworden sind. Oder ob die Zunahme auf einer Mischung aus beidem beruht. Nicht zuletzt haben sich auch die Definitionen einzelner Erkrankungen geändert; sie sind offener geworden, was in der Regel ebenfalls zu einer höheren Erkrankungsrate beiträgt.

> **HINWEIS** *Wir gehen gern davon aus, dass Stress ein reines Phänomen der Moderne und der Hauptgrund für die Zunahme psychischer Erkrankungen sei. Bei Naturvölkern zeigt sich aber, dass die Stressbelastung teilweise ebenso hoch ist wie bei uns. Und auch bei uns waren vor 500 Jahren Nahrungsmittelknappheit, Kindersterblichkeit, Gewalt und häufige Kriege an der Tagesordnung und mit einem hohen Stresspegel verbunden.*

Sind psychische Erkrankungen ein Phänomen der westlichen Welt?

Nein. Die schwergradigen psychischen Erkrankungen finden sich bei allen Völkern auf unserem Planeten. So tritt die Schizophrenie in fast allen Kulturen gleich häufig auf. Und in gewissen zentralafrikanischen Ländern ist die Erkrankungsrate für schwere Depressionen sogar höher als in Westeuropa.

Der Umgang mit psychischen Krankheiten ist kulturabhängig. Es ist aber ein Mythos, dass Naturvölker Menschen mit einer Schizophrenie nicht stigmatisieren. Die Athabasken in Alaska etwa liessen Menschen mit einer psychischen Erkrankung einfach zurück, wenn sie in ein neues Jagdcamp zogen.

Wenn psychische Störungen so häufig geworden sind, wie unterscheidet man dann, was noch gesund und was bereits krank ist?

Depressiv fühle ich mich ab und zu, schüchtern bin ich schon immer gewesen, und mit meiner Konzentrationsfähigkeit steht es auch nicht zum Besten – habe ich jetzt eine depressive Störung, eine soziale Phobie oder ein ADHS?

Man ist heute der Ansicht, dass sich die meisten psychischen Erkrankungen auf einem Kontinuum zwischen gesund und krank befinden. Viele von uns kennen Stimmungsschwankungen, Stunden oder Tage, an denen wir uns als depressiv, lustlos und innerlich leer erleben. Das ist normal und für sich genommen noch kein Zeichen einer depressiven Erkrankung. Als leichte Depression wird dieser Zustand dann bezeichnet, wenn er für mindestens zwei Wochen anhält. Er behindert Menschen in ihrer Lebensqualität; sie sind aber immer noch fähig, zum Beispiel ihr Arbeitspensum zu erfüllen. Sind die Symptome stärker, spricht man von einer mittelgradigen Depression; hier wird Arbeiten bereits schwierig. Manche Menschen schliesslich werden so depressiv, dass sie nur noch in sich versunken sind und sogar vergessen, sich zu ernähren. Sie leiden an einer schweren Depression. An diesen Beispielen zeigt sich die Bandbreite von der noch als normal betrachteten Verstimmung bis zur schweren Depression.

HINWEIS *In der Regel spricht man von einer Krankheit, wenn die normale Regenerationsfähigkeit unseres Körpers überfordert wird. Ein Beispiel: Im Winter haben wir alle Kontakt mit Viren, atmen Tausende davon ein – unser Immunsystem schützt uns. Ist es geschwächt, gibt es zu viele Viren oder sind sie sehr aggressiv, überfordert das unsere Abwehr, und wir entwickeln eine Erkältung oder auch eine Grippe. Ähnlich verhält es sich bei psychischen Erkrankungen: Wir besitzen eine psychische Widerstandskraft und können Stress, Krisen oder den Verlust einer nahestehenden Person im Allgemeinen mit der Zeit bewältigen. Diese Regenerationsfähigkeit und Widerstandskraft wird auch Resilienz genannt (siehe auch Seite 29). Zu einer psychischen Erkrankung kommt es, wenn die Balance zwischen Resilienz und Belastung kippt.*

Zusätzlich bestimmen gesellschaftliche Konventionen, was als Krankheit bezeichnet wird. Besonders kontrovers ist dies zurzeit bei Kindern. In einzelnen Studien erfüllen zwei Drittel der Kinder die Kriterien für eine psychische Erkrankung. Auf den ersten Blick ist dies erschreckend. Nun ist es aber gar nicht so einfach, zu entscheiden, was besser ist: Soll die Hürde für die Diagnose eher tief sein – in der Hoffnung, dass man psychische Erkrankungen früh erfassen und behandeln kann? Oder soll die Hürde eher höher sein, damit Kinder, die sich von selbst regeneriert hätten, nicht diagnostiziert werden?

❗ HINWEIS *Tatsache ist: In der Regel wird die Förderung von Kindern nur finanziert, wenn eine Diagnose vorliegt. Dies führt zu Diagnose-, aber nicht eigentlich zu Erkrankungs«explosionen».*

Gerade im Übergangsbereich zwischen «gesund, aber mit ein paar Auffälligkeiten» und «leicht krank» sind sich die Fachleute auch heute sehr unsicher. Dies führt bedauerlicherweise immer wieder dazu, dass gewisse Erkrankungen oder auch die Psychiatrie generell in Frage gestellt werden. Das Resultat ist Unverständnis denjenigen Betroffenen gegenüber, die schwer krank sind.

Was sind die vier Dimensionen bei psychischen Erkrankungen?

Hier geht es um ein Krankheitsmodell, das erklärt, warum uns psychische Erkrankungen wesentlich mehr beeinträchtigen als körperliche.

Mit der **ersten Dimension** sind die Anzeichen oder Symptome gemeint, die wir selbst bei uns bemerken und/oder die unserem Umfeld auffallen. Wir fühlen uns lustlos, verspüren plötzlich den Drang, die Herdplatte immer wieder zu kontrollieren, oder haben auf einmal Angst, dass der Nachbar uns beschattet. Wir merken: Etwas stimmt nicht mehr, ist anders.

In der **zweiten Dimension** werden diese Symptome in einen Kontext gesetzt: Eine Ärztin diagnostiziert eine Zwangsstörung, der Mutter wird erklärt, ihr Sohn sei psychotisch. So lässt sich das Ganze besser einordnen. Das kann entlastend wirken, es kann aber auch Angst machen.

Die **dritte Dimension** betrifft das Soziale, die sogenannte Krankenrolle. Wer schwer depressiv ist, wird vom Arzt krankgeschrieben. Von dem Betroffenen wird nicht mehr erwartet, dass er täglich arbeiten geht oder zu Hause für die Kinder kocht. Es erfolgt eine Entlastung.

In der Psychiatrie am wichtigsten ist die **vierte Dimension.** Um sie verständlich zu machen, zunächst ein Beispiel aus dem physischen Bereich: Die Diagnose Krebs wirkt sich auf das Leben der Betroffenen einschneidend aus. Die Lebensperspektive ist plötzlich eine völlig andere, die Selbstwahrnehmung verändert sich, das gesamte Leben wird von einem Moment auf den anderen von der Diagnose dominiert. Bei psychischen Erkrankungen oder Diagnosen passiert etwas Ähnliches; sie prägen unser ganzes Leben. Unser Selbstverständnis wird erschüttert, wir werden unsicher, trauen uns ganz normale tägliche Entscheidungen nicht mehr zu.

Vom Umfeld werden wir anders wahrgenommen und behandelt. Wir haben das Gefühl, man habe uns einen Stempel mit den Worten «psychisch krank» auf die Stirn gedrückt. Mit anderen Worten: Wir werden stigmatisiert.

Berührungsängste und Stigmatisierung

Das Wort Stigma bedeutet Brand- oder Wundmal; jemanden zu stigmatisieren bedeutet, ihn «abzustempeln». Die Diagnose «psychisch krank» verändert unsere Sicht auf die betreffende Person, lässt ihr Wesen und ihr Verhalten in einem anderen Licht erscheinen. Wir wenden uns instinktiv von stigmatisierten Menschen ab und meiden sie. Psychische Krankheit macht Angst. Betroffene verhalten sich plötzlich so anders, sind nicht mehr «rational». Wir wissen nicht, wie auf sie zugehen, wie mit ihnen reden und worüber. Und vielleicht haben wir insgeheim ein kleines bisschen den Verdacht, dass sie an ihrem Los irgendwie selbst schuld sind.

Stigmatisierung zeigt sich schon im Kleinen: Hat jemand einen Skiunfall, ist das Spitalzimmer voll mit Familie und Freunden, sie bringen Blumen und Bücher und wünschen gute Besserung. Muss ich hingegen wegen einer Depression in eine psychiatrische Klinik, werde ich eher wenig Besuch haben. Freunde und Bekannte sind plötzlich alle «sooo beschäftigt

– du kennst das ja»; es reicht nicht mal für einen Anruf oder eine SMS. Insbesondere die Arbeitskollegen sind verunsichert; sie fragen sich schnell einmal, ob ich wieder zu meiner Leistungsfähigkeit zurückfinden werde oder ob man meine Stelle neu besetzen muss.

Stigmatisierung zeigt sich auch im gesellschaftlichen und im politischen Leben. Wie viele Politikerinnen und Politiker kennen Sie, die sich öffentlich für die Anliegen psychisch Kranker einsetzen?

STIGMA IM WANDEL

Immer mehr prominente Schweizerinnen und Schweizer outen sich heute in Bezug auf ihre Depression. Auch über Angsterkrankungen spricht man relativ offen. Dies ist leider noch nicht der Fall bei der Schizophrenie oder der manisch-depressiven Erkrankung. Auch die Borderline-Störung ist immer noch eine hochstigmatisierte psychische Erkrankung. ■

Selbststigmatisierung

Noch schwieriger als die Stigmatisierung durch Verwandte, Freunde oder die Chefin ist die Selbststigmatisierung. Was halten wir von uns selbst, wenn wir psychisch krank sind? Trauen wir uns zu, wieder leistungsfähig zu werden und den Anforderungen unserer Familie oder des Arbeitslebens zu genügen? Meiden wir unsere Freunde und Kolleginnen, weil wir uns «so» nicht zeigen können oder wollen? Geben wir uns selbst die Schuld, dass wir das Leben nicht mehr im Griff haben? Denken auch wir, dass wir gar nicht krank sind, sondern uns einfach am Riemen reissen sollten?

Auch Fachpersonen stigmatisieren

Stigma ist leider auch bei Behandlerinnen und Behandlern ein Thema; gerade schizophrenen Patienten und Patientinnen sowie solchen mit einer Borderline-Störung gegenüber. Sogenannte Profis stigmatisieren hier gemäss Zürcher Studien sogar überdurchschnittlich stark. Hier ein paar unrühmliche, aber typische Beispiele: Psychisch erkrankte Patienten, die wegen Magenschmerzen auf die Notfallstation gehen, werden schlechter abgeklärt. Viele in der Psychiatrie Tätige arbeiten zwar mit Menschen, die an einer Schizophrenie leiden, tun sich aber schwer mit der Vorstellung, eine Kollegin oder einen Freund zu haben, der an Schizophrenie erkrankt ist. Dies hat nichts mit Abgrenzung zu tun, sondern damit, dass sie vor allem das Kranke sehen und nicht die gesunden Anteile, die jeder Mensch auch in der Krankheit hat.

Was hat der Film «Einer flog übers Kuckucksnest» mit Stigma zu tun?

Kein Film hat das Bild der Psychiatrie so sehr beeinflusst wie dieser. Allerdings spiegelt der Film nur das, was die Allgemeinheit in den 60er-Jahren (zu Recht oder Unrecht) über die Psychiatrie dachte. Der Film ist zum Klassiker geworden, ohne dass heutige Betrachter und Betrachterinnen sich darüber im Klaren sind, wie viel sich in der Psychiatrie seither verändert hat. Die Wahrnehmung der Psychiatrie ist bei der grossen Mehrheit weitgehend gleich geblieben.

HINWEIS *Es gibt eine erfolgreiche Bollywood-Version, die dem amerikanischen Original sehr ähnlich ist. Stigma ist also international; es scheint zwischen Indien und den USA keine grossen Unterschiede zu geben.*

Was zeigt dieser Film, welche Bilder und Stigmata zeigen andere Filme, die sich mit psychischen Erkrankungen befassen? Hauptaussage ist häufig, dass es psychische Krankheit gar nicht gibt. Betroffene passen einfach nicht in die Gesellschaft, sind entweder extrem kreativ oder sehr schüchtern. «Geheilt» werden sie durch Freunde oder indem sie sich verlieben. Die Psychiatrie hingegen wird in aller Regel negativ dargestellt. Therapien wie die Elektrokrampftherapie oder Medikamente werden zur Bestrafung oder Ruhigstellung eingesetzt. Man wird trotz der Psychiatrie gesund – und nicht dank ihr. Die Psychiater und Pflegenden sind unglücklich und haben eine auffällige Persönlichkeit. Psychiaterinnen verlieben sich prinzipiell in ihre Patienten und werden durch sie geheilt oder erlöst …

Ein Ansatz gegen Stigma: Sensibilisierung und Information

Es gibt in der Schweiz keine Prinzen, die darüber sprechen, wie sie sich psychiatrische Hilfe geholt haben, als sie mit der Trauer rund um den Verlust der Mutter nicht zurechtkamen. Die Bevölkerung hierzulande hat auch wenig Wissen rund um Frühwarnzeichen von psychischen Erkrankungen. Viele von uns sind Analphabeten im Bereich der psychischen

Gesundheit. Diesbezüglich ist etwa die Kampagne «Wie geht's dir?» wichtig, die im Auftrag der Gesundheitsförderung Schweiz von der Pro Mente Sana in allen Deutschschweizer Kantonen durchgeführt wird. In sogenannten ensa-Kursen (www.ensa.swiss, siehe Anhang) lernen Laien, wie Erste Hilfe im Bereich der psychischen Gesundheit aussieht. Das Programm wurde vor 20 Jahren in Australien entwickelt; mittlerweile haben 10 Prozent der australischen Bevölkerung einen solchen Kurs absolviert. Der Effekt zeigt sich vor allem in reduzierten Stigmawerten.

Ein Ansatz gegen Stigma: Peers

Reine Wissensvermittlung oder Psychoedukation scheint Stigmawerte aber nur begrenzt reduzieren zu können. Denn Vorurteile sind keine Kopf-, sondern eine Bauchsache. Der Kontakt mit Menschen, die selbst eine psychische Erkrankung durchlebt haben, beeinflusst Vorurteile offenbar nachhaltiger. Sucht jemand Hilfe in Bezug auf seine psychische Gesundheit, scheint der Kontakt zu Peers niederschwelliger zu sein. Im Kontakt mit Fachperson zensurieren wir uns selbst. Wir überlegen uns, was wohl die Fachpersonen von uns hält, da wir nun erschöpft und nicht mehr so leistungsfähig sind, unter Ängsten leiden oder vielleicht zu viel Alkohol konsumieren. Peers sind Menschen, die selbst erkrankt und wieder gesundet sind und in einer Ausbildung gelernt haben, diese Erfahrung auf eine gute Art anderen zur Verfügung zu stellen (mehr dazu auf Seite 95). Selbstzensurierung scheint im Kontakt mit Peers viel weniger eine Rolle zu spielen, die Tür steht weiter offen. Dies kann für Menschen, für die das Thema sehr schambesetzt ist, zentral sein.

Ein Ansatz gegen Stigma: Recovery

Recovery bedeutet Gesundung. Der Ausdruck stammt aus dem angloamerikanischen Raum und bezieht sich im engeren Sinn auf Menschen mit schweren psychischen Erkrankungen. Als Modell lässt sich Recovery aber genauso gut auf leichtere Erkrankungen anwenden.

Menschen mit schweren chronischen psychischen Erkrankungen haben oft aufgegeben. Ihr ganzes Leben wird von der psychischen Erkrankung, dieser vierten Dimension (siehe Seite 21), beherrscht. Sie werden zwar durch das psychiatrische System (hoffentlich) versorgt, wohnen zum Beispiel in einem betreuten Wohnheim, arbeiten an einem geschützten Arbeitsplatz. Was ihnen aber fehlt, ist eine Aufgabe im Leben, die mit Wert-

Stigma: die wichtigsten Tipps

Für Betroffene

- Was macht Sie als Person aus? Wählen Sie drei Punkte, die durch die Krankheit beeinflusst wurden, aber auch drei Punkte, die durch die Krankheit nicht beeinflusst wurden.
- Wäre Ihr Selbstbild ein anderes, wenn Sie an einer körperlichen Krankheit leiden würden? Wenn man herausfände, dass eine Stoffwechselstörung Ihre psychischen Probleme verursacht: Würde dies Ihr Selbstbild ändern?
- Mit wem können Sie über Ihre Erkrankung sprechen? Wer ist offen für solche Themen? Sind Sie sich bei jemandem nicht sicher, sondieren Sie: Erzählen Sie von einer fiktiven Freundin, die an einer Depression oder Psychose leidet, und schauen Sie, wie Ihr Gegenüber reagiert.
- Vielleicht möchten Sie sich an einer Antistigmakampagne beteiligen. Es ist nicht das Wissen über psychische Erkrankungen, das die Haltung verändert. Es ist der Kontakt mit einer betroffenen Person, die sich nach einer psychischen Erschütterung wieder stabilisieren konnte.

Für Angehörige

- Soll es ein Geheimnis bleiben, dass Ihr Partner manisch-depressiv ist? Überlegen Sie, mit wem Sie dies besprechen möchten. Denn auch Sie benötigen Unterstützung. Jemand, der Ihnen Dinge abnimmt, mal die Kinder hütet, den Einkauf erledigt oder mit dem Hund spazieren geht. Oder jemand, der ein offenes Ohr für Sie hat. Die meisten Menschen reagieren positiver, als man denken würde.

Für alle

- Weil psychische Erkrankungen heute so häufig sind, betrifft Stigma uns alle. Unsere Haltung kann sich nur durch den direkten Kontakt mit Betroffenen verändern. Für die Polizei bedeutet dies, dass es sinnvoll sein kann, Menschen mit Alkoholproblemen oder einer Schizophrenie einzuladen und so direkt zu erfahren, dass Genesung möglich ist. Firmen können jemanden mit einer Depression oder einem Burn-out zu einer Teamsitzung einladen. Die Vermittlung von Betroffenen, die über ihren Gesundungsweg berichten können, ist über lokale psychiatrische Anbieter, die Pro Mente Sana oder den Verein ExIn möglich.

schätzung verbunden ist. Eine Aufgabe, die sie mit ihren gesunden (oder auch kranken) Anteilen leisten können.

Recovery bedeutet, diese Anteile zu stärken und sich nicht nur auf die Symptome einzuengen, die manchmal einfach nicht beeinflussbar sind. Das Ziel: Die Krankheit mit ihren Defiziten akzeptieren und mit dieser Krankheit so gut wie möglich am Leben teilnehmen, im Leben stehen, eine Aufgabe übernehmen – und die vierte Dimension der Erkrankung sich wie ein Morgennebel auflösen lassen. Das zeigen im Grunde auch viele der eher negativ gefärbten Psychiatriefilme inklusive «Einer flog übers Kuckucksnest»: sich auf das Leben konzentrieren, trotz Krankheit; sich verlieben, wieder etwas wagen. (Mehr zum Thema Recovery auf Seite 92.)

Ein Ansatz gegen Stigma: Inklusion

In der heutigen Zeit wird fast alles bewertet, normiert und kategorisiert. Positiv formuliert kann dies als Professionalisierung gesehen werden. Aber es führt eben auch zu Marginalisierung. Eine inklusive Gesellschaft setzt sich dafür ein, dass der Begriff «normal» wieder breiter gesehen wird, dass Vielfalt eine Bereicherung ist. Was gefällt Ihnen besser: eine natürliche Bergwiese oder die Monokultur holländischer Tulpenfelder?

Ursachen psychischer Erkrankungen

Um die einzelnen Krankheitsbilder zu erklären, wurden schon unzählige Theorien aufgestellt – und grösstenteils auch wieder verworfen. Im Altertum suchte man die Ursache im Ungleichgewicht der Körpersäfte, im Mittelalter im Übersinnlichen oder Spirituellen, dann erachtete man frühe Kindheitserfahrungen als prägend, entdeckte die schizophrenogene Mutter, die durch ihren Kommunikationsstil angeblich eine Schizophrenie auslöst; schliesslich dachte man auch an soziale Faktoren wie den Stress des Grossstadtlebens.

Heute weiss man, dass psychische Erkrankungen nicht mit einfachen Modellen zu erklären sind. Meistens sind mehrere Faktoren beteiligt – biologische, psychologische, soziale und spirituelle.

Welche Rolle spielen die Gene?

Genetische Faktoren tragen tatsächlich zum Risiko bei, psychisch zu erkranken. Der Einfluss wird aber meist überschätzt. Litt schon meine Mutter an einer Depression, ist mein Risiko, später depressiv zu werden, zwar erhöht – im Vergleich zur Restbevölkerung aber nur um ein paar Prozentpunkte. Das Gleiche gilt für die Schizophrenie.

In den letzten 20 Jahren wurde in diesem Gebiet enorm viel geforscht und publiziert, bahnbrechende Resultate blieben aber aus. Tatsache ist: Es gibt sehr wenige Krankheiten, die durch ein einziges Gen ausgelöst werden; das gilt sowohl für körperliche wie auch für psychische Erkrankungen. Diejenigen Gene, die man gefunden hat, waren jeweils nur für eine Untergruppe von Patienten relevant; meistens war es zudem nicht ein einzelnes Gen, sondern eine ganze Gruppe, und in der Regel müssen diese Gene auch noch aktiviert werden.

Was sagt die Hirnforschung zu psychischen Krankheiten?

Auch hier wurde in den letzten 20 Jahren viel geforscht. Heute kann man zeigen, wie sich gewisse Hirnfunktionen verändern, wenn man psychisch erkrankt. Bei einer depressiven Person sind zum Beispiel die Mandelkerne überaktiv; deren Hauptfunktion ist das Warnen vor Gefahr. Tatsächlich sehen sich depressive Menschen umzingelt von drohenden Katastrophen. Bereits am Morgen beim Aufstehen sind sie überzeugt, dass der Tag nichts Gutes bringen wird.

Solche Erkenntnisse helfen, psychische Schwierigkeiten zu verstehen, tragen aber nur begrenzt dazu bei, deren Entstehung zu erklären. Auch einen Einfluss auf die Behandlungsmöglichkeiten haben sie bis anhin leider nicht.

Könnten Infektionen verantwortlich sein?

Man hat untersucht, ob Virusinfektionen während der Schwangerschaft ein Faktor sein könnten. Tatsächlich treten etwa Schizophrenien gehäuft bei jungen Menschen auf, die im Herbst gezeugt wurden und daher in den ersten drei Schwangerschaftsmonaten Kontakt mit Erkältungsviren hatten. Aber: Die Mehrheit der Menschen mit einer Schizophrenie war keinen Viren ausgesetzt.

Stimmt es, was Freud dachte? Entscheidet sich alles in den ersten fünf Jahren des Lebens?

Frühkindliche Erfahrungen scheinen relevant zu sein. Missbrauch oder auch Vernachlässigung sind wichtige Risikofaktoren. Wer früh im Leben Traumatisches erlebt hat, dessen Hirn zeigt Spuren oder Narben; der erzeugte Stress schädigt gewisse Hirnareale. Es gilt aber zu bedenken: Viele Menschen haben in der Kindheit Schwieriges erlebt, sind heute aber trotzdem psychisch gesund.

VERLETZLICHKEIT UND STÄRKE

Diejenigen Faktoren, die das Risiko für eine psychische Erkrankung erhöhen, werden unter dem Stichwort Vulnerabilität (Verletzlichkeit) zusammengefasst. Der Gegenpol ist die Resilienz; damit sind Schutzfaktoren gemeint.

Was ist Resilienz?

Auslöser einer psychischen Krise oder einer psychischen Erkrankung ist meist eine Belastungssituation. Besteht zwischen Vulnerabilität und Resilienz, also zwischen Verletzlichkeit und Schutzfaktoren, ein Ungleichgewicht zugunsten der Verletzlichkeit, erhöht sich das Risiko, psychisch zu erkranken.

Ein Beispiel für einen biologischen Auslöser wäre die Wochenbettdepression; hier begünstigt die rasche Veränderung der Hormonspiegel eine Erkrankung. Die akuten Belastungen, die eine psychische Erkrankung auslösen, sind aber eher selten biologischer oder organischer Natur, sondern liegen meist im zwischenmenschlichen und sozialen Bereich. Typische Beispiele: eine Trennung, ein Konflikt am Arbeitsplatz oder Langzeitarbeitslosigkeit. Solche Situationen sind mit Stress verbunden; die Betroffenen erleben sich als passiv, mit wenig Kontrolle über das Geschehen, fühlen sich hilflos. Sie haben das Gefühl, sie müssten zwischen zwei schlechten Varianten wählen. So etwa die alleinerziehende junge Mutter, die berufstätig ist und bei der Arbeit ein schlechtes Gewissen hat, zu Hause aber auch. Sie hat ständig den Eindruck, den Ansprüchen aller Beteiligten nicht genügen zu können.

HINWEIS *Typisch ist eine spiralförmige Entwicklung: Der Stresspegel erhöht sich auch durch die sich anbahnende Erkrankung. Wer sich wegen einer beginnenden Depression am Arbeitsplatz nicht mehr konzentrieren kann, macht mehr Fehler, wird unsicher, wird häufiger kritisiert. Das wiederum verstärkt die Depression. Ein Jugendlicher, der eine Psychose entwickelt, beginnt sich zurückzuziehen, kann sich nicht mehr auf die Schularbeiten konzentrieren. Seine Eltern sorgen sich um ihn, machen ihm aber auch Vorwürfe, weil er seine Hausaufgaben nicht erledigt. Der Jugendliche fühlt sich von den Eltern kritisiert, hält ihre Kritik fast nicht aus; das bedeutet Stress für ihn, was die Entwicklung der Psychose beschleunigt.*

Hat Spiritualität einen Einfluss auf das Risiko, psychisch zu erkranken?

Hierzu gibt es nur wenige Untersuchungen. Spiritualität ist häufig Teil der Behandlung von psychischen Erkrankungen, zum Beispiel in den achtsamkeitsbasierten Therapien (mehr dazu Seite 65). Man weiss, dass ein tägliches zehnminütiges Gebet bei amerikanischen Patientinnen und Patienten einen antidepressiven Effekt hatte. Aus den USA ist auch bekannt, dass spirituelle Menschen dort ein niedrigeres Risiko haben, depressiv zu werden. In Holland dagegen haben strenggläubige Menschen ein erhöhtes Risiko, an einer Depression zu erkranken.

Es ist davon auszugehen, dass die Antwort auf diese Frage kulturell unterschiedlich ausfällt; amerikanische Spiritualität unterscheidet sich recht deutlich von unserer hiesigen Spiritualität. Spiritualität kann ein Schutz sein und bei der Krankheitsakzeptanz helfen, kann aber auch die Selbststigmatisierung verstärken. Dies zeigt sich zum Beispiel bei Seelsorgern, die in der Depression ihren Glauben verlieren, ein typisches Symptom. Sie haben dann oft das Gefühl, sie hätten vollständig versagt.

Ist heute nicht die Arbeitswelt hauptverantwortlich für all die psychisch Kranken?

Die Beiträge in psychiatrischen Fachzeitschriften zeigen, dass heute vor allem im sogenannten biologischen Bereich geforscht wird. Die Medien vermitteln ein völlig anderes Bild: Psychische Krankheiten werden hier vermehrt mit Stress am Arbeitsplatz in Verbindung gebracht. Tatsächlich kann Stress am Arbeitsplatz ein Auslöser sein für psychische Schwierigkeiten, etwa der chronische Konflikt mit einem Vorgesetzten oder auch eine Mobbingsituation. Überlastung, aber auch Unterbelastung können sich ungünstig auswirken. Tatsache ist jedoch auch, dass Arbeit vor allem hilft, gesund zu bleiben, beziehungsweise vor psychischer Erkrankung schützt. Hohe Erkrankungsraten findet man bei Menschen, die ihren Arbeitsplatz verloren und keine Aufgabe und Tagesstruktur mehr haben.

Und die neuen Medien? Videospiele, Chats, Facebook und 70 Mails – das kann nicht gesund sein.

Bei jeder technischen Errungenschaft gab es Studien, die einen negativen Einfluss auf die psychische Gesundheit nachwiesen. Bestand hatten sie fast nie. Auch heute gibt es Untersuchungen, die zeigen, dass die neuen Medien eine Hirnstruktur begünstigen, die einem ADHS entsprechen, also einem hyperaktiven Hirn. Ob sie sich auf lange Sicht bestätigen werden?

Höchstwahrscheinlich gab es schon bei der Erfindung des Rades vor ein paar Tausend Jahren Menschen, die warnten, dass das ungesund sein werde für die Menschheit. Mit jeder Errungenschaft zeigen sich aber an-

---

ZUNEHMENDE KOMPLEXITÄT

Die Welt ist nicht nur in Sachen psychischer, sondern auch körperlicher Erkrankungen komplexer geworden. Diagnosen haben sich verändert, ebenso die Erklärungsmodelle für Erkrankungen. Denken Sie etwa an Ernährungsempfehlungen: Sollen Sie nun weniger Fett oder weniger Kohlenhydrate essen? Und ist Kaffee oder ein Glas Wein nun schädlich oder nicht? ■

---

dere Symptome, und die Bedeutung der Krankheiten wandelt sich ebenfalls. Ein ADHS hatte bei einem Bauern vor 100 Jahren andere Auswirkungen als bei einem Journalisten oder einer Informatikerin heute.

Und der Elektrosmog?

Es gibt Menschen, die sehr sensibel auf beispielsweise ein WLAN reagieren. Studien, die eine klare Korrelation zeigen, gibt es jedoch nicht. Heute wird häufig von Hochsensibilität gesprochen. Hochsensible Menschen scheinen einen anderen Filter zu haben, sind rascher durch Geräusche gestört, nehmen Gerüche intensiver wahr oder spüren eben elektrische oder magnetische Felder. Hochsensibilität gilt nicht als Diagnose im engeren Sinn, findet sich aber gehäuft bei Menschen im Autismusspektrum, bei Menschen mit einem ADHS oder auch bei Menschen, die im Leben früh negative Erfahrungen gemacht haben. Es gibt aber auch Menschen, die einfach so einen feiner eingestellten Filter haben und mehr wahrnehmen.

Und die Ernährung?

Ein Mangel an gewissen Vitaminen oder auch Omega-3-Fettsäuren können psychische Belastungen begünstigen. Eine klare Verbindung zwischen einer Fehlernährung und psychischen Erkrankungen konnte bis anhin allerdings nicht hergestellt werden. Geforscht wird aktuell intensiv im Bereich des Darmbioms (früher: Darmflora): Auf eine menschliche Zelle kommen 999 Bakterien; sie sind ein recht unerforschter, aber wesentlicher Bestandteil von uns. Es gibt Anhaltspunkte, dass das Darmbiom bei psychischen Erkrankungen verändert ist.

Warum sind so viele Immigranten psychisch krank?

Migration ist mit einer stark erhöhten Gefährdung für psychische Krankheiten verbunden. Dies trifft nicht nur auf den kosovarischen Maurer in der Schweiz zu, es gilt auch für die Schweizer Forscherin, die in die USA ausgewandert ist. Man darf annehmen, dass es bis vor kurzem sogar für den Walliser galt, der in die Stadt Zürich zog.

Auch hier zeigt sich, dass es vor allem der mit der Entwurzelung und der erforderten Integration verbundene Stress ist, der das Risiko erhöht. Stress scheint der häufigste und wichtigste Auslöser im Dominosystem zu sein, das zu einer psychischen Krankheit führt.

Diagnosestellung

Es gibt zwei Diagnosesysteme: das angloamerikanische System (DSM-5[1]) und das Klassifikationssystem der WHO (ICD-10[2]). Sie sind sich sehr ähnlich, auch wenn es einzelne Störungsbilder nur in einem der beiden Systeme gibt.

Früher wurden Diagnosen vor allem aufgrund von vermuteten Ursachen gestellt. Hier ist die Psychiatrie bescheidener geworden, hat sich eingestanden, dass über die Ursachen psychischer Krankheiten immer noch recht wenig bekannt ist. Heute wird einzig aufgrund von «sichtbaren» Symptomen diagnostiziert. Die Systeme geben vor, welche Art von Symptom über welchen Zeitraum vorhanden sein muss, damit die Diagnose gestellt werden kann.

Die beiden Systeme haben sich in den letzten 30 Jahren ziemlich verändert, und man darf davon ausgehen, dass sie dies auch künftig tun werden. Nach den alten Systemen wurde zum Beispiel bei vielen Patienten eine Schizophrenie diagnostiziert, die heute eine manisch-depressive Erkrankung oder eine depressive Störung mit psychotischen Symptomen hätten. Es kann gut sein, dass die Diagnose «Schizophrenie» in Zukunft aufgeteilt wird in unterschiedliche Erkrankungen, die dann vielleicht auch auf unterschiedliche Behandlungen ansprechen. Die Autismusdefinitionen haben sich ebenfalls gewandelt und sind gegenwärtig wieder dabei, sich zu verändern. Deshalb sind die Diagnosesysteme als Annäherungsversuche an das Phänomen «psychische Erkrankung» zu sehen.

---

[1] DSM-5: Diagnostic and Statistical Manual of Mental Disorders, in der fünften Ausgabe (Mai 2013). Herausgegeben von der APA (American Psychiatric Association)

[2] ICD-10: International Statistical Classification of Diseases and Related Health Problems (Internationale statistische Klassifikation der Krankheiten und verwandter Gesundheitsprobleme), in der zehnten Ausgabe (2013). Herausgegeben von der Weltgesundheitsorganisation (WHO)

Hilfe holen: Privatpraxen, Ambulatorien, Tageskliniken

Am leichtesten fällt den meisten Menschen der Gang zum Hausarzt; er kennt seine Patientinnen und Patienten und kann sie an die geeignete Stelle weiterverweisen. Eine wertvolle Orientierungshilfe im Bereich der Psychiatrie, die über so viele Angebote verfügt, dass es manchmal gar nicht so einfach ist, das richtige zu finden.

Was tun, wenn Sie sich Sorgen um Ihre psychische Gesundheit machen? Einen ersten Schritt haben Sie oder Ihre Angehörigen ja bereits getan: Sie haben sich einen Ratgeber gesucht. Heute gibt es viele gute Bücher, und auch im Netz findet sich eine Fülle an Informationen. Die Schwierigkeit ist, dass wir Mühe haben, diese zu sortieren. Wenn wir Veränderungen an uns bemerken, macht dies Angst – und Angst macht das Bewerten von Information noch kniffliger.

HINWEIS *Hatten Sie schon mal ein Ekzem? Im Internet haben Sie dann vielleicht gelesen, dass es gefährliche Krankheiten gibt, bei denen die Menschen genau Ihr Ekzem haben und zusätzlich noch ein diffuses Kribbeln. Natürlich verspüren Sie in eben diesem Moment ein Kribbeln an der linken Hand. Auch Medizinstudenten sind überzeugt, dass sie jede Krankheit haben, über die sie etwas lernen. Selbstdiagnostik ist also sehr anspruchsvoll!*

Selbsthilfe und Hilfe von Fachpersonen

Hilfreich kann ein persönliches Gespräch sein, der Austausch mit einer Person, die Erfahrung hat im betreffenden Bereich. Vielleicht kennen Sie jemanden, der schon mal eine Panikattacke hatte, oder jemanden, der auch schon unter Depressionen gelitten hat.

Ebenfalls nie falsch: die Selbstheilungs- und Regenerationskräfte des Körpers aktivieren. Krankheiten entstehen ja häufig, wenn wir mehr Energie verbrauchen, als wir aufbauen können. Tägliche Bewegung an der frischen Luft, ausreichend Schlaf, eine gute Ernährung und Entspannung sind hilfreich, wenn umsetzbar.

Auch eine erste Stressanalyse macht Sinn: Wo verliere ich meine Energie? Wo fühle ich mich hilflos? Wie kann ich meinen inneren Stress reduzieren?

STRESS, HAUSGEMACHT

Stress ist beeinflussbarer, als man denkt. Der Grossteil des wahrgenommenen Stresses entsteht in uns selbst, durch unsere Beurteilung einer Situation, durch unsere Erwartungen an uns selbst. Hier kann ein guter Selbsthilferatgeber hilfreich sein, zum Beispiel «Stark gegen Stress. Mehr Lebensqualität im Alltag» von Guy Bodenmann und Christine Klingler (Beobachter-Edition, Zürich 2013). ■

Häufig bedeutet eine Klärung der Situation aber, dass Sie sich Hilfe von aussen holen: bei der Hausärztin oder einer anderen Person, der Sie vertrauen und die ein gewisses Mass an Fachwissen im psychologischen Bereich mitbringt, zum Beispiel ein Seelsorger.

Wie führe ich das Gespräch mit meiner Hausärztin?

Viele von uns scheuen sich, dem Hausarzt von psychischen Problemen zu berichten. Wir nehmen den Umweg über «normale» Symptome wie Schlafschwierigkeiten, Appetitveränderungen oder körperliche Schmerzen. Ärzte nennen dies Präsentiersymptome. Heute kennen sich die Hausärzte aber auch im psychosozialen Bereich aus und können damit umgehen, wenn Sie berichten, dass Sie sich seit mehreren Wochen niedergeschlagen fühlen. Sie können in aller Regel auch zuverlässig einschätzen, ob es sich um

---

WICHTIGE DIFFERENZIERUNG

Es gibt körperliche Erkrankungen, deren Symptome sich nur minim von denen einer psychischen Krankheit unterscheiden. Eine Schilddrüsenunterfunktion kann genau so aussehen wie eine Depression; gewisse Lebererkrankungen führen zu Symptomen, die man sonst mit einer Schizophrenie verbindet. Auch das kann und soll der Hausarzt abklären. ■

---

ein leichtes oder eher schwerwiegendes Problem handelt und ob eine Überweisung an einen Psychiater oder eine Psychologin Sinn macht.

Hausärzte sind wichtige Lotsen im «Dschungel» Psychiatrie; sie kennen oft ein paar Psychiaterinnen und Psychologen, mit denen sie häufig zusammenarbeiten und für deren Behandlungsqualität sie auch ein Stück weit bürgen können. Die Wartezeiten bei den Spezialisten sind ebenfalls kürzer, wenn Sie durch den Hausarzt überwiesen werden; bei gewissen Psychiatern ist das sogar der einzige Weg, wie man in die Praxis aufgenommen wird.

TIPP *Nehmen Sie den Partner oder eine andere vertraute Person zum Termin beim Hausarzt mit. Dies hilft, schambesetzte Themen anzusprechen, und verhindert, dass Sie es beim Gespräch über die Schlafprobleme bewenden lassen und frustriert mit einem Schlafmedikament nach Hause gehen.*

HÄUFIG GESTELLTE FRAGEN

Wann braucht es die Unterstützung durch eine Fachperson?

Dies hängt unter anderem vom Hausarzt ab. Es gibt Hausärzte, die viel Erfahrung im psychosozialen Bereich haben, und andere, die relativ rasch weiterverweisen. Bei komplexeren oder schwereren Erkrankungen ist der Wechsel zu einem Psychiater oder einer Psychologin sinnvoll. Auch Psychotherapie wird vom Hausarzt selten angeboten. ∎

Psychiaterin oder Psychologe?

Psychiater haben ein Studium in Humanmedizin absolviert und anschliessend eine sechsjährige Facharztausbildung zum Facharzt für Psychiatrie und Psychotherapie durchlaufen. Sie haben Erfahrung im ganzen Spektrum der Psychiatrie, haben auf Akutstationen, Psychotherapiestationen und im ambulanten Bereich gearbeitet. Als Ärzte können sie Medikamente verordnen und auch ein Arbeitsunfähigkeitszeugnis ausstellen.

Während in anderen Ländern Psychiaterinnen und Psychiater vor allem für die Medikation zuständig sind, haben in der Schweiz die meisten von ihnen auch eine Ausbildung in Psychotherapie und arbeiten oft auch gerne psychotherapeutisch. Die Kosten der Behandlung sind durch die Krankenkasse gedeckt.

HINWEIS *Psychiater sind eine aussterbende Spezies. Während früher 15 Prozent der Medizinstudenten diese Spezialisierung wählten, ist die Rate mittlerweile auf ein Prozent geschrumpft. Dennoch haben wir immer noch doppelt so viele Psychiater wie etwa England.*

Psychologinnen und Psychologen haben ein Studium in Psychologie an einer Universität oder Fachhochschule absolviert. Anschliessend haben sie eine Psychotherapieausbildung gemacht. Um einen Fachtitel zu erhalten, müssen sie eine gewisse Anzahl Patienten behandelt haben und vier Jahre Praxiserfahrung vorweisen können. Mindestens ein Jahr lang müssen sie in einer sozialpsychiatrischen Einrichtung gearbeitet haben.

GUT ZU WISSEN *Psychologinnen und Psychologen dürfen in der Schweiz keine Medikamente verordnen, und Arbeitsunfähigkeitszeugnisse oder auch IV-Berichte müssen immer von einem Arzt gegengezeichnet sein.*

Bis anhin haben sich die Psychologinnen und Psychologen primär auf Psychotherapie spezialisiert, in Zukunft werden sie aber einen Grossteil der psychiatrischen Versorgung übernehmen beziehungsweise übernehmen müssen. Deshalb werden Psychologinnen heute viel breiter ausgebildet, haben etwa häufig Kurse über Psychopharmaka besucht.

In den Praxen arbeiten Psychologen entweder sogenannt delegiert, also im Auftrag eines Psychiaters oder eines Arztes mit einem spezifischen Fähigkeitsausweis; in diesem Fall können Patienten über die Grundversicherung der Krankenkasse abrechnen. Oder die Psychologinnen arbeiten in einer eigenen Praxis; dann vergütet unter Umständen die Zusatzversicherung einen Teil, oder aber die Kosten müssen vom Patienten, der Patientin selbst übernommen werden.

GUT ZU WISSEN *Der Bundesrat favorisiert für die nähere Zukunft klar ein sogenanntes Anordnungsmodell. Der Zugang zu Psychologinnen mit einem eidgenössischen Fachtitel für Psycho-*

therapie wird analog zu dem zu den Physiotherapeuten geregelt wer-
den; alles, was es braucht, ist eine ärztliche Verordnung. Dies ist ein
wichtiger Schritt, um den Zugang zu einer Behandlung niederschwel-
liger zu gestalten. Wünschenswert wäre indes ein noch direkterer
Zugang, in dem Psychologinnen Ärztinnen gleichgestellt wären. Eben-
so wichtig wird aber sein, dass sich Psychologinnen und Psychologen
nicht nur in den Grossstädten niederlassen und dass sie sich auch
für Notfälle und Menschen mit schweren psychischen Belastungen
zuständig fühlen.

Wie läuft der erste Termin bei einem Psychiater oder einer Psychologin ab?

Das Erstgespräch dauert in der Regel zwischen einer und anderthalb Stunden. In den ersten Minuten wird der Therapeut darauf achten, dass Sie sich bei ihm wohl fühlen, wird ein bisschen Smalltalk machen. Dann fragt er Sie, warum Sie Hilfe suchen. Zu Beginn wird er Sie ziemlich frei erzählen lassen, dann aber das Gespräch vermehrt mit Fragen lenken. Manche Fachpersonen werden Sie bereits in der ersten Stunde kurz über Ihre Lebensgeschichte befragen, andere warten damit bis zu einem späteren Termin.

Es gibt Behandler, die eine Beurteilung der Situation in der ersten Stunde machen, es gibt aber auch solche, die sich hierfür etwa drei Sitzungen Zeit lassen. Nach diesen ein bis drei Sitzungen sollten Sie eine Rückmeldung erhalten, wie Ihre Schwierigkeiten einzuordnen sind; dies mit oder ohne Nennung einer Diagnose. Sie sollten erfahren, wie ernst Ihre Probleme sind und welche Faktoren eventuell relevant waren, dass es dazu gekommen ist.

Der Therapeut, die Therapeutin sollte Ihnen auch erklären, wie mögliche Behandlungen aussehen könnten. Wünschenswert ist, dass Ihnen mehrere Alternativen, mehrere Lösungsansätze aufgezeigt werden und dass diese Ihren Bedürfnissen angepasst sind. Der Behandelnde sollte zum Beispiel wissen, ob für Sie Psychopharmaka infrage kommen oder nur pflanzliche Heilmittel. Er sollte auch bedacht haben, ob eine körperliche Erkrankung Ihre Schwierigkeiten erklären könnte und ob eine zusätzliche Untersuchung beim Hausarzt oder eine Blutentnahme nötig ist. Meist fühlen sich Betroffene nach diesen ersten paar Sitzungen bereits entlastet und haben Hoffnung auf Besserung.

Wie merke ich, ob der Behandler zu mir passt und ob er kompetent ist?

Eine Therapie bei einer Psychologin ist nicht dasselbe wie eine Konsultation bei einer Hautärztin. In der psychiatrischen Behandlung sind Faktoren wie Vertrauen, vor allem aber die Beziehung sehr viel wichtiger. Sie sollten sich mit Ihrer Behandlerin sicher und wohl fühlen, wertgeschätzt und akzeptiert. Die Behandlerin sollte Ihnen aufmerksam zuhören, Ihnen verbales oder nonverbales Feedback geben. Es sollte eine Zusammenarbeit auf Augenhöhe sein.

HINWEIS *Ist die Behandlerin sehr anders als Sie oder erinnert sie Sie stark an eine eher negativ besetzte Person aus der Vergangenheit, kann es ein paar Stunden dauern, bis eine gute Beziehung entstanden ist.*

Schlechte Voraussetzungen sind gegeben, wenn Sie das Gefühl haben, dass der Behandler Ihnen nicht richtig zuhört und vieles vergisst, was Sie ihm erzählt haben. Schwierig kann auch ein Behandler sein, der Ihnen nur eine Art von Behandlung vorschlägt, die Ihnen nicht entspricht oder nicht einleuchtet. Der Behandler sollte sich zumindest ein Stück weit Ihren Bedürfnissen und Wertvorstellungen anpassen können. Wenn Sie mit Antipsychotika schlechte Erfahrungen gemacht haben und eine solche Medikation nur als allerletzte Variante akzeptieren, werden Sie Mühe haben mit einem Behandler, der nur über Medikamente spricht. Der Behandler sollte ein Interesse haben an Ihren Vorstellungen von Gesundung und daran, was für Sie infrage kommt und was nicht. Er hat Ihnen gegenüber eine beratende Funktion; die Entscheidung liegt bei Ihnen.

HINWEIS *Es braucht manchmal mehr als einen Anlauf, bis man jemanden gefunden hat, bei dem man sich rundum gut aufgehoben fühlt. Ihr Behandler, Ihre Behandlerin nimmt es Ihnen nicht übel, wenn Sie wechseln. Vielleicht können Sie sogar mit ihm oder ihr besprechen, was aus Ihrer Sicht nicht passt. Was nicht gut ankommt: zum vereinbarten Termin einfach nicht erscheinen. Melden Sie sich immer ab.*

Welche anderen Fachpersonen sind eventuell an einer Behandlung beteiligt?

- **Psychiatrische Spitex:** Sie ist heute an vielen Orten verfügbar. Erfahrene Pflegefachpersonen besuchen Sie zu Hause, helfen Ihnen bei der Tagesstrukturierung, bringen Medikamente vorbei, unterstützen Sie bei Tätigkeiten, die für Sie noch stark mit Ängsten verbunden sind. Die psychiatrische Spitex kann auch bei Schwierigkeiten mit Ihren Nachbarn vermitteln, zum Beispiel wenn Sie nachts nicht schlafen können und die Nachbarn sich dadurch gestört fühlen.

- **Ergotherapie:** Ergotherapeutinnen helfen gezielt mit Tätigkeiten, die Ihnen aufgrund Ihrer psychischen Erkrankung Schwierigkeiten bereiten. Menschen mit einem ADHS haben zum Beispiel Mühe, ihre Wohnung so zu organisieren, dass sie nicht im Chaos versinken. Hier helfen auf ADHS spezialisierte Ergotherapeutinnen.

- **Musik-, Kunst- oder Bewegungstherapie:** Für manche Menschen ist es schwierig, sich in Worten auszudrücken oder ein Problem über Worte zu lösen. Für sie können solche Therapien eine gute Ergänzung oder auch ein Ersatz für eine traditionelle Psychotherapie sein. Es geht hier um den wortlosen Ausdruck und nicht um Fertigkeiten; Sie müssen also weder gerne noch gut zeichnen können, um von einer Kunsttherapie zu profitieren. Ein periodischer Austausch zwischen Ihrer Musiktherapeutin und der behandelnden Psychiaterin ist sinnvoll.

- **Sozialdienst:** Viele psychiatrische Ambulatorien (siehe nebenan) haben einen Sozialdienst. Er unterstützt Sie bei Schwierigkeiten mit dem Arbeitgeber, mit Versicherungen, der IV oder den Finanzen im Allgemeinen. Der Sozialdienst kann Sie auch gezielt weitervermitteln. Das Beratungsnetz ist heute sehr gross, für Laien aber undurchsichtig. Irgendwo in der Schweiz gibt es für fast jedes Thema eine spezialisierte Fachstelle.

- **Peers:** Eine relativ neue Berufsgruppe sind die sogenannten Peers, auch Betroffene aus Erfahrung oder Genesungsbegleiter genannt (mehr dazu auf Seite 95).

Gibt es weitere ergänzende Angebote?

Ihr Behandler wird Sie auf Gruppenangebote hinweisen, wenn solche in Ihrer Nähe vorhanden sind. Einerseits gibt es geführte Gruppenpsychotherapien, anderseits gibt es viele Selbsthilfegruppen. Der Austausch mit anderen Direktbetroffenen kann entlasten; es hilft, zu hören, dass andere Ähnliches erleben. Es gibt Gruppentherapien, in denen der Austausch an erster Stelle steht, es gibt aber auch solche, die kursähnlich organisiert sind und in denen es vor allem um das Vermitteln von Wissen oder Fertigkeiten geht.

Ambulatorium oder Privatpraxis?

Ob Sie lieber in eine Privatpraxis oder in ein psychiatrisches Ambulatorium gehen, ist zunächst eine Frage der persönlichen Vorliebe. Die Privatpraxen sind oft eher klein; viele Behandler arbeiten alleine in einer Ein- oder Zwei-Zimmer-Wohnung, andere haben sich zu kleineren Gruppenpraxen mit drei oder vier Mitarbeitern zusammengeschlossen. Manchen Menschen ist dies zu intim, andere schätzen gerade diese geschützte Privatsphäre. Private Praxen haben häufig längere Wartezeiten, deshalb suchen Menschen in akuter Not oft Hilfe in einem Ambulatorium und wechseln dann nach einer ersten Stabilisierungsphase in eine Privatpraxis.

Ambulatorien behandeln oft auch Menschen, die eine komplexe Problematik haben. Sie verfügen über Behandlungsteams in den Bereichen Psychiatriepflege und Sozialarbeit, die Sie zu Hause betreuen können. Viele Psychiater in Privatpraxen arbeiten heute ebenfalls mit einer psychiatrischen Spitex zusammen, die Sie zu Hause besucht und im Alltag unterstützt.

GUT ZU WISSEN *Wenn Sie Mühe haben, Termine wahrzunehmen, weil Sie sie aufgrund von Ängsten oder Schwierigkeiten mit dem Organisieren ab und zu vergessen, ist ein Ambulatorium die bessere Wahl. Viele Psychologinnen oder Psychiater in einer Privatpraxis schliessen eine Behandlung ab, wenn Sie mehrere Termine versäumen.*

Wie sieht eine ambulante Behandlung aus?
Ganz unterschiedlich. Manchmal reichen ein bis zwei Sitzungen und Sie können Ihre Schwierigkeiten wieder selbst meistern; manchmal dauert eine Therapie 10 bis 20 Sitzungen. Es gibt aber auch Menschen, die sich

länger behandeln lassen, zum Teil über Jahre. Medikamente können ein Teil der Behandlung sein, ebenso Psychotherapie; auch die Lösungssuche für soziale Probleme ist häufig Teil der Therapie.

Liegen in einer ambulanten Behandlung auch Gefahren?
Ja. Das Thema ist in der Schweiz immer noch tabu, es ist aber leider so, dass immer wieder Patientinnen in Behandlungssituationen sexuell missbraucht werden. Internationale Studien zeigen, dass dies kein seltenes Phänomen ist. Ein Behandler wird mit der Zeit persönlicher, macht Ihnen als Frau Komplimente, beginnt Ihnen Termine in abendlichen Randstunden zu geben. Das darf nicht sein. Gerade in einer Psychotherapie brauchen Sie Sicherheit, Sie müssen Intimes von sich preisgeben, sind verletzlich. Bei einem Missbrauch gilt es, sofort Hilfe zu holen und die Situation zum Beispiel mit dem Beratungstelefon der Pro Mente Sana zu besprechen (siehe Anhang).

Eine mildere Form von Missbrauch ist, wenn Ihr Therapeut ab und zu seine Therapeutenrolle verlässt und von sich erzählt. Dies kann in Einzelfällen sinnvoll sein, wenn es darum geht, Ihnen etwas zu reflektieren oder auch zu normalisieren; es sollte aber wie gesagt selten vorkommen. Sonst gilt es zu intervenieren, denn etwas läuft in einer solchen Therapie falsch. Allerdings ist es heute nicht mehr so, dass Sie von Ihren Therapeuten nichts erfahren dürfen. Sind Sie seit einem halben Jahr in Therapie und fragen Ihre Therapeutin nach ihren Ferien, wird sie Ihnen höchstwahrscheinlich antworten, eventuell auch mitteilen, wo sie war. Mehr aber nicht; es geht ja um Sie, und es ist Ihre Zeit.

Tageskliniken

Machen Sie in der ambulanten Therapie nur geringe Fortschritte und können das Erlernte zu Hause nicht umsetzen, kann eine intensivere Behandlung mit psychiatrischer Spitex oder in einer Tagesklinik sinnvoll sein. Das Gleiche gilt, wenn Sie wegen Ihrer psychischen Schwierigkeiten grosse Probleme mit der Tagesgestaltung zu Hause haben.

Tageskliniken sind ein Versorgungsmodell, das es mittlerweile fast überall in der Schweiz gibt, allerdings häufig mit zu wenig Kapazität. Sie verbinden das intensive Behandlungsprogramm einer Klinik mit dem Vorteil, zu Hause sein zu können. Ein Aufenthalt in einer Tagesklinik kann einen stationären Klinikaufenthalt verkürzen, indem man früher austreten kann; er kann einen Klinikaufenthalt aber auch ersetzen.

Sie besuchen die Tagesklinik in der Regel von Montag bis Freitag von morgens bis spätnachmittags. Tageskliniken bieten ein gruppenorientiertes Angebot mit verschiedenen Gruppentherapien. Meistens wird Gruppenpsychotherapie verbunden mit Kunst-, Musik-, Ergo- und Bewegungstherapie; häufig werden auch Alltagsaktivitäten wie das gemeinsame Kochen und Einkaufen und Sport eingebunden. Neben den Gruppenangeboten finden Einzelgespräche statt, hier ist die Intensität von Klinik zu Klinik verschieden.

GUT ZU WISSEN *Viele Tageskliniken haben heute ein sogenanntes Fallführungsprinzip. Das heisst, dass eine Person – dies kann jemand aus der Pflege, eine Psychologin oder ein Arzt sein – hauptverantwortlich ist für Ihre Behandlung und andere Teammitglieder bei Bedarf mit einbezieht. In der Regel sind auch Angehörige und Arbeitgeber in die Behandlung involviert.*

Meistens findet zunächst ein Vorstellungs- oder sogenanntes Indikationsgespräch statt. Hier wird Ihnen das Programm der Tagesklinik vorgestellt, aber auch evaluiert, ob die Behandlung für Sie die richtige ist. Nach dem Eintritt folgt eine ein- bis zweiwöchige Kennenlernphase, in der Sie mit dem Angebot vertraut gemacht werden, dann folgt die effektive Behandlungsphase. Für diese Phase werden in Absprache mit Ihnen auch spezifische Ziele gesetzt. In der Austrittsphase verbringen Sie wieder mehr Zeit zu Hause oder auch bereits am Arbeitsplatz.

In vielen Tageskliniken ist auch ein Teilzeitbesuch möglich; dies für Patienten, denen das volle Tagesprogramm zu viel ist oder die sich in der Austrittsphase befinden und wieder Teilzeit arbeiten oder mehr Zeit zu Hause verbringen möchten.

Was sind die Vorteile der Tagesklinik?
Im Vergleich zum ambulanten Angebot liegt der Vorteil darin, dass die Behandlung intensiver ist; sie findet täglich statt. Wichtig ist auch der ausgiebige Kontakt mit Mitpatienten, was sehr entlastend sein kann. Der Vorteil im Vergleich zur stationären Behandlung in einer Klinik liegt dar-

in, dass Sie tagsüber ein vergleichbares Angebot wie in einer Klinik haben, teilweise sogar ein intensiveres, aber nicht aus Ihrem Alltag gerissen werden. In der Klinik ist der Alltag weit weg. Das dient der Erholung, die Distanz tut gut; es kann aber schwierig sein, die Fortschritte in den Alltag zu integrieren und nicht in die alten Verhaltensmuster zurückzufallen. Dies ist bei der Tagesklinik einfacher. Was Sie tagsüber erarbeiten, können Sie am Abend gleich umsetzen.

Was sind die Nachteile der Tagesklinik?
Im Vergleich zum ambulanten Setting kann es sein, dass die Behandlung zu intensiv ist. Die gruppenorientierten tagesklinischen Behandlungen können schwierig sein für Menschen, die sehr schüchtern oder ängstlich sind. Nachteilig im Vergleich zu einem stationären Klinikaufenthalt ist eine Behandlung in der Tagesklinik, wenn die Belastung zu Hause sehr hoch ist. Dies kann zum Beispiel bei familiären Konflikten der Fall sein oder auch dann, wenn man ein starkes Verantwortungsgefühl hat und nicht gut loslassen kann. Für manche ist es auch schwierig, die Nächte oder Wochenenden alleine zu gestalten, zum Beispiel für Menschen, die traumatisiert sind und nachts Albträume haben, oder für Menschen mit quälenden Suizidgedanken.

ANGST VOR GRUPPEN?
Damit sind Sie nicht allein, es geht den meisten Menschen so. Die Angst verschwindet aber in der Regel innerhalb von ein paar Tagen. Ausprobieren lohnt sich. ■

Gibt es spezialisierte Tageskliniken?
In den ländlichen Regionen gibt es mehrheitlich allgemeine Tageskliniken, wobei diese häufig Zusatzmodule anbieten für spezifische Patientengruppen.

In den grösseren Städten sind spezialisierte Tageskliniken üblich. Es gibt sogenannte Akuttageskliniken; hier ist ein Eintritt sofort möglich, der zeitliche Aufenthalt ist aber limitiert, und das Angebot ist eher auf Menschen in Krisen zugeschnitten. Ferner gibt es Tageskliniken für Menschen in der zweiten Lebenshälfte sowie Sucht- und Psychotherapietageskliniken.

Wer arbeitet in einer Tagesklinik?

Normalerweise werden Sie von einem Team behandelt. Es besteht in der Regel aus Ärztinnen, Psychologen, Pflegenden, Sozialarbeitenden, Kunst-, Musik-, Ergo-, Physio- und/oder Bewegungstherapeutinnen und Peers.

Was sind Peers, und was ist eine recoveryorientierte Tagesklinik?

Peers sind Menschen, die selbst schwer psychisch erkrankt sind und eine jahre- oder gar jahrzehntelange Erfahrung mit Erkrankung und Gesundung haben. Sie haben eine spezielle Ausbildung gemacht (in der Schweiz zurzeit angeboten durch den Verein ExIn und die Pro Mente Sana), in der sie gelernt haben, wie sie ihre eigene Gesundungserfahrung mit anderen teilen können. Fast jeder hat für sich Techniken und kleine Tricks gefunden, die ihm helfen, wieder gesünder zu werden; ein Austausch über diese Erfahrungen kann sehr positiv sein und Hoffnung geben. Man spricht hier vom Wechsel vom Ich-Wissen zum Wir-Wissen. Peers sind oft auch wichtige Brückenbauer zwischen dem Behandlungsteam und den Betroffenen. Sie arbeiten in Ambulatorien, Tageskliniken und in Klinken mit vielfältigen Aufgaben, sind aber insgesamt immer noch selten.

Recoveryorientierte Tageskliniken beschäftigen meistens Peers. Sie leiten zum Beispiel Krisengruppen oder Austrittsvorbereitungsgruppen, bieten aber auch Einzelgespräche an. Der Schwerpunkt in recoveryorientierten Tageskliniken liegt auf der Selbstbefähigung. Patienten sollen wieder eigene Werkzeuge in die Hand erhalten, um an der Gesundung zu arbeiten; wieder sinnstiftende Tätigkeiten finden, die mit Wertschätzung verbunden sind und ihnen eine andere Identität geben als nur die eines Kranken.

Angehörige, Kinder, Arbeitgeber

Man darf heute davon ausgehen, dass Ihr Behandler mit Ihnen besprechen wird, ob Ihre Angehörigen in die Behandlung mit einbezogen werden sollen. Sie werden entscheiden können, ob Sie das wünschen oder nicht. Im Normalfall macht der Miteinbezug aber durchaus Sinn, denn psychische Erkrankungen sind immer Familienerkrankungen. Der Diabetes der Mutter hat einen begrenzten Einfluss auf das Familienleben; leidet sie aber an einer Depression, sind der Ehemann, die Kinder und andere Personen im Familien- und Freundeskreis ebenfalls betroffen.

Angehörige fühlen sich oft hilflos und überfordert. Wir sind nicht mit dem Wissen geboren, wie man eine Person unterstützt, die unter Zwängen leidet oder Stimmen hört. Und mit der Zeit fühlen sich Angehörige auch ausgelaugt. Im Beispiel der depressiven Mutter muss der Ehemann einen grossen Teil der Kinderbetreuung und Haushaltführung übernehmen, daneben seine Arbeitstätigkeit aufrechterhalten und seine Ehefrau betreuen. Zusätzlich sorgt er sich um sie, fragt sich, was er falsch gemacht hat, dass es seiner Frau nicht gut geht, kann nachts nicht schlafen, hat fast keine Erholungsphasen. Deshalb haben Angehörige von psychisch Kranken ein erhöhtes Risiko, selbst zu erkranken. Wenn sie in die Therapie mit einbezogen werden, können diese schwierigen Situationen angesprochen, die Angehörigen entlastet werden. Oft geht es auch darum, zu klären, welche Unterstützung für Betroffene hilfreich ist – und welche gerade nicht.

Intimer Inhalt der Psychotherapie wird aber in einem Angehörigengespräch meistens nicht besprochen. Sie können Ihrem Behandler auch mitteilen, über welche Themen Sie mit der Familie nicht sprechen möchten.

Und wie steht es mit den Kindern?

Kinder gehen auch heute noch in der Behandlung praktisch vergessen. Die meisten Behandler wissen, ob ihre Patienten Kinder haben, wie alt sie sind und wie sie mit Vornamen heissen. Wie die psychische Krankheit die Elternrolle beeinflusst, ist aber kaum je ein Thema.

Eine Mutter mit einem ADHS hat Schwierigkeiten, den Alltag zu organisieren. Sie muss den Kindern beibringen, jeden Morgen ihren Schulsack zu packen und nichts zu vergessen; eine Aktivität, mit der sie selbst grosse Mühe hat. Ein an einer Psychose erkrankter Vater ist mit seiner Wahrnehmung beschäftigt, dass das Essen vergiftet ist. Es ist nachvollziehbar, dass er sich in dieser Situation nicht um seinen Sohn kümmert, der gerne mit ihm spielen möchte. Die depressive Mutter wiederum reagiert gereizt, wenn ihre Tochter unabsichtlich ein Glas Milch umstösst.

HINWEIS *Die Tatsache, dass psychische Krankheiten das Elternsein beeinflussen, ist in unserer Gesellschaft tabuisiert. Betroffene haben Angst, das Sorgerecht für die Kinder zu verlieren. Vor allem aber müssen wir heute immer perfekte oder wenigstens sehr* *gute Eltern sein; alles andere ist schambesetzt. Teil der Behandlung ist es, Ihre Elternfertigkeiten wieder zu stärken oder Lösungen zu finden, wie jemand anders zeitweise einen Teil der Elternaufgaben übernehmen kann. Thema der Behandlung ist auch, wie Kinder informiert werden über die psychische Erkrankung des Vaters oder der Mutter. Kleinere Kinder sind noch sehr selbstbezogen; sie haben das Gefühl, dass die depressive Stimmung ihrer Mutter mit ihnen zusammenhängt oder durch sie verursacht wird oder dass ihre Mami sie einfach nicht mehr gern hat. Kinder im Teenageralter verlieren manchmal den Respekt vor einem Elternteil, der psychisch erkrankt ist. Oft flüchten sie, verbringen den Abend lieber irgendwo anders als zu Hause. Hier ist es wichtig, aufzuklären, warum die Eltern sich so verhalten und zeitweise mehr Unterstützung benötigen. Heute gibt es zu diesen Themen viele Bücher für Kinder und auch spezifische Beratungsstellen.*

Soll der Arbeitgeber in die Behandlung mit einbezogen werden?

Auch dieses Thema wird Ihr Behandler mit Ihnen besprechen, insbesondere wenn Sie wegen der Krankheit längere Zeit nicht arbeiten können. Viele Betroffene befürchten eine Diskriminierung am Arbeitsplatz, wenn bekannt wird, dass sie psychisch erkrankt sind.

Diskriminierung am Arbeitsplatz ist eine Tatsache. Es ist aber ebenfalls eine Tatsache, dass auch in unserer profitorientierten Zeit viele Arbeitgeber sehr unterstützend sind und massgeschneiderte Lösungen für den beruflichen Wiedereinstieg mittragen. Arbeitgeber beklagen immer wieder, dass es für sie schwierig ist, wenn ein Mitarbeiter für längere Zeit krank-

---

IV-ANMELDUNG

Nach 30 Tagen krankheitsbedingter Abwesenheit kann der Arbeitgeber oder auch eine Krankentaggeldversicherung eine IV-Anmeldung auslösen – ohne Zustimmung des Betroffenen. Ob dies sinnvoll ist, kann abgesprochen werden, wenn der Arbeitgeber über die Behandlung Bescheid weiss. Heute gibt es Unterstützungsmassnahmen, damit der berufliche Wiedereinstieg gelingt: zum Beispiel sogenannte Case-Management-Firmen, die sich auf dieses Thema spezialisiert haben und Arbeitgeber sowie Betroffene coachen. ■

geschrieben wird, ohne dass sie erfahren, warum. Dies führt dann häufig zu einer Kündigung seitens des Arbeitgebers. Ob Betroffene den Arbeitgeber mit einbeziehen wollen, ist vom Vertrauen abhängig, das sie in ihn haben. Wenn immer möglich sollte dieser Miteinbezug aber erfolgen. So erfährt der Arbeitgeber, wie die Erkrankung, die nicht genannt werden muss, die Arbeitsfähigkeit beeinflusst – oder eben auch nicht.

Eventuell ist im Sinne einer Prävention eine längerfristige Anpassung des Aufgabenbereichs nötig oder sinnvoll. Auch die sozialrechtliche und versicherungsrechtliche Situation kann besprochen werden.

Aufenthalte in der Klinik

Ob Hilfe in der Not oder ein längerer Aufenthalt: Die Psychiatrie bietet heute eine vielfältige Struktur und eine grosse Bandbreite an spezifischen Behandlungen. Der Übertritt von der Klinik zurück nach Hause ist ein wichtiger Schritt, der sorgfältige Planung erfordert.

Wenn ambulante oder Tagesklinik-Behandlungen nicht zum Ziel führen, kann ein stationärer Klinikaufenthalt sinnvoll sein. Das gilt auch, wenn Ihr Leidensdruck so hoch ist, dass zum Beispiel während eines tagesklinischen Aufenthalts die Nächte allein zu Hause fast nicht mehr auszuhalten sind. Oder wenn Sie unter quälenden Suizidgedanken leiden und Ihre eigene Sicherheit nicht mehr gewährleisten können.

Wichtig ist, dass Ihre Behandler diese Fragen mit Ihnen besprechen, Ihnen Alternativen sowie Vor- und Nachteile aufzeigen. Die Entscheidung,

WEITERE MÖGLICHKEITEN

An einigen Orten gibt es heute gute Alternativen zur Klinik: mobile Krisenteams, die Sie zu Hause intensiv betreuen (z. B. Langenthal, Luzern), oder auch sogenannte Gästebetten, in denen Sie ein paar Nächte schlafen können, mit guter Unterstützung und Distanz von zu Hause (Zürich). ■

wo man sich behandeln lassen möchte, ist sehr individuell. Eine alleinerziehende Mutter mit drei kleinen Kindern bevorzugt vielleicht eine Tagesklinik, weil sie so die Kinder trotzdem jeden Tag sieht. Oder sie bevorzugt gerade einen stationären Aufenthalt, weil sie sonst das Gefühl hat, die ganze Verantwortung für die drei Kinder laste immer noch auf ihr.

Weder Gefängnis noch Sanatorium: Kliniken heute

Unsere Wahrnehmung der Psychiatrie ist immer noch geprägt durch das Bild der Klinik. Die meisten von uns haben zwei verschiedene Bilder vor Augen. Hier gibt es einerseits die Anstalt; darunter stellen wir uns ein gefängnisartiges Gebäude vor mit hohen Mauern, mit Wärtern mit grossem Schlüsselbund und Patienten, die irgendwo verloren und unbeschäftigt dasitzen und warten. Das zweite Bild ist das eines Sanatoriums mit Blick auf einen See, wo sich Menschen «erholen». Dieses Bild hat zwar etwas Wellnessartiges, macht aber ebenfalls Angst. In diesen Sanatorien herrscht eine eigenartige Stille, die Krankenschwestern tragen weisse Häubchen, sind eher streng.

Diese Bilder entspringen unseren Vorurteilen, nähren sich aus dem Stigma der Psychiatrie, sind teilweise zementiert durch Filme. Sie haben ihren Ursprung in der Geschichte: Vor 50 bis 80 Jahren entsprachen sie durchaus dem Behandlungsangebot hier in der Schweiz. Damals war die Psychiatrie übrigens nicht dem Gesundheitswesen angegliedert, sondern dem Justizdepartement; sie war also wirklich näher am Gefängnis als an einem Spital.

Die heutigen Kliniken sehen zum Glück ganz anders aus. Die beiden Bilder sind zusammengekommen: Die meisten Kliniken verfügen über Akutstationen, aber auch über Psychotherapiestationen oder eher psychosomatisch orientierte Stationen.

TIPP *Besuchen Sie einfach einmal die Klinik, die man Ihnen vorgeschlagen hat, gehen Sie ins Café. Vielleicht wagen Sie es ja, einen Patienten anzusprechen und ihn zu fragen, wie es hier ist. Die meisten Kliniken bieten auch Vorstellungsgespräche an, wo Sie das Angebot kennenlernen. Sie können auch mehrere Kliniken besuchen oder mit Bekannten sprechen, die bereits in einer Klinik* *waren. Vielleicht kann Ihnen Ihre Psychologin jemanden vermitteln, der dort war und den Sie befragen können. Oder die Klinik hat Peers (siehe Seite 95). Vielleicht wollen Sie aber auch noch einmal alle ambulanten Angebote ausschöpfen, und es ist tatsächlich nicht der Zeitpunkt für einen Klinikeintritt.*

Welches Angebot an Kliniken gibt es?

Die regionalen Klinikangebote sind heute sehr vielfältig. Es gibt Kriseninterventionszentren (KIZ) oder Kriseninterventionsstationen, dann gibt es Akutstationen, welche heute offen oder teiloffen geführt werden, ferner gibt es Spezialstationen für die zweite Lebenshälfte, für Kinder und Jugendliche, für einzelne Krankheitsbilder wie Depression, Erstpsychose, Burn-out, Essstörungen, Psychotherapie, Sucht, Demenz und vieles mehr.

Welche Station ist die richtige für mich?

Ihr Hausarzt, Ihr Psychiater, Ihre Psychologin oder Spitexfachfrau kann Ihnen weiterhelfen. Viele psychiatrische Dienste und Kliniken haben auch Triagestellen, die Sie beraten können, wie das lokale Angebot aussieht und welches in Ihrer Situation der beste Behandlungsort wäre. Diese Stellen kennen auch die Wartefristen, wissen also, welches für Sie das beste realisierbare Angebot ist. Spezialstationen haben oft den Nachteil, dass sie relativ lange Wartezeiten haben. Und in der Psychiatrie ist es meistens wie beim Zahnarzt: Wenn man sich entscheidet, Hilfe zu holen und anzunehmen, ist es bereits fünf vor zwölf – und Unterstützung ist sofort nötig, nicht erst in zehn Wochen.

GUT ZU WISSEN *Vor dem Aufenthalt in einer Spezialstation finden in der Regel Vorgespräche statt, die bei der Entscheidung helfen.*

Kriseninterventionszentren (KIZ)

Es gibt sie in grösseren Städten der Schweiz: kleine Abteilungen, die Menschen in einer Krise für ein paar Tage oder bis zu einer oder zwei Wochen betreuen. Die maximale Aufenthaltsdauer ist meistens vorgegeben, aber in jedem KIZ unterschiedlich. Manche Kriseninterventionszentren sind einem Spital angegliedert (zum Beispiel in Bern und Basel), andere sind freistehende Häuser, die wie normale Wohnhäuser aussehen (Winterthur), oder Teil einer psychiatrischen Klinik.

Die Angebote sind naturgemäss auf die Krise ausgerichtet; es gilt, eine Problemübersicht zu bekommen und Krisenbewältigungsstrategien zu entwickeln und umzusetzen, dies meist unter Miteinbezug der Angehörigen.

Kriseninterventionszentren haben bei Patienten eine hohe Akzeptanz. Deshalb ist es schade, dass es in der Schweiz nicht mehr davon gibt. Für manche Menschen ist das Angebot aber auch zu kurz, oder die Betreuung ist nicht intensiv genug, so etwa für schwer suizidale, manische oder akut psychotische Menschen.

HINWEIS *Es kann Sinn machen, die Behandlung in einem Kriseninterventionszentrum anzufangen; der Übertritt in eine psychiatrische Klinik ist dann jederzeit möglich.*

Akutstationen

Die meisten Patienten treten über eine Akutstation in die Psychiatrie ein, da die Aufnahme häufig notfallmässig erfolgt oder die Wartefristen für die Spezialstationen zu lang sind. Akutstationen haben somit einen schwierigen Auftrag: Sie müssen Menschen in unterschiedlichsten Verfassungen und mit unterschiedlichsten Behandlungsaufträgen betreuen. Es sind die Stationen, die Menschen in schweren suizidalen Krisen, in Manien oder auch akuten schweren Psychosen betreuen. Es sind auch die einzigen Stationen, die Menschen aufnehmen, die gegen ihren Willen in eine Klinik eingewiesen werden (mehr dazu auf Seite 55).

Der Vorteil der Akutstation besteht darin, dass eine Aufnahme jederzeit möglich und die Betreuung sehr engmaschig ist. Der Nachteil ist, dass sich gerade hier sehr viele Menschen in einer akuten Krise befinden und sich dies auf die Atmosphäre auswirken kann. Es kann belastend sein, das Zimmer zu teilen mit jemandem, der ebenfalls schwerstkrank ist.

Auch die Tatsache, dass hier Menschen gemäss gesetzlichem Auftrag gegen ihren Willen behandelt werden müssen, macht die Situation für alle Beteiligten schwierig. Für Betroffene ist dies einer der gravierendsten Einschnitte in ihrem Leben; die Grundrechte werden ihnen entzogen, und dies aus ihrer Sicht meist völlig zu Unrecht (während die Angehörigen dies häufig anders sehen). Auch für die Behandlungsteams ist es eine der anspruchsvollsten Aufgaben, jemanden zu betreuen, der nicht die Notwendigkeit sieht, sich betreuen zu lassen, und der sich demzufolge gegen die ihm auferzwungene Behandlung wehrt.

Erschwerend ist zudem, dass es heute immer noch recht wenige wirksame Massnahmen für die akute Krise gibt. Die meisten Psychotherapien sind wirkungsvoll bei Patienten, die bereits etwas gesünder sind. Auch Angebote wie eine Musik- oder Kunsttherapie richten sich meistens an diejenigen Patienten, die nicht mehr akut psychotisch oder in der Krise sind. Psychopharmaka können hier eine Notwendigkeit sein, aber perfekte Hilfsmittel sind sie nicht. Die meisten Psychopharmaka, zum Beispiel Antidepressiva, wirken erst nach zwei bis vier Wochen, eignen sich für die akute Krise also nicht. Die Mittel, die eingesetzt werden, wie Lorazepam, Olanzapin oder auch Haloperidol, beruhigen, lösen Angst, helfen bei Erregung und Suizidgedanken, sind aber in ihrer Wirkung recht unspezifisch; Haloperidol hat auch recht gewichtige Nebenwirkungen.

Am weitesten ist hier die Pflege. Sie hat sich sehr damit befasst, wie man eine Eskalation der Krise verhindern beziehungsweise beeinflussen kann. Die Behandlungen erfolgen hier sehr individualisiert.

Was sind teiloffen geführte Akutstationen?
Früher waren in der Schweiz prinzipiell alle Akutstationen geschlossen; man konnte sie nur mit einer Bewilligung verlassen. Das Betreten einer Akutstation war vergleichbar mit dem Betreten eines Untersuchungsgefängnisses. Sämtliche Fenster waren verschlossen oder gar vergittert. Sie können sich vorstellen, wie sich solche Sicherheitsmassnahmen auf das Klima in einer Station auswirkten. Viele Menschen fühlten sich eingeschlossen, hatten Platzangst, fühlten sich mit dem Rücken zur Wand.

Warum wurden diese Stationen wie ein Hochsicherheitsgefängnis betrieben? Man ging davon aus, dass Menschen in einer schweren psychischen Krise ihre ganze Urteilsfähigkeit verloren hatten und gefährlich für andere oder sich selbst sein könnten. Als einzelne Kliniken begannen, diese Sicherheitsmassnahmen zu lockern, zeigte sich etwas Paradoxes: Das Klima entspannte sich merklich; es kam zu weniger, nicht zu mehr Krisen, es kam zu weniger Zwangsmassnahmen. Erstaunlicherweise blieben nun viele Menschen, die gegen ihren Willen auf eine Akutstation eingewiesen wurden und sich sehr gegen das Eingeschlossensein gewehrt hatten, mit der veränderten Atmosphäre und den offenen Türen freiwillig in der Klinik.

Heute werden deshalb viele Akutstationen teiloffen geführt. Die Türen sind offen ausser in Ausnahmesituationen oder wenn jemand neu aufgenommen wird und noch nicht klar ist, welche Betreuungsintensität und welcher Schutz nötig sind. Für die Kliniken ist dies immer eine enorme Gratwanderung: so viel Freiheit, so viel Selbstbefähigung und Selbstverantwortung wie möglich zu bieten, aber auch genügend Schutz.

Gibt es bei den teiloffenen Akutstationen auch Nachteile?

Ja, die gibt es. Es kann für die Mitpatienten belastend sein, wenn sie sich um einen Patienten Sorgen machen und sich für ihn verantwortlich fühlen. Andere hätten vielleicht wegen der Suizidgedanken die Türen lieber verschlossen, mögen sich aber nicht äussern, weil sie dies den andern nicht zumuten wollen.

> **GUT ZU WISSEN** *Bei Polizei und Behörden ist die Akzeptanz für offen geführte Akutstationen erstaunlich hoch. Sie haben gemerkt, dass es einfacher ist, jemanden auf eine offene Akutstation zu bringen als in eine geschlossene Institution.*

Am schwierigsten ist die Situation für Angehörige. Ist jemand psychisch schwer krank und zu Hause, sind Angehörige oft stark belastet. In den Nächten vor einem Klinikeintritt schlafen sie fast nicht mehr, sind gefangen in einer Mischung von Betreuung, Sorge und Hilflosigkeit. Für sie ist der Klinikeintritt eine Entlastung, gerade wenn Betroffene sich selbst als nicht psychisch krank wahrnehmen. Angehörige geben heute oft die Rückmeldung, dass es sehr schwierig ist, jemanden gegen seinen Willen einweisen zu lassen, und dass es zig Anläufe braucht. Sie haben Mühe, sich zu entspannen bei dem Gedanken, dass der Angehörige jederzeit durch die offene Tür der Klinik spazieren und wieder nach Hause kommen könnte.

Kann man die Klinik wirklich einfach wieder verlassen?

Im Prinzip ja, aber wenn rechtliche Massnahmen wie eine fürsorgerische Unterbringung (FU) ergriffen wurden, geht das nicht. Der Betroffene wird ausgeschrieben und meist von der Polizei in die Klinik zurückgebracht. Aber auch wenn Sie freiwillig in der Klinik sind, müssen Sie sich an gewisse Abmachungen mit dem Behandlungsteam halten. Dieses ist ja verantwortlich für Sie. Ist jemand akut suizidal und geht das Behandlungsteam von einer ernsthaften Gefährdung des Lebens aus, muss es beziehungsweise muss der Chefarzt der Klinik sogar eine sogenannte Zurückbehaltung aussprechen. Damit darf jemand maximal 72 Stunden gegen seinen Willen in der Klinik zurückbehalten werden.

Gibt es recoveryorientierte Akutstationen?

Ja, aber leider noch nicht sehr viele. Es gibt in der Schweiz vereinzelt Akutstationen, die mit Recoverykonzepten arbeiten und eventuell Peers (siehe Seite 95) beschäftigen. Die psychische Erkrankung und der Klinikeintritt ist für viele Patienten mit einem Würdeverlust verbunden, und sie reagieren sensibel auf Kleinigkeiten, die mit unnötiger Entmündigung zu tun haben. In einigen Akutstationen muss man zum Beispiel immer noch sein Mobiltelefon oder den Laptop abgeben – und dies nur, weil einige wenige Patienten in der Krise nicht damit umgehen können. Auch einfache Sachen wie eine Menüauswahl sind nicht Standard. In jedem gewöhnlichen Spital können Sie Ihr Mittagessen auswählen, nicht aber auf jeder Akutstation. Viele Stationen arbeiten heute aber gerade mit diesen kleinen Befähigungen. Würde erleichtert die Gesundung.

Wie sieht die Behandlung auf einer Akutstation aus?

In der Regel kümmert sich ein Behandlungsteam um Sie. Dazu gehört eine sogenannte Bezugsperson in der Pflege, die spezifisch für Sie zuständig ist; dann ein Assistenzarzt, ein Oberarzt, vielleicht auch eine Assistenz- oder Fachpsychologin. Wegen des Ärztemangels kann es auch sein, dass Ihnen kein Assistenzarzt zugeteilt ist, dass Ihnen dafür aber mehr Zeit mit einer Psychologin zur Verfügung steht. Pro Woche sollten mindestens zwei Einzelgespräche stattfinden plus eine Visite mit einer Kaderperson, also einer Oberärztin oder leitenden Psychologin. Ziele sollten in partnerschaftlicher Absprache zwischen Ihnen und dem Behandlungsteam klar definiert werden.

Die meisten Akutstationen bieten verschiedene Therapieangebote an. Die Behandlungsdauer auf der Akutstation ist im Allgemeinen kurz; relativ rasch wird sich also die Frage stellen, wie es weitergeht.

HINWEIS *Wie überall in der Psychiatrie ist auch auf der Akutstation der Miteinbezug von Angehörigen und Arbeitgebern wichtig.*

Habe ich Ausgang? Und wie steht es mit Besuch?

Das Behandlungsteam bespricht mit Ihnen auch die Ausgangsregelung. Diese wird unterschiedlich gehandhabt. Heute wird den Patienten aber im Normalfall viel Autonomie zugesprochen, und sobald es Ihr Gesundheitszustand zulässt, dürfen Sie auch Freizeit ausserhalb der Station oder Klinik verbringen. Das Gleiche gilt für die Wochenenden; sie sind eine gute Möglichkeit, zu testen, wie es zu Hause mit der üblichen Alltagsbelastung und den normalen Alltagsreizen geht.

Sie können auf einer Akutstation natürlich auch Besuch empfangen. Ihre Kinder können Sie besuchen; einzelne Kliniken haben heute Kinderbesuchszimmer, die auch mit ausreichend Spielsachen eingerichtet sind.

HINWEIS *Für Kinder ist es wichtig, mit dem erkrankten Elternteil in Kontakt zu bleiben und das Spital zu sehen, in dem der Vater oder die Mutter sich aufhält. Hilfreich kann auch ein gemeinsames Gespräch mit der Pflegefachperson oder Psychologin sein.*

Fürsorgerische Unterbringung, Zwangsmassnahmen

In der Schweiz wie auch in praktisch jedem anderen Land ist es möglich, jemanden gegen seinen Willen in eine Klinik einzuweisen. Die Voraussetzungen sind gesetzlich klar geregelt, in der Schweiz im seit Januar 2013 gültigen Kinder- und Erwachsenenschutzrecht.

Liegt eine psychische Erkrankung vor und ist jemand aufgrund dieser psychischen Erkrankung akut suizidgefährdet oder bedroht andere, ist eine Klinikeinweisung gegen den Willen des Betroffenen möglich. Rechtlich zuständig für eine solche Massnahme ist die Kinder- und Erwachsenenschutzbehörde (Kesb). Sie besteht aus drei Mitgliedern: Geleitet wird sie meist von einem Juristen, unterstützt wird er von einer Person mit sozialem und einer Person mit psychologischem Hintergrund. Entscheidungen werden immer in diesem Dreiergremium getroffen. Macht sich nun jemand ernsthafte Sorgen um Ihre Gesundheit, kann er dies der Kesb melden. Sie bietet Sie dann zu einem Gespräch auf und trifft eine Entscheidung.

Eine Klinikeinweisung gegen Ihren Willen kann aber auch ein Arzt oder eine Ärztin veranlassen. In einzelnen Kantonen darf dies jeder Arzt mit einer Berufsausübungsbewilligung, in anderen Kantonen dürfen dies nur bestimmte Ärzte, zum Beispiel solche, die auf der Rechtsmedizin arbeiten. Der Arzt oder die Kesb können eine sogenannte fürsorgerische Unterbringung (FU, früher FFE genannt) auslösen; Sie werden dann im Normalfall von der Polizei in eine Klinik gebracht.

Dieser Schritt darf nur eingeleitet werden, wenn die Gefahr für Ihr Leben oder das Leben anderer eine unmittelbare ist. Fast alle Menschen mit einer schweren Depression haben Suizidgedanken; dies ist Teil der Erkrankung (mehr zum Thema Depression siehe Seite 97). Äussert nun eine Person in einer solchen Situation Suizidgedanken, ist aber nicht bereit, in eine Klinik zu gehen, so reicht dies nicht als Grund, eine fürsorgerische Unterbringung auszulösen. Sie sollten daher auch nicht davor zurückscheuen, Ihre Suizidgedanken mit einem Behandler zu besprechen. Das wirkt oft entlastend.

Geht der Behandler davon aus, dass das Risiko hoch ist, dass Sie Ihr Leben ohne Intervention beenden könnten, muss er aktiv werden; er ist zuständig für Ihren Schutz. Eine fürsorgerische Unterbringung darf aber erst ausgesprochen werden, wenn alle Alternativen ausgeschöpft sind. Vielleicht sind Sie ja bereit, für ein paar Tage freiwillig in ein Kriseninterventionszentrum zu gehen. Vielleicht genügen auch eine Medikation oder zeitlich festgelegte Kontakte mit der Spitex als Unterstützung. Vielleicht hat Sie bereits das Gespräch über die Suizidalität so entlastet, dass es wieder geht.

Und wenn ich mit einer fürsorgerischen Unterbringung (FU) nicht einverstanden bin?

Sie können Einspruch erheben gegen die fürsorgerische Unterbringung. Sie werden dann angehört, und eine Kommission entscheidet, ob Sie trotzdem in der Klinik bleiben müssen und die FU aufrechterhalten bleibt. Sie haben auch die Möglichkeit, eine Vertrauensperson oder einen Anwalt zu Ihrer Unterstützung einzuschalten. Eine Vertrauensperson kann ein Angehöriger sein oder jemand aus Ihrem Freundeskreis. Pro Mente Sana bildet in einem Pilotprojekt für den Kanton Zürich freiwillige Vertrauenspersonen aus, da sich gezeigt hat, dass Menschen mit schweren psychischen Erkrankungen sozial zunehmend isoliert sind oder ihnen in der Krise auch das Vertrauen in ihr Umfeld fehlt.

Ist Zwang möglich in der Psychiatrie?

Ja. Zwangsmassnahmen sind in der Schweiz möglich; die Voraussetzungen dafür sind gesetzlich geregelt. Eine solche Massnahme darf ergriffen werden, wenn eine akute Gefährdung für das eigene Leben oder das Leben anderer besteht. Mit Abstand am häufigsten ist die Einweisung in eine Klinik gegen den Willen des Betroffenen. Möglich ist auch die Unterbringung in einem reizabgeschirmten Zimmer, einem sogenannten Isolations- oder Akutbehandlungszimmer. Es ist in der Regel gut gesichert und spartanisch eingerichtet, sodass keine Selbstverletzung möglich ist. In einzelnen Kliniken werden Fixationen angewendet: Stark agitierte Betroffene werden mit Gurten an Händen und Füssen oder auch an der Hüfte «fixiert». Schliesslich gibt es die Zwangsmedikation: Ihnen kann ein Beruhigungsmittel gegen Ihren Willen verabreicht werden; dies in Tabletten- oder Tropfenform oder als Spritze. Auch dies ist nur erlaubt, wenn eine akute Selbst- oder Fremdgefährdung besteht und keine andere Massnahme zum Ziel führt.

ZWANG IN ANDEREN LÄNDERN

Die gesetzlichen Grundlagen für Zwangsmassnahmen unterscheiden sich international stark. In England zum Beispiel darf nicht fixiert werden, und auch gewisse Medikamente dürfen nicht zwangsweise verabreicht werden. In Deutschland darf gar keine Medikation gegen den Willen des Betroffenen gegeben werden, eine Isolation ist aber weiterhin möglich. ■

Zwang ist ein schwieriges Thema: für Betroffene, für Angehörige, für Behandelnde und auch für Peers. Ohne Zwang würden manche schwer depressiven Patienten an ihrer Krankheit sterben, psychotische Menschen könnten wegen ihrer Erkrankung sich selbst oder andere gefährden. Zwang soll allerdings sehr, sehr sparsam eingesetzt werden und nur, wenn sämtliche Alternativen ausgeschöpft wurden. In der Schweiz haben wir diesbezüglich Fortschritte gemacht. Zwangsmassnahmen sind heute stärker reglementiert, werden von den Behandlungsteams viel mehr reflektiert und zurückhaltender eingesetzt. Erschreckend ist aber immer noch die im internationalen Vergleich hohe Klinikeinweisungsrate mit Zwang. Die riesigen regionalen Unterschiede in dieser Rate in der Schweiz sprechen zudem klar dafür, dass hier etwas nicht optimal läuft und ein hoher, aber zu wenig be- und anerkannter Handlungsbedarf besteht.

HINWEIS *Als eines der Länder, das weltweit am meisten für die psychiatrische Versorgung ausgibt, sollte es Ziel sein, dass die Schweiz in Fragen des Zwangs eine führende Haltung einnimmt. Wir sind ein Land, das die Patientenautonomie sehr hoch gewichtet, wie etwa das Thema EXIT zeigt. Das soll auch für psychisch Kranke gelten. Gleichzeitig muss man auch die Not der Angehörigen und Behandelnden würdigen. Wenn psychisch Erkrankte Gewalt ausüben, sind die Opfer hauptsächlich Angehörige.*

Wie kann ich mich vor Zwangsmassnahmen schützen?

Das Gesetz sieht vor, dass Sie eine sogenannte Behandlungsvereinbarung oder psychiatrische Patientenverfügung erstellen können. Eine gute Vorlage gibt es zum Beispiel von Pro Mente Sana. In einer solchen Verfügung können Sie festhalten, was Sie sich wünschen für den Fall, dass Sie schwer erkranken und sich so sehr in Ihrer inneren Welt verlieren, dass Sie gewisse Entscheidungen nicht mehr treffen können. Hier können Sie aufschreiben, welche Massnahmen Ihnen helfen, ruhiger zu werden, welche Medikation Sie gewillt sind, einzunehmen, und welche auf gar keinen Fall. Sie können ferner festhalten, welche Personen man in der Krise mit involvieren soll. Sie können zum Beispiel wünschen, dass das Team der Akutstation in der Krise mit Ihrer Psychiaterin Kontakt aufnimmt, die Sie seit zehn Jahren kennt.

TIPP *Erstellen Sie eine solche Verfügung zusammen mit jemandem, der Sie gut kennt. Dies kann der Psychiater sein, jemand aus dem Angehörigenkreis oder die Bezugsperson in der Klinik – oder alle drei.*

Der Schwerpunkt der Behandlungsvereinbarung sollte auf der Prävention liegen. Bildlich gesprochen gibt es um halb zwölf oft mehrere Methoden, die in der Krise helfen, um fünf vor zwölf immerhin eine oder zwei – und eine Minute vor zwölf ist es häufig nur die Zwangsmassnahme, die dem Behandlungsteam noch bleibt.

Spezialstationen

Spezialstationen haben in der Regel ein breites Therapieangebot, sodass sich die Behandlung auf Ihre Bedürfnisse massschneidern lässt. Es gibt eine Fülle von Therapiemöglichkeiten im Bereich Psychotherapie und nichtverbaler Psychotherapie (Musik-, Kunst- oder Bewegungstherapie), und auch der Angehörigenmiteinbezug ist heute ein fester Bestandteil dieser Angebote.

Unterstützend wirkt auf solchen Stationen der Austausch mit anderen Patienten. Es entlastet sehr, mit Menschen zu sprechen, die im selben Boot sitzen und mit denen man sich ohne Scham über das Erlebte unterhalten kann. Hier entstehen manchmal innert kurzer Zeit tragfähige Beziehungen.

GUT ZU WISSEN *Wichtig zu wissen: Sie müssen für Mitpatienten keine Verantwortung übernehmen! Hierfür ist das Pflegeteam zuständig. Sie dürfen und sollen sich abgrenzen, wenn Sie sich belastet fühlen.*

Auch auf Spezialstationen ist ein Behandlungsteam für Sie zuständig, mit einer Bezugsperson in der Pflege, Ärztinnen, Psychologen und Spezialtherapeutinnen.

Nach dem Aufenthalt auf einer Spezialstation ist ein sorgfältig geplanter Übertritt nach Hause essenziell. Auf einer Spezialstation herrscht eine geschützte Atmosphäre, was der Gesundung zuträglich ist. Der Alltag sieht dann aber wieder anders aus. Zu empfehlen ist ein gradueller Übertritt mit langsamer Loslösung von der Station, indem Sie immer ein wenig mehr Zeit zu Hause oder bei der Arbeit verbringen. Oder aber Sie treten in eine Tagesklinik über (siehe Seite 42).

TIPP *Falls Sie vor dem Klinikaufenthalt noch nicht in ambulanter Behandlung waren, empfiehlt es sich, dies frühzeitig anzugehen. Viele Psychiaterinnen und Psychiater haben lange Wartefristen. Psychische Krankheit ist keine Frage von Wochen, es sind längere Prozesse. Deshalb ist fast immer eine ambulante Nachbetreuung nötig, und ein guter Informationsaustausch zwischen Klinik, ambulantem Netzwerk und Hausarzt ist wichtig.*

Psychologische, biologische, soziale Behandlungsmethoden

Heute ist es in der Regel eine Kombination verschiedener Behandlungsmethoden, die zur Anwendung gelangt. Und es braucht nicht nur Schulmedizin zu sein; auch komplementärmedizinische Ansätze helfen bei der Gesundung.

Die vermeintlich klare Einteilung in psychologische, soziale und biologische Behandlungsmethoden ist in Tat und Wahrheit eine recht künstliche; die Grenzen sind oft verwischt. Das Gleiche gilt für klassische und komplementärmedizinisch orientierte Behandlungsmethoden; auch sie gehen fliessend ineinander über.

Die Wahl der Behandlungsmethode ist geprägt einerseits durch die psychische Erkrankung (störungsspezifische Behandlung). Eine Panikstörung wird mit anderen Methoden behandelt als eine narzisstische Persönlichkeitsstörung, und diese wiederum anders als eine Wochenbettdepression. Andererseits sind kulturelle Faktoren wichtig: Schweizer Patientinnen und Patienten und Behandler und Behandlerinnen haben andere Präferenzen als Australier. Wir Schweizer «lieben» zum Beispiel Psychotherapie; Zürich ist das absolute Mekka. In keiner anderen Grossstadt der Welt gibt es so viele Psychotherapeutinnen und Psychotherapeuten pro Einwohner wie in Zürich; an zweiter Stelle folgt Genf.

Auch komplementärmedizinische Ansätze haben bei uns eine hohe Akzeptanz. Biologischen Behandlungsmethoden, seien es Psychopharmaka oder auch einer Elektrokrampftherapie, stehen wir eher kritisch gegenüber.

 HINWEIS *Humoristisch formuliert kann man sagen, dass eine Ärztin eine Stunde aufwenden muss, um einen Schweizer Patienten zu überzeugen, dass er ein Antidepressivum braucht, und dass sie eine Stunde braucht, um einen amerikanischen Patienten zu überzeugen, dass er kein Antidepressivum braucht.*

Psychotherapie

Denken und Sprechen hängen zusammen. Psychotherapie ist eine Therapieform, die über das gesprochene Wort versucht, das Denken, das Fühlen, das Handeln und das Sein zu beeinflussen.

Die Geschichte der Psychotherapie ist eng verbunden mit dem Namen Sigmund Freud und dem Bild der Couch, auf der die Patientin, der Patient liegt. Die Couch gibt es heute bei manchen Psychotherapeutinnen immer noch, und auch die von Sigmund Freud entwickelte Psychoanalyse wird noch praktiziert, wenn auch üblicherweise in modernisierter Form. In der Zwischenzeit gibt es aber eine grosse Vielfalt an weiteren Psychotherapiemethoden – die meisten ohne Couch. Manche Therapiearten eignen sich für gewisse Probleme besser als andere. Die Methodenvielfalt ist eine Bereicherung, erlaubt sie doch dem Einzelnen, die für ihn passende Therapie auszuwählen.

Grob unterteilt wird heute in psychodynamische, systemische und kognitiv-verhaltenstherapeutische Therapiemethoden. Weltweit sind Letztere heute am weitesten verbreitet. Sie sind wissenschaftlich am besten untersucht und passen ideal in unser aufs Funktionieren ausgerichtetes westliches Weltbild.

Wie unterschiedlich sind diese drei grossen Psychotherapieschulen?

Früher gab es regelrechte Grabenkämpfe zwischen den einzelnen Schulen, wobei es weniger um die Patientenversorgung als um Macht und Geld ging. Heute weiss man, dass die einzelnen Therapien nicht ganz so unterschiedlich sind, wie sie in ihren theoretischen Unterlagen zu sein vorgeben. Denn bei Untersuchungen mit sehr erfahrenen, kompetenten Psychotherapeutinnen und Psychotherapeuten hat man herausgefunden, dass die meisten von ihnen ein paar Jahre nach Ausbildungsabschluss verschiedene Therapiemethoden kombinierten beziehungsweise integrierten, je nach Patient. Je länger die Therapeuten praktizierten, umso ähnlicher wurden ihre Psychotherapien.

Man ist zudem der Frage nachgegangen, was genau Psychotherapie wirksam macht und wie sich die einzelnen Therapierichtungen in dieser Frage unterscheiden. Dabei ist man auf sogenannte unspezifische Faktoren gestossen, die erstaunliche 70 Prozent der Wirksamkeit einer Psychotherapie ausmachen. Dagegen sind nur 8 bis 12 Prozent des Erfolgs spezifisch von einer bestimmten Therapieform oder -richtung abhängig.

Welches sind diese allgemeinen Wirksamkeitsfaktoren?

Einer der wichtigsten Faktoren ist die Errichtung eines gemeinsamen Erklärungssystems für die Ursachen der Schwierigkeiten durch den Behandler und den Patienten. Zusammen entwickeln sie beispielsweise das Konzept, das die erneute depressive Episode durch die Mehrfachbelastung mit dem Konflikt am Arbeitsplatz und dem Krebsverdacht bei der Ehefrau ausgelöst wurde.

Ein zentraler Faktor ist auch die Vermittlung von Hoffnung durch die vom Behandler ausgestrahlte Überzeugung, helfen zu können, und die Erwartung des Patienten, wirksame Hilfe zu erhalten. Ein ebenfalls entscheidender Faktor ist das Beziehungsangebot, wodurch die Patientin Interesse an ihrer Person und ihren Problemen erfährt.

HINWEIS *Die allgemeinen Wirksamkeitsfaktoren finden sich in allen Psychotherapieschulen, aber auch in der Arbeit von Naturärzten oder Heilern – und auch in der Behandlung eines Psychiaters, der ein Antidepressivum verordnet. Gleichzeitig zeigen sich bei diesen Faktoren Unterschiede zwischen den einzelnen Psychotherapieformen. Ein psychoanalytisch tätiger Therapeut macht ein anderes Beziehungsangebot als eine Verhaltenstherapeutin und liefert auch ein anderes Erklärungsmodell. Beim Psychiater, der Medikamente verordnet, sind Beziehungsangebot und Erklärungsmodell nochmals anders – und beim Heiler selbstverständlich auch.*

Kognitive Verhaltenstherapie

Ursprünglich wurde die sogenannte Verhaltenstherapie entwickelt. Sie basierte auf der Tatsache, dass unser Verhalten massgeblich durch Bestrafung oder Belohnung gelenkt wird. Das Gefühl von Angst ist Teil des Bestrafungssystems; wir Menschen setzen viel Energie dafür ein, Angst zu vermeiden. Zwangserkrankte beispielsweise kontrollieren stundenlang, ob die Türe abgeschlossen ist, um die Angst zu vermeiden, dass ein Dieb eindringen könnte.

Gleichzeitig reagieren wir stark auf Belohnung. Bei Suchterkrankungen zum Beispiel wird das Belohnungszentrum des Gehirns aktiviert, das Suchtmittel wird zur Belohnung nach einem anstrengenden Tag. Diese Verhaltensweisen laufen automatisch ab; unser Hirn ist sozusagen auf Autopilot.

Reine Verhaltenstherapien mit Belohnung beziehungsweise Verstärkung und Bestrafung werden heute nur noch selten eingesetzt, so zum Beispiel bei Jugendlichen mit asozialem Verhalten.

Die Verhaltenstherapie wurde erweitert zur sogenannten kognitiven Verhaltenstherapie (KVT oder englisch CBT, *Cognitive Behavioral Therapy*), einer Therapieform, die anfänglich vor allem in der Behandlung der Depression angewendet wurde. In der Depression beginnt sich das Denken zu verändern, und umgekehrt begünstigen gewisse festgefahrene Denkmuster eine Depression. Betroffene entwickeln zum Beispiel einen Negativfilter: Erhalten sie 99 Komplimente und eine Kritik, nehmen sie nur die Kritik wahr, alles andere scheint sie nicht zu erreichen. Gleichzeitig beginnen depressive Menschen, in ihrem Denken zu generalisieren. Aus der einzigen Kritik schliessen sie, dass alles, was sie machen, falsch und schlecht ist. In der kognitiven Verhaltenstherapie werden diese Denkmuster untersucht; wie entstehen sie, wie bestimmen und verstärken sie sowohl die Gefühlslage als auch das Verhalten?

Später hat sich diese Therapieform noch einmal weiterentwickelt, man spricht heute von der sogenannten dritten Welle der Verhaltenstherapie. Denn auch die kognitive Verhaltenstherapie hatte noch etwas Mechanistisches. Patienten hatten oft das Gefühl, dass sie von der Therapeutin kritisiert würden, weil sie immer wieder auf Fehler im Denken hinwies und diese mit ihnen korrigierte.

In der dritten Welle wurde Akzeptanz sehr viel wichtiger. Es wurden spezifische Psychotherapieverfahren entwickelt, zum Beispiel die dialektische Verhaltenstherapie für die Borderline-Persönlichkeitsstörung (DBT, siehe Seite 212), oder CBASP (*Cognitive Behavioral Analysis System of Psychotherapy*), eine Psychotherapieform für die Behandlung schwerer Depressionen, oder auch die Schematherapie für Menschen mit tiefgreifenden persönlichkeitsverankerten Schwierigkeiten. Die Erfahrung hat inzwischen aber gezeigt, dass sich diese Verfahren für eine Grosszahl von Störungsbildern eignen und gar nicht so störungsspezifisch sind, wie man dachte.

Was heisst Akzeptanz?

Oft ist Veränderung nur möglich, wenn man einen negativen Zustand akzeptiert hat. Haben wir zum Beispiel übermässig Angst, tun wir alles, um diese Angst zu vermeiden. Wir lassen sie gar nicht mehr zu, entwickeln eine sogenannte Angst vor der Angst. Bei akzeptanzbasierten Verfahren geht es darum, diese Angst zuerst einfach wieder zuzulassen und zu merken, dass sie aushaltbar ist und die Welt nicht untergeht. Dies passiert mit Therapieverfahren wie der Validierung oder auch in den sogenannten achtsamkeitsbasierten Verfahren.

Erst in einem zweiten Schritt geht es dann darum, das Gefühl der Angst zu regulieren und Veränderungen einzuleiten.

Was ist Validierung?

Validierung ist eine wichtige Strategie im Umgang mit Menschen mit einer Demenz, mit Schizophrenie oder einer Borderline-Persönlichkeitsstörung. Validieren heisst, die Welt zunächst einmal durch den Blick des Betroffenen zu sehen und seine Wahrnehmung einfach zu akzeptieren, wie sie ist. Eine Frau mit einer Alzheimerdemenz ist überzeugt, dass ihre Handtasche gestohlen wurde, weil sie nicht da ist, wo sie sonst immer war. Angehörige haben den Impuls, diese aus ihrer Sicht offensichtliche Fehlwahrnehmung zu korrigieren: «Die Handtasche wurde bestimmt nicht gestohlen. Du hast sie nur an einem anderen Ort abgelegt und kannst dich nicht daran erinnern.» Diese Intervention führt meist dazu, dass die Betroffene verunsichert wird und ängstlich oder sogar wütend reagiert, weil man ihr nicht glaubt und sie nicht versteht. Sie wird sich verteidigen und den Angehörigen klarmachen wollen, dass die Handtasche wirklich gestohlen wurde. Validieren heisst nun, sich in sie hineinzuversetzen und sich vorzustellen, wie man sich selbst fühlen würde. Es wird dann nachvollziehbar, dass man nervös oder wütend wird, wenn man das Gefühl hat, die Handtasche sei gestohlen worden.

Was sind achtsamkeitsbasierte Verfahren?

Achtsamkeit zeigt, wie sich die Grenzen zwischen klassischer Psychotherapie und Komplementärmedizin verwischen. In den achtsamkeitsbasierten Verfahren wird die Psychotherapie um eine spirituelle Komponente erweitert. Ursprünglich stammt das Konzept der Achtsamkeit aus dem Buddhismus. Achtsamkeit findet sich jedoch in fast allen Weltreligionen, so im Islam, im Judentum, aber auch im Christentum: Im dritten Jahrhundert entwickelten christliche Wüstenmönche eine achtsamkeitsbasierte Spiritualität.

In der Achtsamkeit geht es darum, die Umwelt und die innere Welt, unsere Gedanken und Gefühle wahrzunehmen, aber nicht zu bewerten oder zu zensurieren. Unsere westliche Welt ist «bewertungssüchtig»; ständig müssen wir beurteilen, ob etwas besser oder schlechter ist. Das ist nicht per se negativ, aber wenn diese Urteile nur noch in die Kategorie «schlechter» fallen, wenn wir uns ständig als ungenügend beurteilen, dann tut das nicht gut. In der Achtsamkeit geht es darum, dieses Bewertungssystem etwas in den Hintergrund zu drängen.

Neuere Therapieformen, die stark mit Achtsamkeit und Akzeptanz arbeiten, sind etwa ACT *(Acceptance and Commitment Therapy)*, eine Therapie, in der vor allem Werte einen zentralen Stellenwert haben als eine Art Kompass oder Hilfe, um beispielsweise Angst besser auszuhalten. Auch MSC *(Mindful Self-Compassion)* oder CFT *(Compassion Focussed Therapy)* gehören in diese Kategorie; bei diesen Therapien steht das Selbstmitgefühl im Zentrum.

Systemische Psychotherapie

Wir Menschen sind sehr beziehungsorientiert. Wir sind aber auch beziehungsabhängig; die wenigsten von uns eignen sich zum Eremiten. Dies trifft selbst auf Autisten zu. Sie haben sich damit abgefunden, selbstgenügsam sein zu müssen, Beziehungen erleben sie als schwierig. Die Beziehungssprache ist für sie eine Fremdsprache, fremder als Chinesisch oder Russisch. Aber auch sie haben einen Beziehungswunsch; einen grossen sogar.

Unsere Abhängigkeit von Beziehungen erklärt auch, warum viele psychische Erkrankungen zumindest teilweise ihren Ursprung hier haben. Eine Psychotherapie, die auf dieser Erkenntnis basiert, ist die sogenannte interpersonelle Psychotherapie (IPT), die im angloamerikanischen Raum sehr verbreitet ist. Bei uns ist die systemische Therapie weiter verbreitet. Auch sie bezieht sich stark auf die Wechselwirkung in Familiensystemen und geht ein Stück weit von der Theorie aus, dass psychische Störungen immer Ausdruck sind von Störungen im Familiensystem, dies oft auch über mehrere Generationen. Entwickelt die Tochter eine Magersucht, kann dies eine Reaktion sein auf das Familiensystem, ein Versuch, sich abzugrenzen, wobei die Abgrenzung einzig beim Thema Essen gelingt (oder eher misslingt). Gleichzeitig führt die Magersucht der Tochter auch zu einer Veränderung im Familiensystem. Die Eltern werden plötzlich überfürsorglich und überkontrollierend. Sie verbringen Stunden damit, die Tochter zu überreden, doch noch einen Löffel Suppe zu essen. Auch ihnen gelingt eine gesunde Abgrenzung nicht mehr.

Psychodynamische Therapie

Die heutigen psychodynamischen Therapien beruhen auf der Persönlichkeits- und Krankheitslehre der Psychoanalyse, die von Sigmund Freud entwickelt wurde. Der zentrale Gedanke: Unbewusste Konflikte, die ein Mensch im Laufe seines Lebens nicht verarbeiten konnte, behindern ihn in seiner Entwicklung; sie werfen ihre Schatten im Hier und Jetzt. So kann zum Beispiel jemand in der Gegenwart keine Kritik zulassen und wird zum Perfektionisten, um ihr aus dem Weg zu gehen. Oder jemand wählt in einer

Beziehung wiederholt eine bestimmte Art von Partner, obwohl dies immer wieder zu den gleichen Problemen führt. Die Lehre geht davon aus, dass bestimmte psychische Erkrankungen so ausgelöst und unterhalten werden.

Die Hauptmethode der psychoanalytischen Therapie ist das Einzelgespräch. Den meisten bekannt ist die klassische Analyse: Hier liegt der sogenannte Analysand auf einer Couch, die Therapeutin oder der Therapeut sitzt hinter ihm und hört zu. Der Analysand assoziiert frei, das heisst, er berichtet, was ihm gerade durch den Kopf geht – ohne zu filtrieren.

> **GUT ZU WISSEN** *Die klassische Analyse erfordert mehrere Sitzungen pro Woche und dauert einige Jahre. Sie ist für Menschen mit schweren psychischen Erkrankungen oft eine Überforderung.*

In den Weiterentwicklungen der Analyse sitzt die Therapeutin dem Betroffenen gegenüber. Der Schwerpunkt liegt aber auch hier auf unbewussten Konflikten und der Beziehungsebene. Man geht davon aus, dass sich diese alten, unbewussten Konflikte auch in der Beziehung zum Therapeuten zeigen werden (Übertragung/Gegenübertragung). Ein Beispiel: Bin ich perfektionistisch, weil ich einen strengen Vater hatte, werde ich auch auf jede noch so verhaltene Kritik des Therapeuten sensibel reagieren. In der Therapie werden diese Konflikte langsam bewusster gemacht, und dadurch entsteht Raum für Veränderung. Auch verzerrte Wahrnehmungen, die auf den Konflikten beruhen, werden langsam korrigiert.

Heute gibt es eine ganze Vielfalt an psychodynamisch orientierten Therapien. Sie reichen von Kurzzeittherapien bis zu störungsspezifischen Ansätzen wie der Kernbergschen Therapie der Borderline-Störung.

Weitere Psychotherapiemethoden

Es gibt weitere Methoden, die bei uns gut etabliert sind. Dazu gehören die Gestalttherapie und die Körperpsychotherapie.

Gestalttherapie
Sie wurde vor über 50 Jahren von Frederick Perls in den USA entwickelt. Während er eine psychoanalytische Ausbildung hatte, hat sich diese in der Schweiz recht beliebte Therapie weit von diesen Wurzeln entfernt.

Was ist mit dem Begriff Gestalt gemeint? Wir lassen uns als Gestalten verstehen, die aus unzähligen Teilgestalten bestehen. Diese stehen in Wechselwirkung miteinander. Wir nehmen andere, uns selbst oder auch Situationen immer in ihrer Gesamtheit wahr, nicht als Ansammlung von Einzelheiten. Zentral in der Theorie ist auch der Gedanke, dass das Ganze grösser ist als die Summe der Teile.

Der Schwerpunkt in der Therapie liegt auf dem, was unmittelbar erlebt und empfunden wird; nicht darauf, was es bedeutet oder was damit vielleicht gemeint sein könnte. Im Zentrum steht immer die Frage: Was erlebst du jetzt? In den Sitzungen geht es darum, bewusst Situationen zu erleben, nicht nur darüber zu sprechen oder darüber nachzudenken. Das klassische Beispiel ist der leere Stuhl. Hat man Probleme mit einer Freundin, stellt man sich vor, dass sie auf dem leeren Stuhl gegenüber sitzt. Oder man setzt sich selbst anstelle der Freundin auf diesen Stuhl, stellt sich vor, wie es ist, sie zu sein in einer bestimmten Situation. Wenn einem bewusst ist, was man gerade erlebt, übernimmt man in einem zweiten Schritt Verantwortung für das Erlebte und sucht Lösungen. Der Therapeut hält sich hier zurück; er löst die Situation für den Betroffenen nicht, lässt ihn in seiner Frustration mit dem schwierigen Gefühl «sitzen», bis er selbst eine Lösung entwickelt.

Körperpsychotherapie

Auch hier gibt es eine Vielfalt verschiedener Therapieansätze. Die Körperpsychotherapie hat eine lange Tradition und ging immer davon aus, dass Geist und Körper eng zusammenhängen und eine Einheit bilden; ein Gedanke, den andere Therapien erst vor kurzem «entdeckt» haben. Das autonome Nervensystem spielt hier als Schnittstelle zwischen Psyche und Körper eine wichtige Rolle.

Die Schulen legen unterschiedliche Schwerpunkte in Bezug auf Methoden zur bewussten Erdung, Atmung, Bewegung, dem therapeutischen Berühren oder dem gestaltenden Ausdruck. Körperwahrnehmung, Schutz, Bindung und Grenzen sind wichtige Themen. Chronischer Stress oder auch traumatische Erlebnisse führen dazu, dass der Körper Schutzmechanismen entwickelt. Diese werden in der Körperpsychotherapie bewusst gemacht, sodass auch der damit verbundene geistige oder psychologische Anteil bearbeitet werden kann.

Psychopharmaka

Kaum ein Thema polarisiert so stark wie die Pharmakotherapie, kaum eins macht so Angst. Das Gehirn ist das zentralste Organ des Körpers. In ihm ist unser Denken, unser Fühlen, unsere Wahrnehmung, das Planen und auch unser Handeln beheimatet. Auch die meisten Gefühle, die wir umgangssprachlich dem Herz zuschreiben, sind Hirnaktivitäten: Wir verlieben uns nicht mit dem Herz, sondern mit dem Gehirn. Unsere Elterngefühle sind ebenfalls im Hirn lokalisiert. Auch das, was man als Seele bezeichnet, hat viel mit unserem Hirn zu tun. Allerdings: Das Gehirn arbeitet immer im Verbund mit dem ganzen Körper, nicht als einzelnes Organ.

BIOLOGISCHE THERAPIE: WAS IST DAS?

Unter biologischen Therapien werden die Psychopharmakotherapie, aber auch Verfahren wie die Elektrokrampftherapie (EKT) oder der Schlafentzug zusammengefasst. ■

Psychopharmaka haben ihren Wirkungsort primär im Gehirn. Nehmen wir ein Medikament ein, das die Psyche beeinflusst, beeinflussen wir unser Innerstes. Deshalb sind psychische Erkrankungen eben auch schwieriger als ein Problem am linken Fuss: Sie betreffen unser Innerstes, das, was uns zum Menschen macht.

Heute weiss man einiges über Psychopharmaka – mehr als über fast alle anderen Medikamentengruppen inklusive Antibiotika. Trotzdem weiss man nicht mehr, als dass man nur die Spitze des Eisbergs sieht. In 30 Jahren wird man sich höchstwahrscheinlich darüber amüsieren, wie wir heute über die Wirkungsweise von Psychopharmaka denken. Dieses Unwissen macht Angst.

Schwierig ist zudem, dass wir sehr individuell auf Psychopharmaka reagieren. Herr Müller hat absolut keine Nebenwirkungen mit dem Medikament X und eine gute Wirkung. Bei Herrn Meyer ist genau das Gegenteil der Fall: Er hat nur Nebenwirkungen, keine Wirkung. Beide haben die gleiche Erkrankung und nehmen das gleiche Medikament.

Dass gewisse Nebenwirkungen recht gravierend sein können, hilft nicht. Dass Psychopharmaka vor allem von der Pharmaindustrie entwickelt werden, hilft nicht. Dass die Pharmaindustrie profitorientiert ist, hilft nicht. Dass sie schon wiederholt versucht hat, negative Daten zu vertuschen, hilft auch nicht besonders. Dass Psychopharmaka Angst machen, ist also nachvollziehbar. Sie können aber auch sehr hilfreich sein. Oder auch nicht – individuell eben.

> **HINWEIS** *Früher war die Psychiatriewelt geteilt in Vertreter einer biologischen Psychiatrie, einer psychologischen Psychiatrie und einer Sozialpsychiatrie, die einander diametral entgegengesetzte Meinungen zum Thema Psychopharmaka hatten. Diese Zeiten sind zum Glück grösstenteils vorbei.*

Welche Gruppen von Psychopharmaka gibt es?
Psychopharmaka werden unterteilt in Antidepressiva, Stimmungsstabilisatoren, Antipsychotika, angstlösende Medikamente (Anxiolytika), schlafanstossende Medikamente (Hypnotika) und Stimulanzien.

Antidepressiva

In unserem Hirn übertragen Botenstoffe die Informationen von einer Nervenzelle zur nächsten. Zu diesen sogenannten Neurotransmittern gehören Serotonin, Noradrenalin und Dopamin. Man geht davon aus, dass sich diese Botenstoffe in der depressiven Erkrankung nur noch ungenügend selbst regulieren und dass die Signale deshalb teilweise ungenügend, teilweise fehlerhaft übertragen werden.

Die meisten Antidepressiva setzen an einem oder mehreren dieser drei Neurotransmitter an und regulieren die Botenstoffe neu. Die heutige Hauptgruppe der Antidepressiva, die SSRI (Selektive Serotonin-Wiederaufnahmehemmer), beeinflusst hauptsächlich den Botenstoff Serotonin.

In der Depression sind einzelne Hirnregionen über- oder unteraktiv. Die Mandelkerne werden hyperaktiv beziehungsweise sind zu leicht reizbar; die Seepferdregion, der sogenannte Hippocampus, ist hingegen unteraktiv. Er ist zuständig für unser emotionales Gedächtnis und wird aktiv, wenn wir uns daran erinnern wollen, ob es uns während der letzten Strandferien in Italien gut ging oder nicht. Antidepressiva führen dazu, dass sich die Aktivität in diesen Hirnregionen wieder normalisiert.

Man hat festgestellt, dass während einer depressiven Episode im Hippocampus sogar Hirnzellen absterben. Als man dies ursprünglich herausfand, waren das beängstigende Ergebnisse. Gemäss weiteren Untersuchungen besteht nun aber eine Hauptwirkung von Antidepressiva darin, dass sich in diesen Hirnregionen ein Wachstumsfaktor (BDNF) bildet, der die Zellen wieder zum Spriessen bringt. Später konnte gezeigt werden, dass auch Psychotherapie eine solche Stimulation des Hirnwachstums bewirken kann.

Neben den Botenstoffen scheinen auch gewisse Hormone mit depressiven Erkrankungen zusammenzuhängen. Sowohl das Stresshormon Cortisol als auch das Tag-Nacht-Hormon Melatonin haben einen Einfluss auf Depressionen.

ES BRAUCHT GEDULD

Sämtliche Veränderungen, die die Antidepressiva hervorrufen, sind langsamer Natur. Deshalb zeigt sich der Effekt erst nach zwei bis sechs Wochen. ■

Was sind SSRI?

Das sind Selektive Serotonin-Wiederaufnahmehemmer. In den letzten 15 Jahren stellten sie die Mehrheit der verordneten Antidepressiva. Typische Medikamente sind Escitalopram (Cipralex®), Citalopram (Seropram®), Fluoxetin (Fluctine®), Sertralin (Zoloft®), Paroxetin (Deroxat®) oder Fluvoxamin (Floxyfral®).

GUT ZU WISSEN *Zwischen den einzelnen SSRI-Präparaten gibt es Unterschiede. Sie sind aber nicht riesig, sondern in etwa vergleichbar mit dem Unterschied zwischen Pepsi- und Coca-Cola.*

Welche Nebenwirkungen kann ein SSRI haben?

In den ersten Tagen erhöht das Medikament den Botenstoff Serotonin. Obwohl man vereinfacht gesagt davon ausgeht, dass in der Depression eine Art Serotoninmangel besteht, ist diese anfängliche Serotoninerhöhung nichts Angenehmes. Denn die Serotoninrezeptoren befinden sich nur zu einem kleinen Teil im Gehirn; am meisten davon hat es im Magen-

Darm-Trakt. Der reagiert, und viele Patienten klagen über Übelkeit, Blähungen oder auch Durchfall. Diese Nebenwirkungen halten meist nur kurzfristig an, der Magen gewöhnt sich an die Erhöhung des Serotonins.

TIPP *Nehmen Sie das Medikament während einer Mahlzeit ein oder essen Sie zwei Stunden nach der Einnahme etwas Brot oder Zwieback.*

Die Serotoninerhöhung kann auch bewirken, dass Sie ein leichtes Herzpochen haben, etwas ängstlicher sind, Kopfschmerzen verspüren und schlechter einschlafen; ähnlich also, wie wenn Sie etwas zu viel Kaffee getrunken hätten. Auch dies sind in der Regel Übergangssymptome, die ein bis zwei Tage anhalten und dann verschwinden. Die Symptome sind auch der Grund, weshalb man die Behandlung mit sehr niedrigen Dosen beginnt; die anfänglichen Nebenwirkungen treten so nur kurz auf oder gar nicht.

Längerfristig hat ein Grossteil der Patienten keine signifikanten Nebenwirkungen. Langzeitnebenwirkungen können ein ausgeprägtes Schwitzen sein (manchen hilft Salbei), die Lust auf Sex kann leiden oder es kann schwierig sein, einen Orgasmus zu haben. Auch eine Gewichtszunahme ist möglich, meist im Bereich von ein paar Kilogramm; es gibt aber auch Menschen, die hier sehr sensibel reagieren und einen ausgeprägten Hunger auf Süsses entwickeln. Bei älteren Patienten kann sich zudem ein Salzungleichgewicht im Blut einstellen, eine sogenannte Hyponatriämie, die manchmal zu Verwirrtheit führt und nicht ungefährlich ist.

Welche anderen Antidepressiva gibt es, und was für Nebenwirkungen haben sie?

- **Vortioxetin (Brintellix®):** Vortioxetin ist ein sogenannter Serotoninmodulator, das Serotonin bleibt also innerhalb einer gewissen Bandbreite. Insgesamt scheint es den SSRI sehr ähnlich zu sein und vielleicht etwas weniger Nebenwirkungen zu haben.
- **Bupropion (Wellbutrin®):** Ein Antidepressivum, das die Botenstoffe Noradrenalin und Dopamin neu reguliert. Auch Wellbutrin® kann anfänglich einen Espressoeffekt verursachen, mit Magenbrennen, Herzklopfen und vermehrter Nervosität; diese Nebenwirkungen sollten innerhalb von ein paar Tagen verschwinden. Dafür kennt das Medikament

keine sexuellen Nebenwirkungen und beeinträchtigt auch die Konzentrationsfähigkeit nicht. Vorsicht: Bei jungen Frauen mit einer Bulimie (siehe Seite 269) kann Wellbutrin® epileptische Anfälle auslösen; es sollte deshalb gar nicht erst verordnet werden.

■ **Venlafaxin (Efexor®):** Dieses Antidepressivum reguliert in niedriger Dosierung den Botenstoff Serotonin, in mittlerer Dosis zusätzlich den Botenstoff Noradrenalin und in hohen Dosen auch noch den Botenstoff Dopamin. Efexor® gilt als wirksames Antidepressivum, das auch bei schwerer Depression eingesetzt wird oder bei Menschen, die unter stark kreisenden Gedanken in der Depression leiden. Die anfänglichen Nebenwirkungen sind ähnlich wie bei den SSRI; zusätzlich kann Efexor® aber in hohen Dosen den Blutdruck erhöhen, weshalb hier eine regelmässige Kontrolle sinnvoll ist.

■ **Duloxetin (Cymbalta®):** Cymbalta® ist dem Efexor® ähnlich. Es hat weniger Nebenwirkungen, erhöht insbesondere den Blutdruck viel seltener, ist in der schweren Depression aber auch weniger wirksam. Es wird heute vor allem eingesetzt, wenn Menschen neben der Depression oder als Symptom der Depression unter diffusen Schmerzen leiden. Auch bei der Fibromyalgie kann es hilfreich sein.

■ **Mirtazapin (Remeron®):** Ein Antidepressivum mit einem anderen Wirkmechanismus: Es hat eine gegensätzliche (antagonistische) Wirkung an den Rezeptoren für Noradrenalin und Serotonin. Dies führt dazu, dass Patienten unmittelbar wieder viel besser schlafen und eine ausgeprägte Reduktion von Angst empfinden. Während der schlafanstossende Effekt anfänglich positiv sein kann, ist dies häufig auch eine Nebenwirkung; Patienten fühlen sich unter Remeron® müde, lethargisch. Ferner kann das Präparat das Gewicht ansteigen lassen. Patienten, die sensibel reagieren, nehmen nicht ein oder zwei Kilogramm zu, sondern zehn oder zwanzig. Eingesetzt wird Remeron® vor allem bei der agitierten oder auch bei der schweren Depression, hier oft in Kombination mit Efexor®. Da Remeron® aber auch Blutfette verändert, wird es in der Regel nicht langfristig eingesetzt.

■ **Trizyklische Antidepressiva:** Alte Antidepressiva, die in den 60er-Jahren entwickelt wurden. Sie sind relativ unspezifisch und beeinflussen die meisten Botenstoffe. Trizyklische Antidepressiva sind sehr potent, sie haben aber auch relativ viele Nebenwirkungen und können vor allem in einer Überdosierung rasch gefährlich sein.

Welche Wirkung darf ich von einem Antidepressivum erwarten?

Anfänglich werden Sie vor allem Nebenwirkungen verspüren. Positive Effekte zeigen sich meist erst nach zwei bis vier Wochen; bis die vollständige Wirkung einsetzt, kann es noch länger dauern. Oft sind es Aussenstehende, die zuerst eine Veränderung bemerken. Es kann sein, dass der Schlaf besser wird oder dass die Energie zunimmt; es kann auch sein, dass die Stunden, in denen die Stimmung sehr tief ist, weniger werden, dass es dazwischen immer mehr Zeitinseln gibt, während derer es besser geht.

Wie lange muss ich ein Antidepressivum einnehmen?

Da Schweizerinnen und Schweizer Medikamenten gegenüber eher kritisch und ängstlich eingestellt sind, haben sie die Tendenz, die Medikamente so rasch wie möglich wieder absetzen zu wollen. Dies ist nicht ratsam. Es verhält sich hier ähnlich wie bei den Antibiotika: Die muss man auch noch einnehmen, wenn es einem längst wieder gut geht, weil sonst der Infekt zurückkehrt und die Bakterien erst noch resistent werden. Bei einer ersten depressiven Episode sollte mindestens ein halbes Jahr behandelt werden, bei weiteren depressiven Episoden noch länger.

Machen Antidepressiva süchtig?

In Internetforen ist dies **das** Thema. Sucht bedeutet, dass das Suchtmittel ein Wohlgefühl verursacht und dass ein Verlangen nach mehr entsteht. Dies ist bei den Antidepressiva nicht der Fall. Sie sind keine Glückspillen, bewirken kein Wohlgefühl. Nimmt jemand, der keine Depression hat, ein Antidepressivum ein, ist ihm einfach etwas übel, mehr nicht. Antidepressiva sind kein Kokain.

Was auf den Internetforen gemeint ist, sind die sogenannten Absetzphänomene. Hier verhält es sich bei Antidepressiva wie bei einem Blutdruckmittel. Nehmen Sie über zwei Jahre ein Medikament ein, das den Blutdruck senkt, und Sie setzen dieses plötzlich ab, haben Sie auf einmal einen stark erhöhten Blutdruck, weil die «Bremse» fehlt. Wird ein Antidepressivum nach einem Jahr von einem Tag auf den anderen abgesetzt, passiert etwas Ähnliches; der Körper beziehungsweise das Gehirn reagiert. Patienten klagen über Gereiztheit, Stimmungsschwankungen oder auch grippeähnliche Symptome sowie Schlaflosigkeit. Wird ein Antidepressivum aber langsam abgesetzt (ausgeschlichen), kommt es selten zu Absetzphänomenen. Die Ausnahmen hier sind Efexor®, Cymbalta® und Deroxat®. Diese Medikamente muss man extra langsam absetzen, da ein Grossteil der Patienten Absetzphänomene entwickelt.

> **HINWEIS** *Der einfachste Test, ob ein Medikament Sucht-potenzial hat, besteht in der Frage, ob es auf der Gasse gehandelt wird. Drogenkonsumenten können blind entscheiden, ob ein Präparat einen Sucheffekt hat. Antidepressiva sind auf der Gasse nicht verkaufbar.*

Können Antidepressiva Suizidgedanken verstärken?

Auch ein aktuelles Thema in Internetforen. Grundsätzlich behandeln Antidepressiva die Suizidalität; sind Suizidgedanken Symptome einer Depression, werden sie mit der Zeit durch das Antidepressivum gelindert. Dies ist der Haupteffekt. Bei einzelnen Patienten aber, vor allem bei Jugendlichen, können besonders die SSRI anfänglich dazu führen, dass die Stimmung instabil wird, dass die Impulsivität zunimmt und auch einschiessende Suizidgedanken auftreten, was tatsächlich sehr gefährlich ist. In dieser Hinsicht werden Sie von Ihrem Behandler engmaschig betreut und hoffentlich auch über dieses Phänomen gut informiert. Es tritt allerdings nur bei einer kleinen Minderheit von Patienten auf.

Gibt es pflanzliche Antidepressiva?

Ja, die gibt es. Am bekanntesten ist wohl Johanniskraut; es wird hierzulande bei der leichten bis mittelgradigen Depression häufig verordnet und hat eine hohe Patientenakzeptanz. Johanniskraut zeigt übrigens, dass auch pflanzliche Heilmittel beträchtliche Nebenwirkungen haben können: Die Haut kann sehr lichtempfindlich werden, was etwa für Skifahrer ein Problem ist. Zudem kann Johanniskraut mit Verhütungsmitteln wechselwirken und den Schutz der Pille aufheben. Besprechen Sie sich deshalb mit Ihrer Apothekerin, wenn Sie mit der Pille verhüten.

Andere Länder, andere Mittel: Im Iran wird Safran als Antidepressivum verwendet; es wurde in Studien mit Antidepressiva verglichen, wobei sich eine relativ gute Wirksamkeit zeigte. SAMe ist ein im Körper vorkommendes Eiweiss, das vor allem in den USA häufig eingesetzt wird, gerade bei Menschen, die neben einer Depression auch Arthritis oder chronische Schmerzen haben.

**Ich habe eine Panikstörung; warum verordnet mir der Arzt
ein Antidepressivum?**

Der Begriff Antidepressivum ist verwirrend, denn diese Gruppe von Medikamenten behandelt nicht nur die Depression, sondern auch Angsterkrankungen. Die Zwangsstörung wird ebenfalls mit Antidepressiva behandelt, ebenso die Bulimie, Impulskontrollstörungen, Autismus, chronische Schmerzstörungen und weitere Krankheitsbilder.

**Wie entscheidet der Arzt, welches Medikament
für mich das beste ist?**

Hier gibt es Verschiedenes zu berücksichtigen. Ihre Depressionsart kann ein Faktor sein: Bei schwerer Depression wird zum Beispiel häufiger Efexor® oder Remeron® eingesetzt. Für eine sogenannte atypische Depression mit Müdigkeit, «Kummeressen» und Dünnhäutigkeit wird Ihnen Ihr Behandelnder wohl am ehesten ein SSRI verordnen. Leiden Sie zusätzlich zur Depression an anderen psychischen Erkrankungen, wird dies die Wahl des Medikaments ebenfalls beeinflussen. Sind Sie zum Beispiel auch hyperaktiv, wird Ihr Behandler eventuell Wellbutrin® empfehlen. Körperliche Erkrankungen können ein Faktor sein: Haben Sie etwa eine Hepatitis, dann ist ein Antidepressivum, das die Leber belastet, keine gute Wahl.

Schliesslich sind auch die Kosten ein Kriterium. Hat Ihr Behandler die Wahl zwischen ähnlich guten Antidepressiva, sollte er das billigste verordnen – wir klagen schliesslich alle über zu hohe Krankenkassenprämien.

Ich möchte schwanger werden. Was gilt es hier zu bedenken?

Dies ist eine komplexe Frage, die Sie mit Ihren Behandlern besprechen sollten. Antidepressiva können einen negativen Einfluss auf den Verlauf der Schwangerschaft und das Wohl des ungeborenen Kindes haben. Gleichzeitig hat aber auch die depressive Symptomatik einen Einfluss auf beides. Es gilt hier also abzuwägen.

**Ich nehme bereits seit zwei Monaten ein Antidepressivum ein,
aber es hilft nicht. Warum?**

Man geht davon aus, dass ein Antidepressivum etwa 60 bis 80 Prozent der Menschen hilft, die es einnehmen. Es kann also sein, dass Sie zu demjenigen Drittel gehören, das auf das erste Antidepressivum nicht anspricht.

Stimmt die Diagnose? Wurden körperliche Erkrankungen ausgeschlossen? Haben Sie auch Psychotherapie? Ist die Dosis hoch genug? Bringt keine dieser Fragen Sie weiter, wird Ihr Behandler Ihnen wohl einen Wechsel zu einem anderen Antidepressivum empfehlen, was auch richtig ist.

Gibt es neue Entwicklungen bei den Antidepressiva?

Nachdem eine Weile fast jährlich ein neues Antidepressivum zugelassen wurde, ist es in den letzten 15 Jahren ruhig geworden. Immerhin scheint Ketamin, ein 50-jähriges Anästhesiemittel, gerade bei schweren und therapieresistenten Depressionen hochwirksam zu sein, mit vergleichsweise wenig Nebenwirkungen. Aufgrund seines Alters ist es nicht patentierbar und kommt nun als Esketaminnasenspray auf den Markt. Geforscht wird auch im Bereich von psychedelischen Mitteln wie Psilocybin, das in sehr niedriger Dosierung ebenfalls antidepressiv zu sein scheint.

Stimmungsstabilisatoren

Stimmungsstabilisatoren (*Mood-Stabilizers*) sind Medikamente, die vor allem bei der manisch-depressiven Erkrankung und der schizoaffektiven Störung eingesetzt werden. Letztere beinhaltet sowohl Symptome einer Schizophrenie als auch einer manisch-depressiven Störung. Die Mittel behandeln manische wie auch depressive Symptome und reduzieren zu einem gewissen Grad das Risiko, dass es erneut zu depressiven oder manischen Phasen kommt. Stimmungsstabilisatoren wie Lithium werden auch eingesetzt, um eine Depression zu behandeln bei Menschen, die nicht manisch-depressiv sind.

Was ist Lithium?

Lithium ist der klassische Stimmungsstabilisator und ein natürliches Element, weshalb es nicht patentierbar ist. Vor 100 Jahren wurde Lithiumwasser als gesundheitsfördernd beschrieben. Es wurde zum Beispiel bei der Schwangerschaft empfohlen, wobei wir heute wissen, dass Lithium gerade da nicht eingesetzt werden sollte. Die Einführung des Mittels gestaltete sich schwierig, da Lithium in zu hoher Dosis rasch gefährlich und sogar tödlich sein kann. Lithium wird vor allem bei der klassischen Manie eingesetzt, wenn Betroffene vor allem ein Hochgefühl empfinden, keinen

Schlaf mehr brauchen, in bester Stimmung sind und vor Kreativität sprühen (mehr zur manisch-depressiven Erkrankung siehe Seite 187). Nebenwirkungen betreffen vor allem den Magen-Darm-Bereich; hier kann es zu Übelkeit und Durchfall kommen. Lithium führt dosisabhängig auch zu einem Zittern der Hände und einer verschlechterten Feinkoordination. Vermehrter Durst und häufiges Wasserlösen sind normal. Manche Patienten berichten, dass sie sich durch das Lithium in ihrem Gefühlsleben eingeengt oder in ihrer Konzentrationsfähigkeit und ihrem Denken leicht verlangsamt fühlen.

Bei einer Lithiumbehandlung muss regelmässig der Lithiumspiegel kontrolliert werden, da eine zu hohe Dosis gefährlich werden kann. Lithium hat viele Wechselwirkungen mit anderen Medikamenten. Lassen Sie sich jeweils vom Apotheker beraten, auch wenn Sie ein rezeptfreies Medikament beziehen. Besonders ältere Menschen sollten darauf achten, an heissen Sommertagen genügend zu trinken und genügend Salz aufnehmen. Starkes Schwitzen kann rasch zu einer Lithiumvergiftung führen.

Welche anderen Stimmungsstabilisatoren gibt es?
Die anderen Stimmungsstabilisatoren sind alles Epilepsiemittel, die aber ebenfalls zur Behandlung der manisch-depressiven Krankheit oder der schizoaffektiven Störung eingesetzt werden.

Valproinsäure (Depakine®, Orfiril®) ist ein Mittel, das vor allem hilft, wenn jemand in der Manie gereizt und impulsiv ist. Carbamazepin (Tegretol®, weiterentwickelt Trileptal®) passt vorwiegend bei der sogenannten psychotischen Manie. Lamotrigin (Lamictal®) wird bei der bipolaren Störung Typ II verordnet, wenn man also unter Depressionen leidet, verbunden mit Hypomanien (mehr dazu auf Seite 188).

Eines der neueren Epilepsiemedikamente, Topiramat (Topamax®), hilft ebenfalls bei der bipolaren Störung, kann aber auch helfen, wenn jemand wegen anderer Psychopharmaka stark an Gewicht zugenommen hat; es scheint diesen Effekt teilweise zu neutralisieren. Wird es zum Zweck der Gewichtsreduktion eingesetzt, muss aber vorgängig die Einwilligung der Krankenkasse eingeholt werden, da keine Leistungspflicht besteht.

Welche Nebenwirkungen haben Antiepileptika?
Die Nebenwirkungen der Antiepileptika äussern sich in Problemen im Bereich der Feinkoordination; Müdigkeit und Gewichtszunahme können

ebenfalls auftreten. Auch Hautallergien sind häufig; Lamictal® kann sogar einen gefährlichen Hautausschlag verursachen, bei dem das Immunsystem die Haut angreift und Blasen entstehen. Diese seltene, aber gravierende Komplikation ist behandelbar, wenn man sich sofort auf einer Notfallstation meldet.

Anxiolytika

Das sind angstlösende Medikamente. Wie erwähnt werden bei Angsterkrankungen meistens SSRI, also Antidepressiva, eingesetzt. Sie behandeln Angststörungen wirkungsvoll, aber langsam; der Effekt kommt oft erst nach zwei bis drei Monaten. SSRI helfen auch bei der Zwangsstörung, wobei es hier noch länger dauert, bis sie wirken, und die Dosis in der Regel sehr hoch sein muss.

Daneben gibt es die Klasse der Benzodiazepine; sie beheben Angst innert Minuten. Die ersten Benzodiazepine, die in den 60er-Jahren auf den Markt kamen, hiessen Librium® und Valium®. Lange waren sie die am meisten verordneten Medikamente weltweit.

Benzodiazepine haben verschiedene Effekte: Sie lösen die Angst, entspannen die Muskulatur, verhindern epileptische Anfälle und stossen den Schlaf an. Bei den Nebenwirkungen sind vor allem kognitive Verlangsamung, Gedächtnis- und Koordinationsschwierigkeiten bekannt. Benzodiazepine entsprechen vereinfacht gesagt einer Art chemischem Alkohol. Dies erklärt auch, warum sie sich so schlecht mit Alkohol vertragen.

Problematisch ist aber vor allem ihr Suchtpotenzial. Psychopharmaka machen in den seltensten Fällen süchtig, Benzodiazepine jedoch schon. Valium®, Xanax®, Lexotanil® und Dormicum® sind alle auf der Gasse erhältlich und dort auch relativ teuer – das bedeutet, dass sie «gute» Suchtmittel sind.

Wie zeigt sich Sucht bei Benzodiazepinen?

Zum einen gibt es die Sucht im klassischen Sinn: Patienten nehmen am ersten Tag 1 mg Xanax® ein, verspüren eine Lösung ihrer Angst, aber auch ein wohliges Gefühl im Bauch. Am nächsten Tag nehmen sie bereits die doppelte Dosis ein, verspüren erneut dieses wohlige Gefühl im Bauch; drei Stunden später geht es ihnen aber schlechter als vor der Tabletteneinnahme, sie sind unruhig und ängstlich. Dies führt dann zu einer raschen Eskalation; innerhalb von einer Woche brauchen sie eine Tagesdosis von 10 mg.

Das zweite Suchtphänomen ist die Langzeitgewöhnung. Das Absetzen von Benzodiazepinen nach einer Behandlung von mehr als sechs Wochen ist ein äusserst langwieriges Unterfangen. Die Dosis kann nur sehr, sehr langsam ausgeschlichen werden, sonst reagiert der Körper mit ausgeprägten Ängsten und Schlaflosigkeit.

Bei älteren Menschen gibt es auch eine Tiefdosisabhängigkeit. Oft haben sie über Jahrzehnte am Abend zum Beispiel ein Lexotanil® eingenommen. Müssen sie nun nach einem Sturz ins Spital, vergessen sie vielleicht, die Schlaftablette zu erwähnen; vor allem, wenn sie gar nicht für sie verordnet war, sondern für die Ehefrau und sie sie einfach ab und zu auch genommen haben. Eine Woche nach Eintritt sind diese Patienten verwirrt, unruhig, sie haben ein Entzugsdelir. Deshalb drängen Hausärzte darauf, im Alter die Schlaftabletten zu reduzieren oder auszuschleichen, wobei sich dies in der Realität oft sehr schwierig gestaltet.

Wo und wann sind Benzodiazepine sinnvoll?

Eingesetzt werden Benzodiazepine bei akuter Suizidalität; hier können sie für zwei bis drei Tage hilfreich sein, ebenso bei Angststörungen. Viele Patienten mit Panikattacken tragen eine Tablette Temesta® auf sich als Versicherung, dass nichts Schlimmes passieren kann, falls eine Panikattacke droht. Sinnvoll können Benzodiazepine auch bei Phobien sein, zum Beispiel bei Flugangst. Ein längerer Einsatz von Benzodiazepinen ist aber nur in den allerseltensten Fällen gerechtfertigt.

Hypnotika

Hypnotika sind schlafanstossende Medikamente. Es gibt gewisse Antidepressiva (wie Trittico® oder Surmontil®), die den Schlaf anstossen können. Es gibt auch Antidepressiva, die mit Melatonin zusammen wirken, zum Beispiel Agomelatin (Valdoxan®). Es stösst den Schlaf nicht an, normalisiert ihn aber wieder.

Auch Benzodiazepine haben eine Wirkung auf den Schlaf, führen jedoch rasch zu einer Gewöhnung (siehe nebenan). Deshalb wurden als Nachfolgermedikamente die sogenannten Z-Medikamente entwickelt. Ziel war die

Produktion von Mitteln, die nur auf den Schlaf wirken, aber nicht abhängig machen. Die häufigsten Vertreter in dieser Klasse sind heute Zolpidem (Stilnox®) und Zopiclon (Imovane®). Eine Sucht ist bei diesen Medikamenten nicht unmöglich, aber doch recht selten. Es handelt sich um insgesamt eher mildere Medikamente; der Einsatz sollte immer eingebettet sein in eine umfassende Behandlung der Schlafproblematik.

Antipsychotika

Antipsychotika sind Mittel, die, wie der Name sagt, bei einer Psychose wirksam sind. Früher wurden diese Medikamente auch Neuroleptika genannt. Entwickelt wurden sie ursprünglich als Mittel gegen Schizophrenie (siehe Seite 161). Sie waren vor allem bei den sogenannten positiven Symptomen der Schizophrenie hilfreich, etwa beim Hören von Stimmen. Negative Symptome wie die innere Leere oder auch kognitive Schwierigkeiten wurden aber eher verstärkt.

In der weiteren Entwicklung versuchten die Pharmafirmen, Antipsychotika herzustellen, die auch bei Negativsymptomen oder kognitiven Schwierigkeiten wirksam sind. Diese neueren Mittel werden nun auch eingesetzt bei der bipolaren Erkrankung; hier helfen sie bei manischen und depressiven Phasen und senken das Risiko, dass es zu neuen Erkrankungsphasen kommt.

Antipsychotika werden breit eingesetzt: so etwa bei Verhaltensproblemen bei dementen Patienten, bei Autisten oder Menschen mit einer geistigen Beeinträchtigung, bei Angsterkrankungen, depressiven Erkrankungen, bei der posttraumatischen Belastungsstörung oder der Borderline-Persönlichkeitsstörung. Angewendet werden sie also bei jeder Art von Stimmungsschwankung, Impulsivität, Gedankendrängen oder Dünnhäutigkeit. Da sie bei manchen Patienten sehr hilfreich sind, macht dies auch Sinn. Wirken sie nur geringfügig oder gar nicht, sollten sie aber wieder abgesetzt werden, da die Langzeitnebenwirkungen nicht unbeträchtlich sind.

Welche Arten von Antipsychotika gibt es?

Man unterteilt die Medikamentengruppe heute in klassische Antipsychotika wie Haloperidol (Haldol®) und atypische Antipsychotika wie Clozapin (Leponex®), Risperidon (Risperdal®), Olanzapin (Zyprexa®),

Quetiapin (Seroquel®), Aripiprazol (Abilify®), Asenapin (Sycrest®), Lurasidon (Latuda®), Brexipiprazol (Rexulti®) und Cariprazin (Reagila®).

Die klassischen Antipsychotika wirken vor allem über eine Blockade des Hirnbotenstoffs Dopamin. Er ist zuständig für die Übertragung von Informationen in Nervenbahnen, die verschiedene Bereiche des Denkens, des Fühlens, der Konzentration und Wahrnehmung, der Bewegungssteuerung regulieren, daneben beeinflusst es auch gewisse Hormone wie das Prolaktin, das bei Müttern den Milcheinschuss auslöst. Die klassischen Medikamente blockieren unspezifisch sämtliche Dopaminrezeptoren, weshalb sie teilweise sehr unangenehme Nebenwirkungen haben. Die neueren Medikamente versuchen, Dopamin spezifischer zu hemmen oder gewisse Dopaminrezeptoren sogar zu stimulieren. Zusätzlich wirken sie an den Rezeptoren für Serotonin.

Wie sehen die Nebenwirkungen klassischer Antipsychotika aus?

Sie sind teilweise sehr stark. Dazu gehört zum Beispiel die Akathisie, eine störende, nervös und gereizt machende innere Unruhe. Ebenfalls möglich sind plötzlich einschiessende Muskelkrämpfe, zum Beispiel Schlundkrämpfe, Krämpfe der Augenmuskeln oder des Nackens. Diese Nebenwirkungen können zwar mit anderen Medikamenten behoben werden, sind für Betroffene aber dramatisch. Ferner kann es zu parkinsonähnlichen Symptomen kommen mit Zittern, einer Steifheit der Gelenke und Muskeln und einem Verlust der Mimik mit einem maskenähnlichen Gesicht. Schliesslich lösen die Medikamente hin und wieder einen Milcheinschuss aus, sogar bei Männern.

Problematisch sind Langzeitnebenwirkungen; vor allem, weil sie nicht mehr rückgängig zu machen sind. Wird das Medikament über Jahrzehnte eingenommen, können sich Spätdyskinesien entwickeln, eine Art «Nervenspiel» mit ständigem Lippenschmatzen, Zungenspiel oder Wippen des Oberkörpers. Betroffen sind hier vor allem ältere Frauen.

Sind die neuen, atypischen Antipsychotika besser als die alten?

Als diese Medikamente auf den Markt kamen, setzte man grosse Hoffnungen in sie. Dass die alten Medikamente nur die positiven Symptome der Krankheit behandelten, war ein Problem. Dass ein Teil der Erkrankung, die kognitiven Schwierigkeiten, sich sogar verschlechterten, war ein noch grösseres Problem. Und die lästigen Nebenwirkungen wurden oft unterschätzt. Stellen Sie sich vor, Sie werden gegen Ihren Willen in eine Klinik eingewiesen, gedrängt oder gezwungen, ein Medikament wie Haldol® einzunehmen, vielleicht sogar als Spritze, und Sie verspüren nach der Einnahme eine ausgeprägte innere Unruhe und Gereiztheit, haben einen Schlundkrampf, sind aber fixiert in einem Isolationszimmer. Würden Sie dieses Medikament nach dem Austritt freiwillig weiter einnehmen?

Ein Teil der Hoffnung in die neuen atypischen Antipsychotika wurde erfüllt. Sie sind anders wirksam, und die klassischen Nebenwirkungen sind sehr selten bei dieser neuen Medikamentenklasse. Leider gibt es aber andere Seiteneffekte, zum Beispiel die Gewichtszunahme. Sie bewegt sich oft nicht im Bereich von 1 oder 2, sondern von 30 bis 50 Kilos. Gleichzeitig besteht das Risiko, dass sich ein Diabetes oder Herz-Kreislauf-Probleme entwickeln.

Was sind heutige Kontroversen rund um diese Medikamente?

Lange Zeit war der Preis ein Hauptthema: Die neue Generation der Antipsychotika war enorm teuer. Die Monatskosten waren wohl oft höher als die Rente, die Betroffene von der Invalidenversicherung erhielten. Gewisse Pharmafirmen haben so ein Vermögen erwirtschaftet mit Medikamenten für eine Gruppe von Patienten, die häufig am Rande des Existenzminimums lebt. Heute sind solche Medikamente als Generika erhältlich, was diese Problematik entschärft hat.

Diskutiert wird heute vor allem, was passiert, wenn diese Medikamente ständig an- und abgesetzt werden. Es gibt Hinweise, dass dies für den Krankheitsverlauf schädlicher sein könnte, als gar keine Medikamente zu nehmen. Behandelnde sollten daher vorsichtig sein beim Verordnen, wenn von vornherein klar ist, dass Betroffene die Medikamente nach Klinikaustritt wieder absetzen.

> **HINWEIS** *Hier zeigt sich ein generelles Dilemma der Psychiatrie: Behandlungen sind immer dann erfolgreich, wenn Betroffene dahinterstehen. Das Wichtigste ist also, dass Patienten und Behandler gemeinsam eine Strategie finden.*

Diskutiert wird auch die Breite des Einsatzes. Beispiel Demenz: Die Situation ist für Betroffene, Angehörige und Pflegende sehr belastend. Oft schlafen demente Menschen nachts nicht, sind unruhig, sind überzeugt, dass sie nun für den Ehemann kochen müssen, der (morgens um drei) gleich heimkommt. Die neuen Antipsychotika können die Situation etwas beruhigen und begünstigen einen normaleren Schlafrhythmus. Gleichzeitig hat man gemerkt, dass sie das Risiko für eine Hirnblutung oder einen Herz- oder Hirninfarkt bei Demenzpatienten erhöhen. Deshalb sollten diese Mittel hier nur kurzfristig eingesetzt werden.

Sind die klassischen Antipsychotika in diesem Bereich besser? Nein. Hier liegen einfach keine Untersuchungen vor.

Stimulanzien

Die bekannteste Stimulanz bei uns heisst Ritalin®. Der Einsatz des Mittels ist recht umstritten. Paradoxerweise ist es eines der ältesten Psychopharmaka – und eines der am besten untersuchten.

Stimulanzien werden bei uns vor allem beim Aufmerksamkeitsdefizit- und Hyperaktivitätssyndrom (ADHS, siehe Seite 325) eingesetzt. In anderen Ländern werden sie auch bei Depressionen im Alter verordnet, da sie im Vergleich zu Antidepressiva relativ wenig Nebenwirkungen haben.

Die Medikamente wirken vor allem am Hirnbotenstoffsystem Dopamin. Sie führen dazu, dass mehr Dopamin vorhanden ist und dieses auch besser an der nächsten Nervenzelle wirkt. Das Dopamin gilt als «Kontrollbotenstoff»; es ist unter anderem zuständig für die Konzentration und die Planung von Handlungen. Wir kontrollieren unsere Gefühle über Dopamin, aber auch unsere Impulse.

Unter Stimulanzien sind Betroffene mit einem ADHS weniger unruhig, nicht mehr ständig in Bewegung, können sich besser konzentrieren und reagieren nicht so rasch mit Emotionen, explodieren zum Beispiel nicht gleich, wenn ihr Gerechtigkeitsempfinden verletzt wird. Haben sie eine Idee, wird diese nicht mehr sogleich in die Tat umgesetzt; sie können darüber nachdenken, ob es wirklich ratsam ist, dieser Eingebung gleich jetzt zu folgen.

Welche Nebenwirkungen zeigen Stimulanzien?

Stimulanzien können den Appetit unterdrücken; Betroffene essen tagsüber meist weniger. Dieser Effekt lässt aber nach, sie essen dann abends mehr.

Der Herzschlag kann sich etwas erhöhen, und auch das Einschlafen kann schwieriger sein. Oft wirken die Stimulanzien aber paradox: Betroffene können mit einer kleinen Dosis Ritalin® vor dem Zubettgehen besser einschlafen.

Umstritten ist, ob Ritalin® das Längenwachstum von Kindern hemmt; früher wurden deswegen bei Kindern Behandlungspausen empfohlen. Da beim ADHS aber vor allem das soziale Lernen gehemmt wird und dieses vor allem in der Freizeit stattfindet, empfiehlt man heute, dass Kinder eine Stimulanz auch am Wochenende oder während der Ferien einnehmen. Trotzdem sollte von Zeit zu Zeit ein Absetzversuch gemacht werden; auch ADHS-Kinder entwickeln sich, und gewisse Probleme wachsen sich aus.

❗ HINWEIS *Oft werden betroffene Kinder als verlangsamt, eingeengt oder eben ruhiggestellt erlebt. Dies sind Hinweise auf eine falsche Dosierung oder eine Unverträglichkeit.*

Das tönt alles gar nicht so schlimm. Warum ist das Mittel so kontrovers?

Die Kontroversen drehen sich um das Thema, ob Ritalin® süchtig macht beziehungsweise ob es die Persönlichkeitsentwicklung hemmt.

Es gibt Menschen, die Stimulanzien missbrauchen. Und Menschen mit einem ADHS haben ein erhöhtes Risiko, eine Sucht zu entwickeln; es scheint zwischen den beiden Erkrankungen eine Verbindung zu geben. Studien zeigen, dass die erfolgreiche Behandlung eines ADHS auch das Risiko für eine Suchterkrankung senkt.

Zu bedenken ist, dass das ADHS die Persönlichkeitsentwicklung ebenfalls beeinträchtigt. Findet ein Achtjähriger keine Freunde, behindert dies die Entwicklung sehr. Wenn man mit einer Stimulanz erreichen kann, dass er nicht mehr so impulsiv ist und Freundschaften möglich werden, sollte die Medikation in Betracht gezogen werden.

Die Hauptkontroverse dreht sich aber um die Frage, ob mit Ritalin® Kinder ruhiggestellt werden, die gar kein ADHS haben oder deren ADHS auf andere Weise behandelt werden könnte. Somit geht es mehr um das Thema ADHS als um Ritalin® (mehr dazu ab Seite 325).

Medikamente: die wichtigsten Tipps

Für Betroffene

- Besprechen Sie mit Ihrem Behandler Ihre grundsätzliche Haltung Medikamenten gegenüber und vor allem auch Ihre Ängste. Fragen Sie nach Alternativen; Sie entscheiden, ob Sie eine Medikation möchten oder nicht. Erkundigen Sie sich aber auch, wie «steinig» der Weg ohne Medikation ist. Manchmal ist es eine Frage der Priorität: gesund werden oder ohne Medikation gesund werden?
- Überlegen Sie sich, wie viel Information Sie über Ihr Medikament haben möchten und von wem. Von der Ärztin, aus einem Ratgeber, von anderen Betroffenen, aus dem Internet? Wägen Sie hier die Vor- und Nachteile sorgfältig ab.
- Wenn Sie den Beipackzettel lesen, bedenken Sie, dass jede Nebenwirkung aufgelistet ist, die einmal in Verbindung mit dem Medikament aufgetreten ist – auch wenn sie nur eine von 10 000 Personen betrifft. Überlegen Sie sich, wie im Vergleich dazu ein Beipackzettel fürs Autofahren aussehen würde.
- Stellen Sie sicher, dass Sie die Medikamente wie verschrieben einnehmen. Erinnert Sie Ihr Smartphone daran? Stellen Sie sie neben die Zahnbürste oder Kaffeemaschine? Haben Sie ein Dosierset aus der Apotheke?
- Halten Sie sich an die Verordnung. Ein bisschen Medikation ab und zu hilft genauso wenig wie 10 Minuten Psychotherapie alle paar Wochen.
- Seien Sie ehrlich zu Ihrem Behandler. Wenn Sie die Medikamente absetzen, informieren Sie ihn.
- Sagen Sie Ihren Kindern, dass Sie Medikamente einnehmen. Kinder merken es sowieso und machen sich ihre Gedanken dazu.
- Bewahren Sie keine grossen Vorräte an Medikamenten zu Hause auf, und halten Sie sie von Kindern und Jugendlichen fern.
- Schützen Sie sich vor Sonnenbrand. Das Risiko, sich zu verbrennen, kann durch Medikamente stark steigen.

Welche verschiedenen Stimulanzien gibt es?

Methylphenidat gibt es in verschiedenen Varianten: Ritalin®/Ritalin LA®, Concerta®, Fokalin XR®, Medikinet® und andere. Der Wirkstoff ist immer der gleiche, unterschiedlich ist aber die Art der Freisetzung und die Wirkdauer. Nicht ganz klar ist, warum manche Kinder auf Ritalin LA® reagieren und auf Concerta® nicht oder umgekehrt. Hier scheint das Tempo der Freisetzung beziehungsweise die Geschwindigkeit, mit der das Medikament eine Zelle erreicht, über Wirkung oder Nichtwirkung zu entscheiden. Mehr weiss man darüber aber noch nicht.

Amphetamine waren hierzulande lange nicht zugelassen, während sie in vielen Ländern sogar häufiger eingesetzt wurden als Ritalinderivate. Seit ein paar Jahren gibt es sie in der Schweiz nun in Form von Lisdexamphetamin (Elvanse®). Amphetaminderivate scheinen wirksamer zu sein bei Impulsivität oder Schwierigkeiten im Sozialverhalten. Das Nebenwirkungsprofil ist ähnlich.

Warum sieht mein Ritalin-Rezept so anders aus?

Ritalin untersteht dem Betäubungsmittelgesetz. Deshalb muss ein spezielles Rezept ausgestellt werden, das meist dreiteilig ist. Die Medikation darf jeweils nur für einen Monat abgegeben werden, und das Rezept darf nicht gefaxt werden, sondern muss im Original vorliegen.

Generika, Auslandreisen

Verliert ein Medikament seinen Patentschutz, dürfen andere Firmen ein Generikum herstellen, eine Art Kopie, die dann sehr viel weniger kostet. Generika sind vom Originalpräparat oft nicht zu unterscheiden. Es gibt zwar Unterschiede in der Wirksamkeit, diese sind aber meist geringfügig, sodass es sich lohnt, einen Wechsel auszuprobieren.

Ich möchte ins Ausland reisen. Gibt es hier etwas zu beachten in Bezug auf Psychopharmaka?

Ja. Lassen Sie sich von Ihrer Apotheke oder Ihrem Behandler eine Zollbestätigung ausstellen, am besten in der Sprache des Reiselandes oder zumindest in Englisch. Von der WHO gibt es vorgedruckte Formulare. Für Medikamente, die dem Betäubungsmittelgesetz unterstehen, ist ein offizielles Formular zwingend. Ihre Apotheke kann es für Sie vorbereiten und vom Arzt unterschreiben lassen.

In gewissen Ländern ist die Handhabe sehr streng, zum Beispiel in denjenigen am Arabischen Golf. Benzodiazepine wie Temesta® oder Lexotanil® dürfen nicht eingeführt werden. Am besten informieren Sie sich bei der Botschaft Ihres Reiselandes nach den exakten Bestimmungen.

Lichttherapie, Schlafentzug, Elektrokrampftherapie

Es gibt neben der Pharmakotherapie weitere biologische Therapien, die zum Teil auch schon recht lange eingesetzt werden.

Wie hilft die Lichttherapie?

Das Tageslicht hat einen Einfluss auf die Stimmung, weshalb manche Menschen eine sogenannte saisonale Depression entwickeln (mehr dazu Seite 101). Bei der Lichttherapie sitzt man frühmorgens für etwa 25 Minuten eine Armlänge entfernt vor einem Lichtgerät. Dieses Licht ist extrem stark, viel stärker als Tageslicht. Es verbessert die Stimmung des Betroffenen sehr rasch – oft innerhalb von Stunden.

Die Lichttherapie kann auch bei einer nichtsaisonalen Depression angewendet werden. Dort hat sie aber eher eine unterstützende, nicht unbedingt eine heilende Wirkung.

Die Lichttherapie wirkt über das Melatonin, das Hormon, das unter anderem den Tag-Nacht-Rhythmus koordiniert und in Wechselwirkung zur Depression steht. Neben der Lichttherapie wirkt auch die Schlafentzugstherapie über die Melatoninfreisetzung.

Wie funktioniert die Schlafentzugstherapie?

Sie kommt vor allem bei der Depression zum Einsatz. Wenn Betroffene eine ganze Nacht nicht schlafen, dann ist die Stimmung am nächsten Morgen relativ gut. Der Effekt hält allerdings nicht lange an; er verschwindet nach der nächsten durchschlafenen Nacht. Bei der Schlafentzugstherapie werden Betroffene jede Nacht früh geweckt, bereits um zwei Uhr morgens. In den folgenden Nächten lässt man sie jeweils je 15 Minuten länger schlafen.

Was ist die Elektrokrampftherapie?

Die Elektrokrampftherapie hat bei uns einen schlechten Ruf. Sie wurde früher bei unterschiedlichen Leiden eingesetzt, ohne dass eine Wirksamkeit vorlag, und hatte oft auch Bestrafungscharakter. Nicht zuletzt erfolgte die Behandlung bei Bewusstsein des Betroffenen, was sehr dramatisch war.

Heute wird die Elektrokrampftherapie vor allem bei schweren, mit Medikamenten schlecht behandelbaren Depressionen eingesetzt. Hier kann sie sehr rasch zu einer Linderung führen. Betroffene werden in eine Kurznarkose versetzt und merken von der Behandlung nichts. Als Nebenwirkung tritt anschliessend häufig ein Kopfschmerz auf, und für die nächsten paar Stunden haben Betroffene manchmal Gedächtnisprobleme.

Zu Beginn finden drei Behandlungen pro Woche statt, danach noch eine pro Monat.

SCHNELLE WIRKUNG

Während Antidepressiva oft erst nach zwei Monaten ihre volle Wirkung entfalten, hat die Elektrokrampftherapie einen unmittelbaren Effekt. ■

Was passiert bei der Elektrokrampfbehandlung?

Durch einen Stromstoss wird ein epileptischer Anfall ausgelöst. Dadurch kommt es zu einer Neuregulation der wichtigen Botenstoffe; der genaue Wirkmechanismus ist aber nicht bekannt.

Wann ist die Elektrokrampftherapie sinnvoll?

Bei der schweren Depression, wenn bereits mehrere Medikamente und eine Psychotherapie nicht geholfen haben.

Sozial orientierte Therapien

Ein wichtiger Teil der sozialpsychiatrischen Behandlungen hat sich in den letzten Jahrzehnten mit den Themen Wohnen, Arbeit, Freizeit befasst. Daneben sind Empowerment, Recovery und Peerarbeit Schwerpunkte in der heutigen Sozialpsychiatrie.

Wohnen

Wie wir wohnen, wo und mit wem: Das sind alles Faktoren, die einen Einfluss auf unsere Befindlichkeit haben. Gerade schwere psychische Erkrankungen beeinträchtigen fast alle Bereiche des Wohnens. Depressive Menschen lassen das Geschirr ungespült stehen, kaufen nicht mehr ein. Angstpatienten verlassen die Wohnung nicht, paranoide Menschen fühlen sich unsicher in den eigenen vier Wänden. Am ausgeprägtesten sind die Wohnschwierigkeiten bei Menschen mit einem Messie-Syndrom.

Früher gab es Menschen, die mangels geeigneter Wohnformen jahrzehntelang in einer psychiatrischen Klinik lebten. Das ist zum Glück passé; es gibt ein breites Angebot an Wohnformen mit mehr oder weniger Unterstützung. Die Bandbreite reicht vom durchgängig betreuten Wohnheim bis hin zur punktuellen Wohnbegleitung in der eigenen Wohnung. Zudem haben die meisten Wohnheime eine rehabilitative Funktion: Sie möchten die Wohnkompetenz der Menschen stärken, sodass diese immer weniger Betreuung benötigen und vielleicht wieder einen Haushalt führen, einkaufen, kochen, putzen können.

Arbeit

Viele von uns definieren sich über ihre Arbeit; sie ist ein wichtiges Fundament unseres Selbstwertes. Arbeit gibt uns auch eine Tagesstruktur. Menschen, die wegen einer psychischen Erkrankung aus dem Arbeitsprozess fallen, verlieren also viel: Identität, Selbstwert, Struktur.

Heute gibt es im beruflichen Bereich sogenannte Reintegrationsmöglichkeiten. Die Invalidenversicherung bietet eine Früherfassung und Frühintervention an; hier wird entweder ein vorhandener Arbeitsplatz erhalten oder es erfolgt ein Einstieg mit Unterstützung an einem Testarbeitsplatz.

Im Rahmen eines Job-Coach-Programmes werden Betroffene von einem Job-Coach unterstützt. Er begleitet sie beim Wiedereinstieg, bespricht mit den Vorgesetzten, welchen Einfluss die psychische Erkrankung auf die Arbeitsfähigkeit hat und wie der Arbeitsplatz optimal angepasst wird. Der Job-Coach hilft auch, einen geeigneten Nischenarbeitsplatz zu finden, der den eigenen Stärken entspricht.

Schliesslich gibt es ein grosses Angebot an geschützten Arbeitsplätzen. Die Bandbreite reicht von einfachen manuellen Tätigkeiten bis zur Mitarbeit in Betrieben wie einem Restaurant oder Hotel. Solche Arbeitsplätze geben wieder Halt und Struktur, helfen mit der Identität.

Freizeit

Im Bereich Freizeit gibt es in der Schweiz leider wenig Therapieangebote. Tagesstätten oder offene Treffpunkte für Menschen mit einer psychischen Erkrankung finden sich nicht in allen Städten, und auf dem Land sind sie sehr selten. Die bestehenden Institutionen haben oft finanzielle Probleme, weil unklar ist, wer für die Kosten aufkommt. Teilweise diktieren die Kostenträger auch Bedingungen, die nicht den Bedürfnissen der Betroffenen entsprechen: Betroffene möchten die Angebote der Institution vielleicht nur stundenweise in Anspruch nehmen, aufgrund der Finanzierungsbestimmungen kann es aber sein, dass jemand an mindestens fünf Tagen pro Woche einen halben Tag lang an einem Tagesstättenprogramm teilnehmen muss.

HINWEIS *In vielen andern Ländern findet sich ein breites Angebot an Zentren und Tagesstätten, die vollumfänglich von Betroffenen organisiert sind und betrieben werden. Sie bieten unter anderem Jobtauschbörsen an, wo man anderen seine Fertigkeiten und Fähigkeiten zur Verfügung stellt.*

Soziale Teilhabe

Psychische Erkrankung führt immer noch allzu oft zur Ausgrenzung. Wie erwähnt gab es früher das Extrembeispiel von Menschen, die über Jahrzehnte in einer psychiatrischen Klinik lebten, umringt von hohen Mauern und mit wenig Kontakt zur Aussenwelt. Diese Langzeitstationen wurden in den 70er- und 80er-Jahren in verschiedenen Ländern geschlossen, die Betroffenen zogen in Wohnheime oder öfter sogar in eine eigene Wohnung und wurden von aufsuchenden Teams zu Hause betreut. Die Klinik zog in die Stadt. Soziale Teilhabe war so wieder eher möglich.

Soziale Teilhabe ist aber auch von finanziellen Faktoren abhängig. Bis anhin war unser Rentensystem so beschaffen, dass die meisten am Alltagsleben teilhaben, sich hin und wieder einen Kinoabend oder Ferien leisten konnten. Dieses System ist aber gefährdet. In den USA leben viele Menschen mit einer Schizophrenie von einer Rente von umgerechnet 250 Franken pro Monat. Bei dem deutschen Hartz-IV-Entgelt und den 1-Euro-Jobs, die viele Menschen mit einer psychischen Erkrankung ausüben «dürfen», besteht eine ähnliche Situation. Es versteht sich von selbst, dass hier von sozialem Ausschluss gesprochen werden muss. Auch in anderen europäischen Ländern ist die Unterstützung so knapp bemessen, dass beispielsweise ein Ausflug mit den Kindern in den lokalen Zoo nicht möglich ist. Dabei leiden oft Dinge, die der Gesundheit eigentlich förderlich wären, etwa eine gesunde Ernährung, unter Menschen zu sein oder auch Bewegung.

Empowerment

Empowerment bedeutet Selbstbefähigung oder Selbstbekräftigung. Der Begriff stammt aus der afroamerikanischen Bürgerrechtsbewegung, hat aber die Psychiatrie nachhaltig beeinflusst.

Selbststigmatisierung und das Verharren in passiver Hilflosigkeit versucht man mit Befähigung anzugehen. In der Schweiz ist mancherorts ein übersetztes Gruppenprogramm etabliert *(Coming out proud* – In Würde zu sich stehen) für betroffene Menschen, die sich gegen Stigma einsetzen und sich gleichzeitig mit der Selbststigmatisierung befassen. Sie lernen, wie man mit anderen über die eigene Erkrankung sprechen kann, wann dies sinnvoll ist und wann eher nicht.

Recovery

Recovery bedeutet Genesung oder Gesundung, wobei auch bei uns der englische Begriff verwendet wird. Eine der Galionsfiguren der Recovery-Bewegung ist Ron Coleman aus Birmingham (England), selbst Schizophreniebetroffener. An seinem Beispiel lässt sich die Idee von Recovery gut aufzeigen.

Als Ron in den 80er-Jahren erkrankte, erhielt er eine Betreuung, die als Paradebeispiel für eine moderne Versorgung gelten durfte: Ein Team kam zu ihm nach Hause und betreute ihn rund um die Uhr. Ron erlebte diese Betreuung als fürsorglich und das Personal als engagiert. Die Betreuungspersonen gingen vom sogenannten Stress-Diathese-Modell aus: Es besagt, dass Schizophreniebetroffene stark auf Stress reagieren und dass Stress deshalb möglichst zu vermeiden sei. Daher sorgten sich die Betreuer bei jeder Initiative, die Ron ergriff, er könnte sich überfordern und wieder psychotisch werden. Er aber wollte mehr aus seinem Leben machen als einfach rund um die Uhr zu Hause zu sitzen und psychiatrisch betreut zu werden.

Recovery: die wichtigsten Tipps

Für Betroffene

- Gesundung heisst nicht unbedingt, symptomfrei zu sein. Es heisst, wieder mit beiden Füssen im Leben zu stehen, Verantwortung für sich zu übernehmen oder auch für sich oder andere eine Aufgabe übernehmen können.
- Suchen Sie Kontakt zu anderen Betroffenen, die wieder gesundet sind. Dies gibt Hoffnung, macht Mut und inspiriert. Zusammen finden Sie vielleicht auch neue Wege. Lesen Sie Genesungsgeschichten.
- Was möchten Sie – mit Ihrer psychischen Erkrankung – erreichen im Leben? Was könnten hier erste kleine Schritte sein? Streichen Sie Sätze, die mit «Wenn ich dann wieder einmal gesünder bin, dann werde ich ...». Beginnen Sie mit diesen kleinen Schritte heute.
- Fühlen Sie sich hilflos? Anderen zu helfen, kann ein wichtiger Schritt aus dieser Hilflosigkeit sein. Sich selbst zu helfen ist ein noch wichtigerer Schritt. Die eigene Genesung in die Hände nehmen: Was kann ich tun, damit es mir jetzt, morgen oder in einem Monat besser geht?
- Denken Sie an die Selbststigmatisierung. Wir selbst sind unser grösster Feind. Entwickeln Sie mehr Mitgefühl für sich – mit Ihrer Erkrankung, Ihren Schwächen und Fehlern. Akzeptieren Sie sich so, wie Sie sind.

Für Angehörige

- Akzeptieren Sie Ihren Angehörigen so, wie er ist. Gehen Sie einfach mal davon aus, dass er eben Stimmen hört und dass diese bleiben. Es ist erstaunlich, wie sehr dieser Schritt entlasten kann – die Betroffenen, aber vor allem auch die Angehörigen.
- Trauen Sie Ihrem Angehörigen etwas zu. Auch wenn er schon lange schwer krank ist. Ständige Schonung und Sorge führen zu Hilflosigkeit und Selbstaufgabe.
- Suchen auch Sie Kontakt zu Angehörigen und zu Betroffenen, die genesen sind – im Sinn von Recovery. Dies weitet den Blick, gibt eine Perspektive und macht Mut.

DVD

- Dieter Gränicher: **Recovery. Wie die Seele gesundet.** Acht Frauen und Männer erzählen. 2007 (www.promentesana.ch)

HINWEIS *Recovery ist keine Gegenbewegung zu Klinik-*
aufenthalten oder zur Medikation, sondern eine Gegenbewegung
gegen zu viel Fürsorge, gegen erlernte Hilflosigkeit, gegen erlernte
Passivität, gegen Perspektivenlosigkeit. Recovery will Betroffene
befähigen, das Leben mit Unterstützung wieder selbst in die Hand
nehmen zu können.

Pragmatische Ansätze

Recovery hat verschiedene Aktionsfelder, einige davon sind rein symp-
tombezogen. Betroffene lernen über das Modell «Stimmenhören», besser
mit ihren Stimmen zu leben, sie zu akzeptieren, einzuordnen, aktiv zu
beeinflussen und zu entscheiden, wie viel Raum sie ihnen gewähren wollen und wie viel Energie in Aktivitäten hineingehen soll, die nicht durch
die Stimmen beeinflusst sind. Betroffene finden online einen Fragebogen,
den sie selbst durcharbeiten können: www.promentesana.ch → Wissen
→ Selbsthilfe → Werkzeuge → eigene Selbsthilfe → Selbsthilfebogen für
Stimmenhörer.

GUT ZU WISSEN *Recovery hat für fast alle wichtigen*
Symptome schwerer psychischer Erkrankungen pragmatisch
umsetzbare Ansätze entwickelt. Die Medikation ist dabei eines
von vielen möglichen Hilfsmitteln.

Frühwarnzeichen erkennen

Ein wichtiger Punkt von Recovery sind Krisenpläne: Hier wird erarbeitet,
wie man eine Krise verhindern kann bzw. wie man Frühwarnzeichen erkennt, aber auch, wie man in der Krise begleitet werden möchte. Dies im
Bewusstsein, dass man in der Not keinen Zugang zum Wissen haben wird,
dass man psychotisch ist.

GUT ZU WISSEN *Krisenpläne oder sogenannte Behandlungs-*
vereinbarungen sind in der Schweiz auch im neuen Erwachsenen-
und Kindesschutzrecht erwähnt. Wichtig: Das Umfeld, aber auch
die Behandler, die einen in der Krise begleiten, sollten beim Erstellen
involviert werden. Nur so ist sichergestellt, dass die Wünsche im
Notfall umsetzbar sind und auch wirklich respektiert werden.

Den gesunden Anteil stärken

Ein wichtiges Anliegen von Recovery ist das Arbeiten mit dem nicht von der Krankheit betroffenen Anteil. Bei jemandem mit einer schweren psychischen Erkrankung macht dieser gesündere Anteil vielleicht nur 20 oder 30 Prozent aus. Aber von diesen 20 bis 30 Prozent hängt die Lebensqualität ab. Ein Beispiel: Eine Pflegefachfrau, die selbst eine sehr schwierig zu behandelnde Schizophrenie hatte, konnte mit ihren gesünderen 20 bis 30 Prozent ein kleines Teilzeitpensum verlässlich ausfüllen. Für sie war diese Tätigkeit enorm wichtig. Natürlich brauchte es aber auch etwas Mut bei allen Beteiligten – bei ihr, bei ihrem Umfeld und beim Arbeitgeber.

Peers

Die Idee stammt ursprünglich aus der englischen Diabetesbehandlung. Ärzte und Pflegende versuchten in den 60er-Jahren verzweifelt, Diabetiker, die sich nicht an ihre Behandlungsempfehlungen hielten, dazu zu bringen, gesünder zu leben – erfolglos. Erst als selbst betroffene Diabetiker dazukamen und das Coaching übernahmen, klappte es. Das war die Geburtsstunde der Peers.

In der Psychiatrie entwickelte sich Ähnliches in den 90er-Jahren. Besonders wenn jemand mit Zwang eingewiesen wurde, herrschte zwischen Klinik und Patient oft eine grosse Kluft. Notfallstationen begannen, Psychiatrie-erfahrene Menschen als Brückenbauer einzustellen, eben als Peers. Wie Peers arbeiten, lesen Sie auf Seite 45.

HÄUFIG GESTELLTE FRAGEN

Peers sind doch selber krank. Halten sie den Stress überhaupt aus?

Forschungsdaten zeigen, dass Peers ungefähr gleich viele Krankheitstage haben wie die anderen Mitarbeiter psychiatrischer Dienste. Und: Sie werden durch ihre Arbeit gesünder. Voraussetzung dafür sind eine gute Unterstützung und ein paar Grundregeln. Eine davon lautet, dass Peers in einer Institution nie allein, sondern immer zusammen mit anderen Peers arbeiten sollten. ■

Depressive Erkrankungen

Depressionen sind häufig und verursachen grosses Leid. Doch wann ist eine Depression tatsächlich eine Depression und nicht mehr nur eine vorübergehende Niedergeschlagenheit oder Trauer? Darüber gibt dieses Kapitel Aufschluss.

Erscheinungsformen, Symptome

Rund um das Thema Depression gibt es nach wie vor viele Mythen, die das Leiden der Betroffenen vergrössern. Sie sind Gegenstand dieses Kapitels. Ferner finden Sie hier Informationen zu den verschiedenen Depressionsformen und ihren Symptomen.

Die Depression hat es, wie die meisten psychischen Erkrankungen, schon immer gegeben. Die Häufigkeit von schweren Depressionen hat sich im Laufe der Zeit nicht verändert, hingegen haben leichte bis mittelgradige Depressionen etwas zugenommen.

KEINE WESTLICHE SPEZIALITÄT

Depressionen finden sich weltweit; sie sind kein Phänomen der westlichen Welt. In vielen Entwicklungsländern sind die Erkrankungsraten sogar eher höher. Uganda zum Beispiel weist in einer grossen WHO-Studie die höchste Erkrankungsrate auf. ■

Depression aus der Sicht eines Betroffenen

«Wissen Sie, was das Schlimmste ist? Wenn draussen die Sonne scheint. Das halte ich fast nicht aus. Draussen ist die Sonne, alle sind fröhlich – und mir geht es schlecht. Ich fühle mich so leer, bin so im Nebel. Mich tröstet es jeweils fast ein bisschen, wenn es draussen auch neblig und grau ist. Dann geht es mir eine Spur besser. Lange konnte ich gar nicht glauben, dass ich depressiv sein soll. Ich ging immer davon aus, dass eine Depression eine Reaktion auf etwas ist. Wenn man schwer krank ist, finanzielle Sorgen hat oder sonst ein grosses Problem. Und grosse Probleme habe ich nicht, habe ich nie gehabt. Es gab schon einen Auslöser. Dieses Problem am Arbeitsplatz hat mich viel mehr belastet, als nötig gewesen wäre. Ich habe da ein wenig die Perspektive verloren. Da bin ich gestrauchelt und habe immer noch Mühe, wieder auf die Füsse zu kommen.»

...und noch ein Beispiel

«Ich schäme mich so. Wissen tut es ja keiner. Die sehen immer nur die aufgestellte Claudia, die Claudia, die gern im Mittelpunkt steht. Die dafür sorgt, dass es allen anderen gut geht. Das ist so anstrengend. Besonders in den letzten Monaten. Da ist mir irgendwie alles entglitten. Wenn ich alleine bin, dann kracht alles zusammen. Meine Stimmung sinkt ins Bodenlose. Ich hab so einen Schmerz in mir, nichts bringt den weg. Ich traue mich fast nicht, es zu sagen, aber da wäre ich manchmal fast lieber tot. Ich schliesse mich dann jeweils in mein Schlafzimmer ein, versuche mich irgendwie zu beruhigen, sodass die Zeit vorbeigeht. Es ist mir schon wieder peinlich, aber wissen Sie, was noch am ehesten hilft? Glace. Ich weiss, ein Witz. Aber eben, am Montag, da stehe ich wieder auf der Matte, als wäre nichts. Wie sehr ich leide, das zeige ich niemandem.»

...und aus der Sicht einer Angehörigen

«Jeden Morgen versuche ich, ihn zu motivieren, meinen Ehemann. Ich versuche, ihm zu zeigen, dass es anders ist, als er es wahrnimmt. Wie schön das Leben ist. Ich versuche, ihm eine Blume zu zeigen, die mir gefällt. Ich versuche, etwas von meiner Lebensenergie und Freude auf ihn überschwappen zu lassen. Man muss doch positiv sein! Funktionieren tut dies aber nicht. Es saugt nur noch die Energie aus mir heraus. Aber tun muss ich es, was würde sonst mit ihm passieren? Es macht mich so traurig – und auch wütend. Ich verstehe das einfach nicht. Wie man so sein kann. Wir haben es doch gut, könnten unsere Pensionierung geniessen. Das Leben kann so schön sein. Aber er sieht es einfach nicht.»

Keine Frage des Willens

Der Hauptmythos besagt, dass es Betroffenen am Willen fehle. Man hört immer wieder Äusserungen wie: «Eine schlechte Stimmung hat doch jeder mal, das überwindet man mit Selbstdisziplin. Depressiven fehlt es einfach am Willen, gesund zu werden.» Kein Mythos hat sich als schädlicher erwiesen als dieser. Denn auch Betroffene selber befürchten immer wieder, dass sie gar nicht krank sind, sondern nur eine Charakterschwäche haben.

Wie verhält es sich damit? Hier ein einfaches, aber hilfreiches Bild: Sie sitzen auf einem Fahrrad und machen einen Ausflug. Nun wird die Strecke plötzlich steil, Sie müssen mehr strampeln. Dies entspricht der leichten Depression. Dann reisst, ohne dass Sie es merken, die Fahrradkette. Sie strampeln und strampeln, kommen aber kaum mehr vom Fleck. Irgendwann sind Sie so erschöpft, dass Sie sich neben das Fahrrad setzen. Dies ist der Zustand einer mittelgradigen bis schweren Depression; Strampeln hilft nicht mehr. Ein Velofahrer kommt vorbei und motiviert Sie, es noch einmal zu versuchen. Auch er sieht nicht, dass die Kette gerissen ist, und versteht nicht, warum Sie nicht schneller vorwärtskommen. Schliesslich verliert er die Geduld, wirft Ihnen vor, Sie seien halt zu wenig fit oder sogar faul, und lässt Sie sitzen.

INFO *In der Depression kann der Wille nicht übertragen werden in Handlung. Und wer zig Anläufe genommen hat, aber immer wieder scheitert, gibt irgendwann auf.*

Depressive Menschen nehmen sich zum Beispiel am Abend vor, am nächsten Tag früh aufzustehen und spazieren oder gar joggen zu gehen. Am Morgen danach fehlt ihnen die Kraft, sie verbringen den halben Tag im Bett. Jedes Mal mit einem schlechten Gewissen und Schuldgefühlen der Familie gegenüber, weil sie wieder versagt haben.

Eine Krankheit, viele Formen

Unterteilt werden Depressionen einerseits aufgrund des Verlaufs: Manche Menschen haben in ihrem Leben nur eine einzige depressive Episode, die zwischen drei Monaten und zwei Jahren dauern kann. Andere haben wiederholt depressive Episoden, sie leiden an einer rezidivierenden[1] depressiven Störung. Eine dritte Gruppe hat eine chronische Verlaufsform, diese ist zum Glück recht selten. Schliesslich gibt es auch eine chronische, aber eher leichte Depression, die sogenannte Dysthymie.

---

[1] Rezidivierend: wiederkehrend

Leicht, mittelgradig, schwer

Andererseits werden Depressionen nach Schweregrad unterschieden; es gibt leichte, mittelgradige oder schwere Depressionen.

Mit einer **leichten** Depression kann man meistens die Erwartungen der anderen noch erfüllen. Man ist arbeitsfähig, kocht für die Kinder, kann sich mit Freunden treffen; von aussen ist gar nicht zu sehen, wie man innerlich leidet. Die Depression zeigt sich hier vor allem, wenn man alleine ist, Freizeit hat. Dann zieht man sich nur noch zurück, ist erschöpft, ohne viel gemacht zu haben, versucht krampfhaft, sich zu erholen.

Mit einer **mittelgradigen** Depression schafft man es oft nicht mehr, alle Erwartungen des Umfelds zu erfüllen. Bei der Arbeit kommt es zu Fehlzeiten, es schleichen sich Fehler ein. Die Kinder kommen nach Hause, und es steht keine Mahlzeit bereit, der Vater oder die Mutter liegt auf dem Sofa und hat es nicht geschafft, sich zum Kochen zu überwinden.

In der **schweren** Depression sind alle Lebensbereiche stark beeinträchtigt. Alles wird vernachlässigt; alltägliche Verrichtungen wie Duschen oder Essen werden schwierig. Betroffene verbringen Stunden im Bett und müssen sich regelrecht aufraffen, um zur Toilette zu gehen.

Melancholisch, atypisch, saisonal

Schliesslich wird danach unterschieden, wie eine Depression «aussieht». Bei der **melancholischen** Depression handelt es sich um eine eher schwere Form. Betroffene sind unruhig, können nicht stillsitzen, ihr Denken ist angetrieben – es denkt und denkt und denkt. Sie sind plötzlich überzeugt, dass sie verarmen oder an einer schlimmen Krankheit leiden, können sich von diesen Gedanken nicht mehr lösen. Oft fehlt ihnen der Appetit, und sie nehmen rasch ab. Sie liegen viel im Bett, schlafen aber fast nicht mehr.

Bei der sogenannten untypischen oder **atypischen** Depression, der heute vielleicht häufigsten Depressionsform, ist die Stimmung sehr wechselhaft. Sind Betroffene mit Freundinnen zusammen, sieht man von aussen nichts. Sie lachen, wirken glücklich. Sobald sie alleine sind, sinkt die Stimmung so sehr ins Bodenlose, dass Suizidgedanken auftreten können. Sie werden sehr sensibel anderen gegenüber, neutrale Kommentare werten sie als Zeichen der Ablehnung. Sie beginnen sich zurückzuziehen, verbringen viel Zeit im Bett, fühlen sich müde und energielos, klagen über Gliederschmerzen, ihr Körper fühlt sich bleischwer an. Der Appetit hingegen steigt: Sie zeigen ein «Kummeressen», nehmen oft stark an Gewicht zu.

Bei der **saisonalen** Depression entwickeln Betroffene im Spätherbst eine depressive Verstimmung. Sie sind lustlos, chronisch müde, klagen über mangelnde Energie und Konzentration. Fliegen sie in den Winterferien in den Süden, bessert sich die Stimmung rasch. Das fehlende Sonnenlicht gilt als ursächlich für diese Depressionsform. Auf der südlichen Halbkugel, zum Beispiel in Chile, leiden die Menschen deshalb während der Monate Juni und Juli, weil es dann am wenigsten Sonnenlicht hat. Auf der arabischen Halbinsel zeigen sich die Symptome ebenfalls im Sommer, weil es so heiss ist, dass die Menschen die Zeit nur noch in ihren Häusern verbringen.

Depressionen im Lauf des Lebens

Auch in den einzelnen Lebensphasen kann eine Depression unterschiedlich aussehen: Depressive Kinder – auch das gibt es leider – sind ängstlich, werden wieder zu Rock- oder Hosenzipfelkindern. Sie weichen den Eltern nicht von der Seite, klagen häufig über Bauchschmerzen.

Jugendliche mit einer Depression leiden unter ausgeprägten Stimmungsschwankungen. Sie können sehr gereizt wirken, alles nervt. Ihnen ist immer langweilig, nichts macht mehr Spass. Sie beginnen, sich zurückzuziehen – auffällig ist vor allem, wenn sie sich aus ihrer Gruppe von Gleichaltrigen zurückziehen. Die Schulnoten verschlechtern sich meist.

Ein besonderes Risiko bringt die Elternphase mit sich. Unmittelbar nach der Geburt haben viele Frauen Stimmungsschwankungen, die auf die hormonellen Veränderungen zurückzuführen sind. Bei einzelnen Frauen ist dieses Auf und Ab aber so ausgeprägt, dass eine depressive Episode entsteht, eine sogenannte postnatale Depression. Sie fühlen sich mit der Aufgabe des Mutterseins überfordert, haben Angst, zu versagen. Diese Angst ist so gross, dass sie gar nicht dazukommen, eine Beziehung zu ihrem Baby aufzubauen – auch wenn sie bereits zwei Kinder erfolgreich grossgezogen haben.

Im hohen Alter – hier ist die Depression am häufigsten – nimmt die Störung demenzähnliche Züge an. Betroffene klagen über Vergesslichkeit, haben Angst, dass sie an Alzheimer erkranken.

INFO *Depression und Alzheimer lassen sich recht einfach unterscheiden: Depressive ältere Menschen antworten auf die meisten Fragen vorschnell mit «Ich weiss das nicht»; wenn man*

*ihnen aber etwas Zeit lässt, finden sie die richtige Antwort. Sie
haben eine Tendenz, ihre Schwierigkeiten übermässig zu betonen, vergrössern sie wie mit einer Lupe. Die Vergesslichkeit macht ihnen
Angst. Demente Patienten hingegen nehmen ihre Schwierigkeiten in
der Regel gar nicht wahr. Sie beantworten die meisten Fragen,
als wüssten sie die Antwort, die stimmt aber nicht. Bemerken sie
aber doch Schwierigkeiten oder Defizite, überspielen sie sie.*

Die Symptome

Die Symptome sind vielfältig, was das Erkennen einer Depression bei sich
selbst relativ schwierig macht. Und auch für eine Fachperson ist die Diagnosestellung nicht immer einfach.

Stimmungsmässiges Auf und Ab

Fast alle Betroffenen leiden an Stimmungsschwierigkeiten. Die Stimmung
kann niedergeschlagen sein oder auch gereizt. Alles nervt, man wird sehr
dünnhäutig. Manche erleben sich als lust- und freudlos. Das Lieblingses-
sen schmeckt, als wäre es nicht gewürzt, fad und langweilig. Die Resultate des Lieblingsfussballteams sind auf einmal völlig nebensächlich. Einzelne Betroffene klagen auch darüber, dass sie gar keine Stimmung mehr
haben; sie fühlen sich innerlich leer, können gar nicht mehr sagen, wie es
ihnen geht.

Es gibt auch Menschen, die nicht über Stimmungsschwierigkeiten klagen. Wenn man sie fragt, wie es ihnen geht, sagen sie, von der Stimmung
her gehe es gut. Sie haben aber die meisten anderen Depressionssympto-
me, zum Beispiel das frühe Erwachen am Morgen. Man spricht hier von
einer larvierten, also versteckten Depression. Diese Form findet man vor
allem in Kulturen, in denen die Erkrankung stigmatisiert ist (mehr zum
Thema Stigma siehe Seite 22).

Veränderungen im Denken, Fühlen, Handeln

Wenn Betroffene an die Zukunft denken, werden sie ängstlich. Spontan
sehen sie alle Gefahren, die drohen könnten, werden pessimistisch. Bei
schönstem Wetter haben sie nur Augen für die einzige Regenwolke am
Horizont, die sich in 50 Kilometern Entfernung befindet; sie sind über-

zeugt, dass es gleich regnen wird und es sich nicht lohnt, in den Garten zu gehen.

Das gleiche Muster wenden sie auf die Vergangenheit an. Sie können sich nur noch an das erinnern, was in ihrem Leben falsch lief. Teilweise sind diese Erinnerungen verfälscht: Dass es ihnen in den letzten Sommerferien noch sehr gut ging, daran können sie sich nicht mehr erinnern, in ihrer eigenen Wahrnehmung ging es schon damals schlecht. Zum Erstaunen der Familie, die es anders erlebte. Es ist, als würden diejenigen Schubladen, in denen positive Erinnerungen stecken, klemmen.

Überhaupt scheint über der ganzen Wahrnehmung ein Filter zu liegen; Betroffene erreicht nur noch Negatives. Gibt der Ehepartner 99 ermutigende, positive Kommentare ab und einen einzigen negativen, werden sie nur den einen negativen wahrnehmen.

Veränderungen beim Essen, beim Schlafen, in der Sexualität

Betroffene schlafen weniger oder mehr, essen weniger oder mehr, haben keine Lust mehr auf Sex – oder sie erhält eine zwanghafte Komponente,

---

DEPRESSIONSVERDACHT?

Wenn Sie vermuten, dass Sie depressiv sind, zögern Sie nicht, Hilfe zu suchen. Ihr Hausarzt ist ein guter erster Ansprechpartner oder auch ein Psychiater oder eine Psychologin, wenn Sie bereits jemanden kennen und zeitnah einen Termin erhalten.

Vielleicht kennen Sie jemanden, der an einer Depression gelitten hat. Er könnte ebenfalls ein guter Ansprechpartner sein.

Wenn Sie das Gefühl haben, Ihr Partner sei depressiv, wolle es aber nicht wahrhaben und wenn das direkte Gespräch mit ihm scheitert, gibt es mehrere Möglichkeiten: Vielleicht ist der Partner bereit, sich auf dem Internet einzulesen und zu schauen, ob er sich nicht vielleicht doch in den Beschreibungen von anderen Betroffenen wiedererkennt. Oder jemand anders hat einen besseren Zugang zu ihm, vielleicht jemand, der selbst betroffen war. Begleiten Sie den Partner zu seiner Hausärztin, suchen Sie das Gespräch mit einer neutralen Fachperson. Geben Sie immer wieder kleine Anstösse, drängen Sie aber nicht zu sehr, wenn Sie auf Widerstand stossen.

Beachten Sie: Es ist immer wichtig, dass eine medizinische Abklärung erfolgt. Verschiedene psychische Erkrankungen sehen ähnlich aus wie die Depression, und es gibt auch körperliche Krankheiten, die einer Depression gleichen oder mit ihr einhergehen. ■

wohl weil dies der einzige Moment ist, wo Betroffene noch etwas Freude empfinden können. Beim Schlaf kann wie bereits erwähnt das morgendliche Früherwachen um drei oder vier Uhr typisch sein; andere wiederum verbringen 18 Stunden im Bett.

Körperliche Anzeichen

Betroffene klagen über körperliche Beschwerden. Sie haben Schmerzen in den Gelenken oder in den Muskeln und eine Schwere im Körper, ohne dass Ärzte für diesen Zustand eine Ursache feststellen könnten. Die Schmerzen sind oft wandernd, diffus, unklar, aber sehr beeinträchtigend. Kopfschmerzen nehmen zu, Verdauungsbeschwerden häufen sich. Es gibt fast kein körperliches Symptom, das im Rahmen einer Depression nicht auftreten kann.

Weiterleben oder nicht?

Suizidgedanken sind ein typisches Symptom der Depression. Fast alle Menschen mit einer mittelgradigen bis schweren Depression haben sie. Sie denken, dass das Leben nicht mehr lebenswert sei, und da sie pessimistisch sind, gehen sie auch nicht davon aus, dass sie je wieder gesund werden könnten.

Die Suizidgedanken nehmen langsam zu. Betroffene haben Fantasien, wo und wie sie sich das Leben nehmen könnten. Diese Gedanken haben meist einen beängstigenden, paradoxerweise aber auch entlastenden Charakter: Das Leiden wird so etwas erträglicher.

HINWEIS *Gefährlich wird es, wenn Betroffene das Gefühl haben, es würde allen um sie herum besser gehen, wenn sie nicht mehr da wären. Was Sie unternehmen können, wenn ein Angehöriger Suizidgedanken äussert, lesen Sie auf Seite 113.*

Schleichender Beginn

Depression ist keine Erkrankung, deren Beginn sich auf ein bestimmtes Datum festlegen liesse. Sie bahnt sich meist langsam an – über Monate.

Dies macht es auch so schwierig, sie zu erkennen. Betroffene können oft nur sagen, dass sich die Depression irgendwann im Frühling eingeschlichen habe, kaum merklich. Genauso langsam, wie die Erkrankung beginnt, verschwindet sie wieder, auch mit Therapie.

HINWEIS *Beginnt eine Depression sehr schnell und verschwindet sie auch sehr schnell wieder, kann dies auf eine manisch-depressive Erkrankung hindeuten (mehr dazu auf Seite 187).*

Depressionen behandeln

Man geht davon aus, dass eine mittelgradige Depression ohne Behandlung etwa sechs Monate bis zwei Jahre dauert. Bei den meisten Menschen würde die Depression von selbst verschwinden, die Behandlung kürzt sie aber ab.

Wissenschaftliche Untersuchungen besagen, dass eine Kombination von Psychotherapie und Medikamenten bei der mittelgradigen bis schweren Depression am erfolgversprechendsten ist. Ein Stück weit wird die Fachperson Sie beraten, wie die Behandlung aussieht, ein Stück weit können Sie auch selbst auswählen. Es kann sein, dass Sie eine Vorliebe haben, entweder für eine Psychotherapie oder für eine medikamentöse Therapie oder für beides; und es kann auch sein, dass die Fachperson Ihnen spezifisch etwas empfiehlt.

Psychotherapie

Es gibt verschiedene depressionsspezifische Therapien. Die kognitive Verhaltenstherapie und die interpersonelle Psychotherapie werden heute am häufigsten angewendet. Vielleicht entspricht Ihnen aber auch eine Therapie, die zum Beispiel Meditation mit einbezieht, oder auch eine Körper- oder Kunsttherapie.

Medikamente

Einerseits können pflanzliche Präparate zum Einsatz kommen, zum Beispiel Johanniskraut oder Safran; andererseits werden sogenannte Antidepressiva eingesetzt (siehe Seite 70). Antidepressiva entwickeln ihre Wirkung langsam, und die Behandlung beginnt mit tiefen Dosen, da sich die Probleme sonst eher verstärken. Daher wird in den ersten paar Wochen zusätzlich oft ein angstlösendes Medikament oder auch ein Medikament gegen das Gedankenkreisen oder für den Schlaf eingesetzt, das man danach wieder weglassen kann.

Wie schnell wirken diese Therapien?

Bei den Medikamenten geht man davon aus, dass sie innerhalb von zwei bis acht Wochen wirksam sein sollten, sonst braucht es eine Änderung der Therapie. Wichtig: Medikamente dürfen nicht zu tief dosiert werden.

Auch eine Psychotherapie sollte innerhalb eines ähnlichen Zeitrahmens zu einer Verbesserung führen. Die Endeffekte der Psychotherapie und der Medikamente sind gleich, die ersten Verbesserungen zeigen sich aber in unterschiedlichen Bereichen: In einer Psychotherapie wird primär das Denken angeschaut, bei der Medikation verändern sich zuerst die Gefühle und der Antrieb.

Welche anderen Therapien gibt es?

Bei der saisonalen, aber auch bei der «normalen» Depression eignet sich die Lichttherapie. Sie setzen sich etwa 25 Minuten vor ein Lichtgerät, dies am besten relativ früh am Morgen (mehr dazu auf Seite 88).

Früher wendete man häufig auch den sogenannten Schlafentzug an: Wacht man eine ganze Nacht durch, verändert sich am nächsten Morgen die Stimmung ins Positive. Beim partiellen Schlafentzug weckt man Sie um zwei oder drei Uhr morgens und lässt Sie dann jede Nacht etwas länger schlafen. Diese Behandlung hilft rasch, ist aber auch anstrengend (siehe auch Seite 88).

Die Elektrokrampftherapie wird bei sehr schweren Depressionen eingesetzt, die weder auf Psychotherapie noch auf Medikamente ansprechen. Diese Therapie hat bei uns einen schlechten Ruf – zu Unrecht. Gerade bei den schweren Depressionen kann sie lebensrettend sein, und sie wirkt relativ rasch (mehr dazu auf Seite 88).

Ebenfalls für schwere oder schwer zu therapierende Depressionen reserviert sind Behandlungen mit Ketamin und dessen Nachfolgeprodukte Esketamin (mehr dazu auf Seite 77).

Was kann ich selber tun?

Es gibt fast kein Symptom, das schwieriger zu beeinflussen ist als die Stimmung. Die Niedergeschlagenheit ist einfach da, auch die Ängste. Depressive Menschen wachen morgens um vier Uhr bereits ängstlich auf. Wenn sie alleine zu Hause sind und nichts geplant haben, ist sie da, diese innere Leere. Ablenkung kann helfen: Banale Handlungen wie das Abwaschen von Geschirr können die depressive Stimmung oder die innere Leere leicht lindern, weil der Fokus dann mehr auf der Handlung ist und weniger auf den depressiven Gefühlen.

Manchmal gibt es Bereiche, in denen die Genussfähigkeit erhalten geblieben ist. Ein Betroffener sagt, dass für ihn die Welt beim Gleitschirmfliegen in Ordnung ist, während der Zeit in der Luft. Andere haben einen kleinen Effekt mit einer speziellen Tasse Tee oder in einer Massage.

TIPP *Probieren Sie ein paar Dinge aus, von denen Sie wissen, dass sie Ihnen früher gutgetan haben. Seien Sie aber nicht allzu enttäuscht, wenn sie nicht funktionieren.*

Die Gedanken sind frei. Oder?
Auch das pessimistisch geprägte Denken zu beeinflussen ist nicht einfach. In der Psychotherapie erlernen Sie Techniken, wie Sie das eigene (depressive) Denkmuster hinterfragen können. Es kann entlastend sein, zu akzeptieren, dass etwas am «Denkapparat» nicht stimmt.

TIPP *Wenn man weiss, dass man beim Vorausplanen immer nur das Negative sieht, macht das Vorausplanen keinen Sinn mehr. In dieser Situation ist es hilfreich, sich auf das Hier und Jetzt zu beschränken.*

Oft kreisen die Gedanken um Themen, die einen wirklich beschäftigen und die wichtig sind. Wenn Sie in der Depression Angst davor haben, dass Ihr Partner Sie verlässt, ist es schwierig, sich zu sagen: «Oh, das sind nur meine depressiven Gedanken, daran denke ich jetzt nicht.» Eine Stimme wird sich sofort melden: «Was aber, wenn es doch stimmt, dass er mich verlassen wird?» Hier kann es helfen, wenn Sie jeden Tag ein Zeitfenster einplanen, um über solche Dinge nachzudenken. Wenn Sie morgens um drei Uhr aufwachen und zu grübeln beginnen, wie es nun um Ihre Ehe steht, verschieben Sie dieses Thema auf den geplanten Spaziergang um neun Uhr; das ist die Zeit, die Sie sich reserviert haben, um sich mit Themen zu befassen, die Ihnen Angst machen.

Etwas tun – es darf auch etwas Banales sein

Eine Hauptschwierigkeit der Depression ist es, überhaupt aktiv zu werden, handeln zu können: Gestern Abend hatten Sie sich fest vorgenommen, heute Morgen einen Spaziergang zu machen. Nun liegen Sie im Bett, machen sich Gedanken darüber, wie dieser Spaziergang sein wird. Sie denken, dass Sie es kaum schaffen werden. Sie sind so müde, so energielos. Der geplante Spaziergang wirkt wie ein 100-Kilometer-Marathon – bergauf. Ihnen kommt in den Sinn, dass Sie sicher Menschen antreffen werden, die Sie fragen, wie es Ihnen geht. Was werden Sie antworten? Die erwarten doch alle, dass es Ihnen immer gut geht. Sie merken, dass Sie immer tiefer im Bett versinken; die Wahrscheinlichkeit, dass Sie tatsächlich aufstehen, wird kleiner und kleiner. In solchen Situationen planen Sie am besten nur ganz kleine Sachen. Wenn Sie einen Spaziergang machen möchten, können Sie versuchen, sich zu sagen: «Nur drei Minuten. Mein Ziel ist, dass ich drei Minuten lang einen ganz kurzen Spaziergang mache. Das schaffe ich. Drei Minuten, mehr nicht.»

Es ist ein Phänomen, dass depressive Menschen mit dem Tun an sich gar keine so grossen Schwierigkeiten haben. Sie haben Schwierigkeiten mit dem Planen, etwas zu tun. Deshalb ist die Wahrscheinlichkeit recht gross, dass Sie sich spontan entscheiden, den dreiminütigen Spaziergang zu verlängern, wenn Sie sich erst auf den Weg gemacht haben.

TIPP *Beginnen Sie jetzt nicht mit Dingen, die Sie schon lange erledigen «müssten» oder «sollten». Ein Beispiel: Die lange überfällige Steuererklärung wirkt in der Depression wie ein riesiger unüberwindbarer Berg. Das Ausfüllen würde enorme Kraft kosten, es wäre wie Waten in Schlamm. Wenn es Ihnen besser geht, erledigen*

Sie das in ein paar Stunden. Lassen Sie sich von der Ärztin ein
Attest ausstellen und schicken Sie es der Steuerbehörde zusammen
mit einem Gesuch um Fristerstreckung.

Ebenfalls hilfreich: die Gedanken aufschreiben. Das verschafft Distanz. Wenn Sie das Geschriebene lesen, ist es leichter zu erkennen, welche Gedanken rational und welche durch die Depression beeinflusst sind.

Ein Stimmungstagebuch führen

Eine Schwierigkeit von depressiven Menschen besteht darin, dass die Schubladen mit den positiven Erinnerungen klemmen. Auch wenn es gestern etwas besser ging, werden Sie sich heute nicht daran erinnern können. Ein Stimmungstagebuch hilft. Eine Betroffene hatte ein einfaches System: Grün für gute Stunden, Gelb für «so lala», Rot für depressive Stunden. So hatte sie rasch einen Überblick, wie es ihr gesamthaft ging. Und es zeigten sich gewisse Muster: Der Morgen war meist rot. Nach dem Spaziergang mit der besten Freundin waren die Einträge häufiger grün als rot.

Bewegung, Ernährung, Einkehr

Bewegung hilft: Untersuchungen zeigen, dass bereits drei Spaziergänge pro Woche à 20 Minuten einen leichten Effekt auf die Stimmung haben.

> **TIPP** *Wählen Sie eine Art der Bewegung, die für Sie umsetzbar ist. Täglich einen ganz kurzen Spaziergang zu machen ist besser, als eine lange Wanderung zu planen, zu der Sie sich nicht aufraffen können.*

Stehen Sie eher früh auf. Ausschlafen scheint die Stimmung negativ zu beeinflussen. Auch die morgendliche Sonne scheint gut zu tun.

Die Ernährung spielt ebenfalls eine Rolle. Nahrungsmittel, die reich an sogenannten Omega-3-Fettsäuren sind, etwa Fisch, Oliven oder Leinsamen, können einen günstigen Einfluss haben. Safran hat ebenfalls einen antidepressiven Effekt.

Menschen mit der atypischen Depression leiden sehr unter ihren Essattacken. In kürzester Zeit verschlingen sie Unmengen Süsses, haben anschliessend Schuldgefühle; der Selbstwert sinkt, das Gewicht steigt. Sinnvoll ist hier eine Ernährung, die den Blutzuckerspiegel nur langsam ansteigen und wieder absinken lässt, etwa mit Vollkornprodukten oder auch schwarzer Schokolade; das wirkt Heisshungerattacken entgegen.

Manchen depressiven Menschen tut Meditation gut. Es braucht keine formelle stündige Zen-Meditation zu sein, sondern es kann bereits helfen, sich jeweils für zehn Minuten auf eine Aktivität zu konzentrieren und alles andere auszuschalten. Das kann zum Beispiel zehn Minuten Geschirrwaschen sein. Oder drei Minuten lang die Hände waschen: Hand um Hand, dabei sich nur darauf konzentrieren, wie es sich anfühlt: das kalte Wasser, die Seife, das Handtuch. Und wenn Ihre Gedanken abschweifen («Was bringt das? Das hilft sicher nicht! Ich geh wieder ins Bett»), einfach wieder zurückkehren zum Händewaschen. Auch einfache Atemübungen lassen sich in der Depression meist durchführen.

> **①** **TIPP** *Versuchen Sie immer wieder, möglichst im Hier und Jetzt zu sein. Die Depression führt Sie in die Vergangenheit, die Ängste in die Zukunft. Fokussieren Sie auf das, was Sie jetzt gerade tun. Jetzt waschen Sie das Geschirr, jetzt liegen Sie im Bett, jetzt schauen Sie fern.*

Spiritualität hat manchmal einen positiven Einfluss: Regelmässiges Beten hat bei spirituellen Menschen einen antidepressiven Effekt, dies zeigen zumindest amerikanische Untersuchungen. In diesem Zusammenhang ist es wichtig zu wissen, dass Glaubensverlust ein Symptom der Depression sein kann. Betroffene sprechen davon, dass sie das spirituelle «Ohr» in der Depression verlieren, was gerade für gläubige Menschen fatal ist. Nimmt die Depression ab, kehrt auch der Glaube wieder zurück.

> **①** **HINWEIS** *Nicht hilfreich sind Suchtmittel wie Alkohol oder Cannabis. Sie lockern die Stimmung zwar kurz auf, langfristig bewirken sie aber eine Verstärkung der Depression. Es ist besser, darauf zu verzichten oder sich zumindest stark einzuschränken. Bereits drei Gläser Wein pro Tag lassen Antidepressiva unwirksam werden.*

Menschen, die einfach da sind

Soziale Kontakte sind wertvoll, sofern Sie Menschen um sich haben, die Sie verstehen und akzeptieren. Was Sie schlecht vertragen, sind Menschen, die Druck machen. Es kann bereits helfen, nur schon im selben Zimmer zu sein mit jemandem, den Sie mögen. Der direkte Kontakt ist oft anstrengend für Betroffene, es ist fast leichter, einfach mit jemandem zusammen zu sein. Vielleicht erinnern Sie sich daran, wie es war, als Sie als Kind krank waren. Es half zu wissen, dass die Mutter im Nebenzimmer war. Sie brachte ab und zu Tee oder ein warmes Heizkissen. Ähnlich ist es in der Depression. Nicht hilfreich gewesen wäre eine Mutter, die immer wieder gesagt hätte: «Jetzt werd doch gesund! Reiss dich am Riemen.»

Sich mit anderen austauschen
Der Besuch einer Selbsthilfegruppe kann sehr hilfreich sein. Der erste Besuch kostet vielleicht Überwindung, aber es lohnt sich. Der gemeinsame Austausch entlastet, Sie merken, dass andere genau die gleichen Gedanken, Gefühle und Ängste haben.

HINWEIS *Eine Selbsthilfegrupe ist auch eine Tippbörse: Sie hören von anderen, was geholfen hat, und können an andere weitergeben, was Ihnen hilft.*

Was kann ich als Angehöriger, Freundin oder Kollege tun?

Das Wichtigste (und zugleich vielleicht das Schwierigste): einfach da sein. Allein Ihre Präsenz lindert den Schmerz etwas. Üben Sie keinen Druck aus. Er wirkt kontraproduktiv und verstärkt die Schuldgefühle der Betroffenen.

Nehmen Sie die Gedanken und Gefühle des Betroffenen nicht persönlich. Versuchen Sie nicht, sie zu verändern; es wird Ihnen nicht gelingen. Es löst im anderen nur das Gefühl aus, etwas falsch zu machen. Zeigen Sie Ihr Mitgefühl. Eine Umarmung hilft oft mehr als tausend Worte. Intensive Diskussionen überfordern eher. Machen Sie besser wiederholt kleine Unterstützungsangebote: «Komm, wir machen noch einen ganz kleinen Spaziergang zusammen.» Drängen Sie nicht zu sehr, wenn ein Nein kommt; akzeptieren Sie es, fragen Sie aber eine Stunde später erneut.

TIPP *Geben Sie nicht zu viele Wahlmöglichkeiten; das überfordert. Fragen Sie, ob Sie einen Tee machen können. Fragen Sie nicht, ob der Betroffene eine Tasse Tee, eine Limonade, etwas Süsses*

*oder eine Frucht möchte. Oder bringen Sie den gemachten Tee
bereits mit, das erleichtert es dem depressiven Menschen ebenfalls,
Ja zu sagen.*

Achten Sie gut auf sich selbst. Einen Angehörigen mit einer Depression
zu betreuen ist schwierig und anspruchsvoll. Gibt es andere Menschen,
die mit unterstützen, Sie entlasten können? Gönnen Sie sich einen freien
Abend mit Freundinnen, einen Marktbummel in Domodossola ohne Partner; auch Sie müssen auftanken können. Suchen Sie sich auch Unterstützung bei Fachleuten, in einer Angehörigengruppe oder in der Fachlitera-
tur. Niemand von uns ist mit dem Wissen aufgewachsen, wie man
jemanden begleitet, der depressiv ist. Fragen Sie im gemeinsamen Termin
den Arzt Ihres Partners und Ihren Partner, wie Sie mit bestimmten Situationen umgehen sollen.

Was kann ich tun, wenn mein Partner, meine Partnerin Suizidgedanken hat?

Als Angehöriger ist es schwierig zu hören, dass der Betroffene am liebsten
sterben möchte. Auch Kinder verstehen oft nicht, warum ihr Vater nicht
mehr leben will. Meist nimmt man es persönlich, fragt sich, ob man denn
dem Betroffenen nichts bedeutet.

Denken Sie in einer solchen Situation daran, dass Suizidgedanken ein
Symptom der schweren Depression sind und in keinem Bezug zu Ihnen
stehen. Für Betroffene nimmt die eigene Not einen so grossen Raum ein,
dass nichts anderes mehr Platz hat. Ein Vater nimmt in diesem Moment
weder seine Ehefrau noch seine Kinder wahr, kann nach der Genesung

---

HÄUFIG GESTELLTE FRAGEN

*Ich nehme seit gestern ein Antidepressivum ein. Bereits heute geht es mir
blendend. Ich habe so viel Energie und Lebensfreude, ich könnte Bäume ausreissen. Was geht hier vor?*

Achtung! Wenn die Stimmung so plötzlich wechselt, kann es sein, dass das
Antidepressivum eine manische Episode angestossen hat. Wenden Sie sich um-
gehend an Ihren Behandler.

Mehr zur manisch-depressiven Erkrankung lesen Sie ab Seite 187. ■

aber selbst nicht mehr nachvollziehen, warum ihm seine Familie plötzlich nicht mehr wichtig schien.

HINWEIS *Es ist essenziell, dass Sie die Einschätzung der Suizidalität Fachleuten überlassen können. Diese Aufgabe soll nicht Ihnen übertragen werden (Arzt zur Ehefrau: «Denken Sie, dass es zu Hause noch geht?»)! Fachleute müssen entscheiden, ob jemand noch zu Hause bleiben kann oder ob ein Aufenthalt in einem Kriseninterventionszentrum oder einer Klinik nötig ist.*

Taschenapotheke Depression

Tipps für Betroffene

- Kombinieren Sie Rückzug mit Aktivität. Ideen für kleine, kurze Tätigkeiten: fünf Minuten spazieren gehen, ein Eis essen, warm-kalt duschen, Musik hören oder ein Fotoalbum anschauen.
- Stehen Sie zeitig auf. Sonne und Licht früh am Morgen haben einen antidepressiven Effekt.
- Regelmässige Bewegung tut gut. Täglich 20 Minuten gehen, schwimmen oder eine andere Form von Bewegung helfen der Stimmung. Beginnen Sie mit wenig; fünf Minuten sind ein erster Anfang.
- Ein Gespräch mit anderen Betroffenen oder der Hausärztin kann hilfreich sein. Suchen Sie im Internet Texte, in denen Betroffene berichten, wie sie genesen sind; das gibt Hoffnung.

Tipps für Angehörige

- Nehmen Sie die Gedanken und Gefühle des Betroffenen nicht persönlich und versuchen Sie nicht, diese zu verändern.
- Zeigen Sie Mitgefühl. Eine Umarmung hilft oft mehr als tausend Worte.
- Achten Sie darauf, dass Sie genügend Entlastung haben. Auch Sie werden sich oft sehr hilflos fühlen. Besuchen Sie eine Angehörigengruppe.
- Wenn Sie sich nicht sicher sind, was Sie tun sollten und was nicht, fragen Sie den Behandler Ihrer Partnerin oder Ihres Partners.

Literatur

- Blazej, Anda: **Was ist mit Mama los?** Bilderbuch für Eltern und Kinder zum Thema Depression. Edition Solo, Bern 2008
- Giger-Bütle, Josef: **Jetzt geht es um mich.** Die Depression besiegen – Anleitung zur Selbsthilfe. Beltz, Weinheim 2013
- Kamer, Fritz; Kummer, John P.: **Depression! Wie helfen?** Das Buch für Angehörige. Erfahrungsberichte – Praktische Tipps – Ideen zur Selbstfürsorge. Kösel, München 2012
- Kessler, Helga; Hell, Daniel: **Wege aus der Depression.** Beobachter-Edition, Zürich 2011
- PMS Aktuell: **Depression.** Pro Mente Sana Aktuell, Heft 12-2 (www.promentesana.ch)

DVDs

- Morton Mies: **Wie die Depression siegt und wie sie scheitert.** Institut für Systemische Therapie Wien (www.ist.or.at). Studio: Carl-Auer-Systeme Verlag GmbH
- **Überwindungen.** Ein Film über Depressionen im Seniorenalter. Medienprojekt Wuppertal (www.medienprojekt-wuppertal.de)
- Dieter Gränicher: **Seelenschatten.** Filmische Begleitung von drei unter schweren Depressionen leidenden Menschen (www.promentesana.ch)

Diagnostische Leitlinien nach ICD-10

Depressive Episode:

- Dauer mindestens zwei Wochen. Kürzer, wenn sehr ausgeprägt
- Kernsymptome: gedrückte Stimmung, Interessensverlust und Freudlosigkeit, Verminderung des Antriebs und erhöhte Ermüdbarkeit
- Mögliche Zusatzsymptome:
  - Deutliche Müdigkeit bereits nach kleiner Anstrengung
  - Verminderte Konzentration und Aufmerksamkeit
  - Vermindertes Selbstwertgefühl oder Selbstvertrauen
  - Schuldgefühle, Gefühle von Wertlosigkeit
  - Negative oder pessimistische Zukunftsperspektiven
  - Suizidgedanken, erfolgte Selbstverletzung oder Suizidversuche
  - Schlafstörungen
  - Verminderter Appetit
- Somatisches Syndrom:
  - Interessensverlust oder Verlust der Freude an normalerweise angenehmen Aktivitäten
  - Mangelnde Fähigkeit, auf eine freundliche Umgebung emotional zu reagieren
  - Frühmorgendliches Erwachen und Morgentief
  - Körperliches Eingefrorensein (Stupor) oder ziellose Hyperaktivität
  - Deutliche Appetitveränderung
  - Deutlicher Libidoverlust

Depressive Episoden werden unterteilt in leicht, mittelgradig, schwer oder schwer mit psychotischen Symptomen:

- Leichte depressive Episode:
  - Depressive Stimmung, Verlust von Interesse oder Freude und Antriebsmangel (Kernsymptome): Mindestens zwei dieser drei Symptome sind vorhanden.
  - Mindestens zwei der übrigen sieben Zusatzsymptome sind vorhanden.
  - Betroffene leiden unter den Symptomen und haben Schwierigkeiten, ihre normale Berufstätigkeit und soziale Aktivitäten fortzusetzen, geben aber die alltäglichen Aktivitäten nicht vollständig auf.
- Mittelgradige depressive Episode:
  - Mindestens zwei der drei Kernsymptome sind vorhanden.
  - Mindestens drei der Zusatzsymptome sind vorhanden.
  - Betroffene mit einer mittelgradigen depressiven Episode können nur unter erheblichen Schwierigkeiten soziale, häusliche und berufliche Aktivitäten fortsetzen.
- Schwere depressive Episode:
  - Alle drei Kernsymptome sind vorhanden.
  - Mindestens vier weitere Zusatzsymptome sind vorhanden und sind besonders ausgeprägt.
  - Es ist sehr unwahrscheinlich, dass Betroffene während einer schweren depressiven Episode in der Lage sind, soziale, häusliche und berufliche

Aktivitäten fortzuführen, allenfalls sehr begrenzt.

- Psychotische Symptome bei der schweren Depression: Wahngedanken mit Ideen der Versündigung, der Verarmung oder einer bevorstehenden Katastrophe, für die sich der Betroffene verantwortlich fühlt. Akustische Halluzinationen bestehend aus diffamierenden oder anklagenden Stimmen, Geruchshalluzinationen beziehen sich auf Fäulnis oder verwesendes Fleisch. Schwere Bewegungshemmung, Betroffene wirken «eingefroren».

- ■ Chronische Müdigkeit, alles ist eine Anstrengung
- ■ Schlechter Schlaf
- ■ Gefühl von Unzulänglichkeit
- ■ Betroffene sind in der Regel fähig, mit den wesentlichen Anforderungen des täglichen Lebens fertig zu werden.

Rezidivierende depressive Störung:

- ■ Wiederholte depressive Episoden, welche leicht, mittelgradig oder schwer sein können
- ■ In der Vorgeschichte finden sich keine manischen Episoden oder hypomanische Episoden.

Dysthymie:

- ■ Chronische depressive Verstimmung, die nicht ausgeprägt genug ist, um als depressive Episode zu gelten
- ■ Beginnt gewöhnlich früh im Erwachsenenleben, dauert mindestens mehrere Jahre. Bei Beginn im höheren Lebensalter tritt die Störung häufig nach einer abgrenzbaren depressiven Episode, nach einem Trauerfall oder einer anderen offensichtlichen Belastung auf.
- ■ Depressive Stimmung mit fehlender Genussfähigkeit

Burn-out

Obwohl in aller Munde, gibt es die Diagnose Burn-out in keinem der beiden Diagnosesysteme. Der Zustand des Ausgebranntseins entspricht am häufigsten einer Erschöpfungsdepression.

Wenn wir «Burn-out» hören, so gehen wir im Allgemeinen davon aus, dass dieser Zustand mit Stress am Arbeitsplatz zu tun hat. Tatsächlich ist Burn-out eine sogenannte arbeitsbezogene Störung. Allerdings ist in diesem Zusammenhang nicht nur die Erwerbsarbeit gemeint, sondern auch die Erziehung von Kindern oder die Führung eines Haushalts. Junge Mütter oder alleinerziehende Eltern zählen gar zu den Hauptrisikogruppen. Eine weitere Risikogruppe sind Erwachsene, die ihre dementen Eltern zu Hause pflegen.

HINWEIS *Ein Burn-out bahnt sich oft in einer Phase hoher zeitlicher Beanspruchung an. Kommt eine weitere Belastung dazu – ein Beziehungskonflikt, eine Enttäuschung mit einer wichtigen Bezugsperson –, kann sie den Ausschlag geben. Im Arabischen gibt es dafür ein Sprichwort: «Ein einzelner zusätzlicher Strohhalm reicht, um einem beladenen Kamel den Rücken zu brechen.»*

Burn-out aus der Sicht eines Betroffenen

«Seit vier Stunden sitze ich nun schon hier. Ich weiss nicht mehr weiter. E-Mails tröpfeln im Minutentakt rein. Dabei habe ich extra eine Woche freigenommen. Wirklich erholen konnte ich mich jedoch nicht, innerlich war ich immer bei der Arbeit. Und dann war mir am Sonntag so schlecht, ich hatte solche Angst, wieder arbeiten gehen zu müssen. Dabei arbeite ich eigentlich gerne. Aber wenn ich wieder einmal zu oft Ja gesagt habe, arbeite ich am Abend oder am Wochenende länger. Die Familie hat sich irgendwie dran gewöhnt. So habe ich mir das allerdings nicht vorgestellt. Und seit der Konflikt mit dem Bruder dazugekommen ist, wegen dieses lächerlichen Erbstreits, geht irgendwie nichts mehr.»

... und aus der Sicht einer Angehörigen

«Die Arbeit ist ihm immer wichtig gewesen. Damit habe ich mich schon lange abgefunden. Oft kam er erst abends um neun heim, wenn die Kinder schon schliefen. Er habe einfach so viel zu tun, der Chef schätze ihn sehr, gebe ihm neue Aufträge, da könne man nicht Nein sagen. So blieb alles, was die Familie betrifft, an mir hängen. Ich habe immer versucht, ihm möglichst den Rücken freizuhalten. Früher hat er abends oft noch erzählt, was im Büro läuft. In den letzten Monaten aber war er eigenartig still. Auch ins Fitnessstudio ist er nicht mehr gegangen am Samstagmorgen. Er müsse nacharbeiten, er sei nicht fertig. Und dann war er plötzlich so gereizt. Neulich hatte der Sohn nur eine 5 in Mathematik, da ist er einfach ausgerastet. So etwas haben wir noch nie erlebt. Jetzt in den Ferien kam er kaum an den Strand, blieb immer im Hotel. Irgendetwas stimmt da nicht.»

MADE IN SWITZERLAND?

In den angelsächsischen Ländern ist das Konzept Burn-out wenig verbreitet. Vielleicht, weil dort Depression mittlerweile weniger stigmatisiert ist als bei uns. Vielleicht aber auch, weil die Mentalität der Amerikaner in Bezug auf Arbeit sich von unserer unterscheidet. Wegen einer hohen Arbeitsbelastung krank zu werden, ist dort stigmatisiert. Hingegen ist es sozial akzeptiert, wegen einer sogenannten biologischen Depression nicht mehr arbeiten zu können. Bei uns verhält es sich genau umgekehrt. ■

Stress als Ursache

In den letzten Jahrzehnten ist die Arbeitsbelastung gestiegen. Schweizerinnen und Schweizer arbeiten mehr, die Überzeiten nehmen zu. Es ist aber nicht so sehr die hohe zeitliche Arbeitsbelastung, sondern es sind vor allem schwierige Verhältnisse am Arbeitsplatz, die ins Burn-out führen: zum Beispiel unklare Anweisungen, wenig Handlungsspielraum, viel Verantwortung ohne Kompetenzen, geringe oder fehlende Wertschätzung für das Geleistete, eine schlechte Entlöhnung, fehlende Entwicklungsperspektiven oder Aufträge ohne Sinnhaftigkeit. Das erklärt auch, warum manche Menschen über Jahrzehnte sehr viel arbeiten können, ohne ein Burn-out zu entwickeln: Ein Chirurg zum Beispiel hat einen relativ klaren Arbeitsauftrag, den er sich meist selbst gibt. Er erfährt viel Wertschätzung in finanzieller Hinsicht, aber auch in Form von Dankbarkeit seitens der Patienten, und er ist zudem sehr autonom in seinen Entscheidungen.

Relevanter innerer Stress

Äussere Stressfaktoren sind jedoch nur ein Aspekt; sehr viel Stress machen wir uns selber. Innerlich gestresst und angespannt sind insbesondere Menschen, die hohe Erwartungen an sich haben. Sie sind häufig sehr leistungsbezogen; dies ist ihre Strategie, um mit ihrer Selbstunsicherheit zurechtzukommen. Sie loben sich selbst selten und können die Anerkennung anderer nicht richtig «verbuchen». Auch wenn sie Gutes geleistet haben, melden sich sofort wieder Selbstzweifel. Der Erfolg beim einen Projekt verhindert nicht, dass dieselben Zweifel sie beim nächsten Projekt wieder plagen.

Menschen, die Mühe haben, Nein zu sagen, haben ebenfalls eine höhere innere Stressbelastung. Sie möchten andere nicht enttäuschen, scheuen Konflikte, überzeugen sich selber immer wieder, dass es nun gerade in diesem Fall richtig und wichtig war, Ja zu sagen – und arbeiten dann eben einfach etwas mehr.

Schliesslich haben auch eher pessimistisch veranlagte Menschen einen höheren Stresspegel.

Einsetzender Teufelskreis

Ein sich anbahnendes Burn-out hat zur Folge, dass Betroffene sich nur noch schlecht konzentrieren können, sich überfordert fühlen und alles aufzuschieben beginnen. Es kommt zu einem Teufelskreis: Der Kraftaufwand fürs Aufrechterhalten der Arbeitsleistung wird immer grösser; um dies zu kompensieren, arbeiten Betroffene noch länger. Das wiederum geht auf Kosten der Erholungszeit. Allmählich kommt es zu einer Erschöpfung, Betroffene leiden unter psychosomatischen Beschwerden wie Magenschmerzen am Morgen vor dem Aufstehen, Einschlafstörungen. Sie fangen an, sich in der Erholungszeit zu schonen, liegen auf dem Sofa, schauen fern. Besser wäre aber aktive Erholung: sich mit Freunden treffen, am Wochenende eine Wanderung unternehmen, sich geistig stimulieren mit Neuem, zum Beispiel mit einem Portugiesischkurs. Doch solche Dinge werden gestrichen; sie sind zu anstrengend. Damit gerät die Waage vollends aus dem Lot: Die Belastung nimmt zu, die Regeneration gelingt nicht mehr. Bei der Arbeit schleichen sich Fehler ein, der Druck steigt. Es kommt zu Blockaden: Man fühlt sich überwältigt, steht vor einem Berg, sitzt nur noch am Pult, macht nichts. Nur der Druck, der steigt weiterhin.

Die Freude an der Arbeit geht völlig verloren. Betroffene distanzieren sich gefühlsmässig von ihrem Job, aber auch von den Arbeitskolleginnen und -kollegen. Sie sind leicht reizbar, aber nicht einmal das bleibt: Es zeigt sich nur noch eine distanzierte, unbeteiligte, manchmal zynische Haltung.

In dieser Phase sind fast alle Lebensbereiche betroffen, nicht mehr nur die Arbeit. Betroffene erholen sich in der Freizeit oder auch in den Ferien nicht mehr. Sie ziehen sich zurück, verbringen die Zeit mit Fernsehen oder Internetkonsum, treffen sich weniger mit anderen Menschen. Die Familie ist nur noch lästig, stört. Der Schlaf ist schlecht, der Appetit fehlt, oft nimmt auch der Suchtmittelkonsum zu.

❗ GUT ZU WISSEN *Suizidgedanken sind in dieser Phase recht häufig, und auch die Suizidgefahr ist nicht gering. Betroffene sind häufig einseitig auf Leistung und Arbeit ausgerichtet. Fällt dieser Bereich weg oder gibt es darin Probleme, können sie ihren Selbstwert nicht über andere Bereiche kompensieren.*

Die Diagnose, die es noch nicht gibt

Die Diagnose Burn-out findet sich heute in jeder Zeitschrift, in den offiziellen psychiatrischen Diagnosesystemen fehlt sie jedoch. Es gibt den Begriff als sogenannte Zusatzdiagnose; diese berechtigt aber nicht dazu, Leistungen über die Krankenkasse abzurechnen. Angedacht ist nun, dass die Diagnose im künftigen ICD-11 erscheinen wird. Dies ist allerdings stark umstritten. In den allermeisten Fällen entsprechen die Symptome nämlich den Kriterien einer Erschöpfungsdepression.

Ein Burn-out behandeln

Das Behandlungsangebot für Burn-out-Betroffene ist in der Schweiz sehr vielfältig. Anders als sonst im psychiatrischen Bereich gibt es auch zum Thema Prävention viele Informationen und Angebote.

 GUT ZU WISSEN *Manche Firmen lassen sich heute beraten, wie sie ihre Mitarbeitenden besser unterstützen können. Denn Burn-out-betroffene Mitarbeiter fallen oft relativ lange aus, und Arbeitgeber stehen häufig im Verdacht – zu Recht oder zu Unrecht –, zumindest eine Mitschuld zu tragen.*

Ambulante Angebote

Der grösste Teil der Behandlungen findet ambulant statt. In den letzten Jahren sind strukturierte Therapien entstanden, in denen wichtige Themen bearbeitet werden. Die Psychotherapie bzw. das Coaching wird meist ergänzt durch Entspannungsverfahren; hier haben sich achtsamkeitsbasierte Therapien gut etabliert. Was im ambulanten Bereich noch zu kurz kommt, sind Burn-out-Gruppentherapien – das ist schade, weil Betroffene vom direkten Gespräch mit anderen Betroffenen sehr profitieren können.

Absolut essenziell in der ambulanten Behandlung ist der Miteinbezug des Arbeitgebers. Die Reduktion des Pensums oder des Pflichtenhefts, die Krankschreibung und der berufliche Wiedereinstieg müssen eng begleitet werden.

Was es bis anhin ebenfalls noch fast nicht gibt, sind Burn-out-spezifische Tageskliniken.

Stationäre Angebote

Es gibt ein breites Angebot an spezialisierten Burn-out-Stationen oder -Kliniken. Hier hat sich ein eigentlicher Markt entwickelt, wobei der Zugang für Menschen ohne Zusatzversicherung manchmal erschwert ist bzw. die Wartefristen relativ lang sind. Die Stationen bieten meistens eine Mischung aus Einzel- und Gruppenpsychotherapie, Entspannungsverfahren und Komplementärmedizin an. Der Kontakt zu den Arbeitgebern ist in der Regel institutionalisiert und vorbildlich. Betroffene schätzen überdies den Kontakt zu anderen Betroffenen; dies hilft im Umgang mit der Scham.

Wichtig ist die sorgfältige Planung des Übertritts von der geschützten Klinik zurück in den Alltag und in die ambulante Weiterbehandlung. Der berufliche Wiedereinstieg erfolgt oft gestaffelt und relativ langsam. Geklärt werden muss auch die Frage, ob der Wiedereinstieg im alten Betrieb mit den bisherigen Aufgaben, im alten Betrieb mit neuen Aufgaben oder übergangsweise in einem neuen, neutralen Betrieb erfolgen soll. Dank der IV-Reintegrationsmassnahmen, die bei allen psychischen Erkrankungen zur Anwendung kommen können, gibt es vielfältige Möglichkeiten. Auch eine Begleitung durch ein Case-Management kann sehr sinnvoll sein.

Selbsthilfe – grossgeschrieben

Die beste Burn-out-Behandlung ist die Burn-out-Prävention! Die folgenden Massnahmen tragen zum Schutz vor einem Burn-out bei.

Ausgleich

Sorgen Sie dafür, dass neben der Arbeit genügend Zeit bleibt für aktive Erholung, für Kontakte zu Familie und Freunden und für Schlaf. Achten Sie während Phasen hoher Belastung darauf, dass nicht alles andere einfach wegfällt. Tragen Sie das Jogging genauso in Ihren Planer ein wie die Arbeitssitzung.

Wenn sich das Burn-out bereits ankündigt: Wie tanken Sie auf? Was funktioniert aktuell noch am besten? Es gibt Tätigkeiten, die in der Gesundheit gut waren für die Regenerierung, jetzt aber nicht mehr funktionieren.

Grenzen setzen

Sind Sie wirklich so gut bezahlt, dass Sie sich Tag und Nacht mit Ihrer Arbeit beschäftigen können? Begrenzen Sie die Zeit, während der Sie sich für einen Job, für eine Aufgabe einsetzen. Nur so können Sie die oben erwähnte Balance aufrechterhalten.

Der Klassiker: Nein sagen können

Menschen, die schlecht Nein sagen können, malen sich oft aus, was passieren könnte, wenn sie anderen etwas abschlagen würden. Dabei denken sie wie ein Schachspieler acht Züge voraus. Menschen dagegen, die gut

Nein sagen können, tun dies meist relativ neutral, mit einer kurzen Erklärung, was sie zu ihrer Absage bewogen hat, und bitten das Gegenüber um eine Rückmeldung. Sie spielen nicht Schach, sondern Tennis: Sie schlagen den Ball zurück und warten ab, was der andere Spieler nun unternimmt. Die meisten Menschen können erstaunlich gut mit einem Nein umgehen; oft findet sich eine andere Lösung oder ein Kompromiss, sodass am Schluss alle Beteiligten zufrieden sind.

Es ist zudem ein Trugschluss, zu denken, dass alle glücklich sind, wenn man immer Ja sagt. Betroffene sind vielleicht unterschwellig enttäuscht oder sogar verbittert: «Nicht schon wieder. Ich Armer.» Das Gegenüber seinerseits erhält kein Feedback, ob das Ganze auch wirklich machbar ist.

> **TIPP** *Wenn Sie schlecht Nein sagen können, lohnt es sich, etwas genauer hinzuschauen, warum das so ist. Besonders tückisch sind Anfragen, die man als Wertschätzung erlebt, weil man sich dann vielleicht geschmeichelt fühlt. In solchen Situationen ist es besonders schwierig, Nein zu sagen.*

Etwas vom Wichtigsten ist das Einholen von Feedback: Betroffene haben oft das Gefühl, dass die andere Person von ihnen erwartet, dass sie alles übernehmen. Dass sie enttäuscht wäre, wenn sie ablehnen würden. Dies findet man aber nur heraus, wenn man – um beim Bild des Tennisspielers zu bleiben – den Ball zurückschlägt. Arbeitskollegen oder Vorgesetzte haben im Übrigen häufig gute Ideen, wie man Projekte delegieren könnte, wie Entlastung möglich wäre.

Eine Stressliste erstellen

Schreiben Sie auf, was bei Ihnen am meisten oder auch den schwierigsten Stress verursacht. Trennen Sie nicht zwischen beruflichen und privaten Punkten, denn oft ist es ja gerade die Mischung. Überlegen Sie sich dann, welche Stressfaktoren Sie angehen könnten. Besprechen Sie die Liste mit einem guten Freund, einem Arbeitskollegen oder der Vorgesetzten. Machen Sie auch eine Antistressliste.

Abschied vom Perfektionismus

Arbeiten Sie am eigenen Perfektionismus: Es besteht ein Unterschied zwischen perfekt und gut genug. Letzteres reicht häufig; es gibt nur wenige

Aufgaben, die wirklich perfekt gelöst werden müssen. Und perfekt macht sehr, sehr müde.

Delegieren Sie – im Wissen, dass andere die Aufgabe anders erledigen. Und das eventuell sogar nicht gleich gut, wie Sie das tun würden.

Austausch

Öffnen Sie sich. Besprechen Sie Ihre Stressbelastung mit der Familie, mit Freunden und Arbeitskollegen. Das hilft und entlastet.

Da das Thema so schambesetzt ist, empfiehlt sich auch der Austausch mit anderen Betroffenen. Gibt es eine Selbsthilfegruppe in Ihrer Nähe? Finden Sie im Internet auf einem Forum Kontakte?

Wenn nichts mehr hilft

Ist die Erschöpfung einmal da, gilt es, die Bremse zu ziehen beziehungsweise eigentlich Gas zu geben: Nehmen Sie sich mehr Zeit für die Erholung, und zwar speziell für die aktive Erholung.

Ist das Burn-out weiter fortgeschritten, braucht es oft eine Begrenzung der Arbeitsbelastung. Projekte müssen delegiert, das Pensum reduziert werden. Ihr Behandler wird Sie höchstwahrscheinlich für eine gewisse Zeit krankschreiben. Nutzen Sie diese Zeit für aktive Erholung.

Taschenapotheke Burn-out

Tipps für Gefährdete

- Sorgen Sie für aktive Erholung: Kontakt mit Freunden, Sport, ein neues Erlebnis.
- Üben Sie, Nein zu sagen. Oft ist es überraschend, dass andere gar nicht so negativ reagieren, wie man befürchtet.
- Besprechen Sie mit Ihrem Vorgesetzten oder Arbeitskollegen, wo Entlastung möglich ist. Oft sind wir überzeugt, dass wir gewisse Sachen absolut machen müssen. Aber für den Chef ist das vielleicht gar nicht so wichtig.

Tipps für Angehörige

- Unterstützen Sie Ihre Partnerin, Ihren Partner in der aktiven Erholung (siehe oben).
- Bieten Sie ein offenes Ohr an. Manchmal passt eine gute Freundin, ein guter Freund oder ein Arbeitskollege besser als der Ehepartner. Ebnen Sie den Weg, damit solche Kontakte stattfinden.

Tipps für Arbeitgeber

- Warten Sie nicht zu lange: Wirkt ein Mitarbeiter übermüdet, distanziert er sich vom Team und von der Arbeit, wirkt er weggetreten oder zynisch, suchen Sie das Gespräch.
- Treffen Sie klare Vereinbarungen. Zurückzustecken, Aufgaben zu delegieren ist für Betroffene gar nicht so einfach. Es braucht hier Ihre dezidierte Unterstützung und Weisung.

Literatur

- **PMS Aktuell: Burn-out.** Pro Mente Sana Aktuell, Heft 11-3
- Bergner, Thomas M. H.: **Burnout-Prävention.** Erschöpfung verhindern, Energie aufbauen, Selbsthilfe in 12 Stufen. Schattauer, Stuttgart 2018
- Bergner, Thomas: **Endlich ausgebrannt!** Die etwas andere Burnout-Prophylaxe. Schattauer, Stuttgart 2013
- Burisch, Matthias: **Das Burnout-Syndrom.** Theorie der inneren Erschöpfung – Zahlreiche Fallbeispiele – Hilfen zur Selbsthilfe. Springer, Heidelberg 2013
- Linneweh, K.; Heufelder, A.; Flasnoecker, M.: **Balance statt Burn-out.** Der erfolgreiche Umgang mit Stress und Belastungssituationen. Zuckschwerdt, Germering 2013
- Priess, M.: **Burnout kommt nicht nur von Stress.** Warum wir wirklich ausbrennen – und wie wir zu uns selbst zurückfinden. Goldmann, München 2019
- Seidel, Wolfgang: **Burnout: Erkennen, verhindern, überwinden.** Die eigenen Emotionen steuern lernen. Wie neueste Erkenntnisse helfen. humboldt/Schlütersche Verlagsgesellschaft, Hannover 2012

DVD

- Tino Wohlwend: **Ich sehe was, was du nicht siehst.** Burnout – Depression. (www.promentesana.ch)

Angst-
erkrankungen

Ängste sind Teil unseres Lebens. Doch manchmal werden
sie zum Selbstläufer und enden in einem Teufelskreis, der
Betroffene stark beeinträchtigt.

Erscheinungsformen, Symptome

Rasender Puls, Schwindel, Schweissausbrüche: Betroffene sind ihren Ängsten ausgeliefert, und die körperlichen Begleiterscheinungen verstärken diese noch. Was Angstgeplagte durchmachen, ist von aussen aber kaum zu sehen.

Angsterkrankungen sind sehr vielfältig, deshalb werden sie in verschiedene Störungen unterteilt. Nachfolgend zu den drei wichtigsten Angststörungen je ein Beispiel: Das erste beschreibt die soziale Phobie, das zweite die Panikstörung und das dritte die generalisierte Angststörung.

Soziale Phobie aus der Sicht eines Betroffenen

«Montagmorgen, eine Sitzung mit wichtigen Kunden. Interessiert folge ich dem Gespräch und hätte eigentlich viele gute Ideen. Aber immer, wenn ich ansetzen möchte, um etwas zu sagen, wird mir ganz anders. Meine Hände sind feucht; das Herz schlägt laut, sehr laut. Ich habe das Gefühl, dass meine Wangen ganz rot sind.

Leider kenne ich das. Immer wenn es darauf ankommt, meldet sich diese Angst. Ich bin dann jeweils überzeugt, dass das, was ich einbringen könnte, zu wenig gut ist. Dass die anderen mich belächeln werden. Wenn ich solche Angstzustände habe, befürchte ich vor allem, dass andere sie sehen, meine Angst. Ich bin dann überzeugt, dass meine Hände zittern und ich im Gesicht sehr rot bin und wie eine Stadionleuchte strahle und alle auf mich starren.

Der Chef wollte mich eigentlich per Anfang nächsten Jahres befördern. Ich habe Ausflüchte gefunden, um dem zu entgehen. Es ist so lächerlich. Eigentlich nur wegen dieser Angst; ich hätte nämlich einmal pro Monat einen Rapport leiten müssen.»

Panikstörung aus der Sicht eines Betroffenen

«Jetzt bin ich diese Woche schon zum dritten Mal auf der Notfallstation. Plötzlich kommt es einfach, dieses Gefühl. Oft beginnt es mit einem Schwindel; alles fängt an, sich zu drehen, mein Blick wird enger, wie in einem Tunnel. Das Herz pocht wie rasend, ich spüre ein Klopfen im Kopf. Das erste Mal ist es ein paar Tage nach der Beerdigung eines Freundes passiert, ich war gerade im Bus, der Bus war überfüllt. Zuerst war ich nur froh, dass es nach ein paar Minuten wieder vorbei war, dann kam plötzlich die Angst, es könnte ein Herzinfarkt sein. Seither lässt diese Angst mich nicht mehr los. Die Ärzte auf der Notfallstation versuchten, mich zu beruhigen, sagten, es sei ‹nichts›. Aber das ist doch nicht ‹nichts›. Vielleicht haben die einfach nicht die richtigen Tests angeordnet. Und was, wenn dieses Herzrasen wiederkommt? Ich kann doch nicht schon wieder auf die Notfallstation gehen.»

Generalisierte Angststörung aus der Sicht einer Betroffenen

«Halb vier in der Nacht. Schon wieder bin ich aufgewacht. Jetzt werde ich den ganzen Rest der Nacht wach liegen. Was immer ich tue, es klappt einfach nicht mehr mit dem Einschlafen. Tagsüber werde ich sicherlich wieder sehr müde sein. Ob ich das schaffen werde? Es wäre doch so wichtig, dass ich fit bin. Ich spüre schon jetzt meinen Nacken, der schmerzt, und die Augen, die brennen. Und dann mache ich mir solche Sorgen wegen der Kinder. Ob Philipp wirklich genug lernt für die Prüfung? Und bei Marion habe ich einfach Angst, dass sie auf die falsche Bahn gerät. In dem Alter, so lange in den Ausgang? Sie könnte ja auch einen Unfall haben … Immer wenn ich die Ambulanz höre, zucke ich zusammen. Ich muss dann alle gleich anrufen, mir bestätigen lassen, dass es ihnen gut geht. Und auch wegen meiner Anstellung mache ich mir Sorgen. Die Konkurrenz ist heute riesig. Was, wenn ich den Job verliere? Meine Familie, meine Freunde, Verwandte, alle sagen mir, ich solle jetzt endlich aufhören mit diesem ‹Gschtürm›. Das ist aber einfacher gesagt als getan. Und was, wenn Marion wirklich auf die falsche Bahn gerät? Man sagt doch, die Jungen nähmen heute Kokain.»

Wie äussern sich soziale Ängste?

Soziale Ängste sind sehr häufig. Wir alle kennen Menschen in unserem Umfeld, die schüchtern sind. Situationen, in denen man sich exponieren muss, belasten sie. Typische Gedanken sind: «Was denken andere von mir? Sie werden mich bestimmt abweisen. Ich kann das doch gar nicht. Jetzt weiss ich dann sicher wieder nicht, was sagen. Sie werden mich für einen Versager halten.» Diese Gedanken lösen Ängste aus, und diese wiederum führen zu körperlichen Symptomen: Das Herz pocht, man atmet schneller, man beginnt zu schwitzen. Die Hände sind feucht, in den Achselhöhlen zeigen sich Flecken auf dem Hemd oder der Bluse. Die Betroffenen beginnen leicht zu zittern. Das Gesicht wird rot. All diese körperlichen Empfindungen verstärken wiederum die Angst.

EIGEN- UND FREMDWAHRNEHMUNG

Betroffene überschätzen die körperlichen Symptome und deren Effekt. Sie sind überzeugt, dass alle anderen nur noch auf sie starren: «Jetzt kann der doch nicht einmal einen Vortrag halten. Sieh doch, wie seine Hände zittern. Wie Espenlaub. Und dann verhaspelt er sich auch noch ständig. Furchtbar!» Hätte man einen Beobachter gefragt, wie er den Redner erlebt hat, hätte er vielleicht gesagt: «Schöner Vortrag, war sehr spannend. Ob er gezittert hat? Hm, nein, ja, vielleicht ein wenig, aber das ist doch normal. Aber der Punkt mit dieser Neuentwicklung, über die er sprach, das war wirklich spannend...»

Eigen- und Fremdwahrnehmung klaffen auseinander, ohne dass dies den Betroffenen bewusst wäre. Meistens überprüfen sie die eigene Wahrnehmung auch nicht; einerseits aus Angst, sie könnte sich bestätigen, andererseits aber auch aus der Überzeugung heraus, dass ihre Wahrnehmung sowieso zutrifft. Positives Feedback von aussen formulieren sie innerlich um: «Der war einfach nett zu mir, der meint das nicht wirklich.»

So entsteht ein für Angsterkrankungen typischer Teufelskreis. Die Folge: Menschen mit einer sozialen Phobie beginnen, bedrohliche Situationen zu meiden. In der Schule sind sie krank, wenn Prüfungen anstehen oder wenn sie einen Vortrag halten müssten. Auch der erste Tag in einer neuen Schulklasse ist beängstigend. Im Erwachsenenleben schlagen sie Einladungen zu Partys aus – sie haben meist einen Vorwand. Oft lehnen sie eine Beförderung ab, da dies mit sozialer Exposition verbunden ist. Aber auch normale Situationen wie Schlangestehen auf dem Postamt können angstbesetzt sein.

❶ HINWEIS *Menschen mit sozialen Ängsten lieben das Internet. Dies führt aber zu noch ausgeprägterem Vermeideverhalten, und dies wiederum zementiert die Ängste erst recht.*

Beginn und Verlauf

Soziale Ängste sind vielfach bereits in der Kindheit vorhanden und verlaufen wechselhaft. Manche Betroffenen wachsen sie aus, bei anderen bleiben sie bestehen oder nehmen eher noch zu. Steigen Druck und Stress, verschlechtern sich in der Regel auch die sozialen Ängste.

❶ HINWEIS *Es gibt Formen von sozialen Ängsten, die erst später im Leben beginnen; meist nach einem einschneidenden Erlebnis, das den Selbstwert stark beeinträchtigt. Oft sind dies «Rückfälle» bei Betroffenen, die früher unter sozialen Ängsten litten, diese aber überwunden hatten.*

HÄUFIG GESTELLTE FRAGEN

Warum können Menschen mit sozialen Ängsten manchmal recht resolut sein?

Stehen sie nicht im Mittelpunkt, können Betroffene ihre Ängste überwinden. Eine Mutter mit einer sozialen Phobie, die ein sehr krankes Kind hat, wird sich auf der Notfallstation mühelos Gehör verschaffen können. Für sich selbst könnte sie das aber nicht. Sie würde zu Hause ausharren, würde keinen Arzt aufsuchen. ■

Attacke aus dem Nichts: die Panikstörung

Auch sie ist relativ häufig. Betroffene werden von Angst förmlich überflutet, die Angst ist extrem; Panik eben. Zu Beginn haben Betroffene das Gefühl, die Angst komme aus dem Nichts. Plötzlich ist ihnen unwohl, sie verspüren vielleicht ein flaues Gefühl im Bauch. Dann geht es schnell: Es folgen Todesangst oder ein Vernichtungsgefühl.

Körperliche Symptome
Auch eine Panikattacke äussert sich körperlich: Das Herz schlägt sehr schnell, der Atem beschleunigt sich und wird oberflächlich, man schwitzt, verspürt Schwindel, die Beine knicken weg. War die Todesangst nicht schon zu Beginn da, folgt sie spätestens jetzt. Viele Betroffene haben das Gefühl, sie hätten einen Herzinfarkt oder einen Schlaganfall, was die Angst weiter verstärkt. Der Atem wird noch schneller, manche beginnen zu hyperventilieren, schnappen nur noch nach Luft, atmen kaum noch aus. Durch das Blutgasungleichgewicht und den veränderten Säuregehalt beginnt sich die Muskulatur zu verkrampfen. Betroffene kauern dann oft am Boden, die Finger sind verkrampft, lassen sich kaum noch öffnen.

Die Dynamik der Panikstörung
Wie bei den sozialen Ängsten folgt auch hier ein Vermeideverhalten. Panikattacken sind sehr schwer auszuhalten, machen enorm Angst. Betroffene beginnen zu überlegen, was wohl die Attacke ausgelöst hat, und vermeiden intuitiv alles, was sie in Bezug setzen zur ersten oder den folgenden Panikanfällen. Die erste Panikattacke trat während einer Busfahrt auf? Also werden Busse gemieden, Züge auch. Einkaufen im Shoppingcenter geht nicht mehr. Schlangestehen? Was, wenn die Panik kommt? Betroffene überprüfen jede Situation daraufhin, ob sie eine Panikattacke auslösen könnte: «Was, wenn ich in der Kirche bin, und die Panik geht wieder los?» – «Was, wenn ich in einem Flugzeug sitze, mitten über dem

---

HÄUFIG GESTELLTE FRAGEN

Wie schlimm sind Panikattacken wirklich? Mein Mann hat jetzt schon 17 gehabt. Langsam sollte er doch …

Panikattacken werden immer wieder unterschätzt. Sie sind für Betroffene oft so schlimm, dass sie suizidal werden. Während der Attacke kann die Angst so extrem sein, dass der Gedanke, nicht mehr zu leben, besser erscheint, als so zu leiden. Aber auch die Einschränkungen, die eine schwere Panikstörung mit sich bringt, können zu Suizidalität führen. ∎

Atlantik, und ich kriege eine Panikattacke?» Das kann so weit gehen, dass Betroffene das Haus nicht mehr verlassen oder sich sogar nur noch im Schlafzimmer aufhalten.

Angst als ständiger Begleiter: die generalisierte Angststörung

Sich Sorgen zu machen ist ein natürliches Phänomen. Bei einer Angststörung nimmt es aber extreme Formen an.

Hört man die Sirene, ist man überzeugt, dass ein Angehöriger einen Unfall hatte. Sind die Kinder nicht pünktlich zu Hause, denkt man sofort, dass etwas Schlimmes passiert ist. Spürt man ein körperliches Missbehagen, ist man überzeugt, dass es Krebs ist oder sonst eine schreckliche Krankheit. Auf jedes mögliche Thema reagiert man mit Angst, mit Sorge.

Das führt zu ausgeprägten psychosomatischen Beschwerden. Die Stresshormone fliessen ständig, man schläft schlecht, hat aber auch Angst vor der Schlaflosigkeit. Tagsüber ist man müde und erschöpft. Schmerzen sind häufig, besonders Nacken und Rückenschmerzen; die Muskulatur ist verspannt. Die Haut zeigt Ekzeme, ist sensibel. Die Verdauung gerät aus dem Lot; Reizdarmsymptome sind relativ häufig.

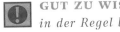 **GUT ZU WISSEN** *Die generalisierte Angststörung beginnt in der Regel langsam und wird dann meist chronisch. Deshalb nehmen Betroffene ihre eigene Erkrankung gar nicht wahr. Sie gehen davon aus, dass sie einfach so sind, dass dies ihre Persönlichkeit ist.*

Folgeerscheinungen, Komplikationen

Meistens suchen Betroffene spät Hilfe, durchschnittlich 10 bis 15 Jahre nach Erkrankungsbeginn, und dann vor allem wegen der körperlichen Symptome. Psychologisch-psychiatrische Unterstützung nehmen sie häufig erst dann in Anspruch, wenn Folgeerscheinungen auftreten. So führen chronisches Sich-Sorgen und die damit verbundene Stressbelastung gehäuft zu Erschöpfungsdepressionen. Vielfach wird aber die zugrundeliegende Angststörung nicht diagnostiziert. Betroffenen fehlt ein Problembewusstsein, da sie ja «schon immer so» waren.

Irrational, aber real: Phobien

Eine Phobie ist eine spezifische Furcht vor etwas, das in der Folge gemieden wird – ein häufiges Phänomen. Typische Beispiele sind die Höhenangst, die Flugangst, Angst vor Spinnen, vor Spritzen oder auch die Angst vor einer Narkose. Betroffenen ist ein Stück weit bewusst, dass diese Furcht oder Angst nicht rational ist.

Medizinisch ein häufiges, aber wenig erkanntes Phänomen bei älteren Menschen ist die sogenannte Fallangst. Betroffene sind entweder selbst gestürzt oder jemand in ihrem Umfeld hat sich zum Beispiel die Hüfte gebrochen. Sie gehen nun kaum noch aus dem Haus, werden unsicher und bewegen sich sehr wenig aus Angst vor einem Sturz. So baut sich die Muskulatur schnell ab, die Koordination wird zunehmend schlechter. Die Wahrscheinlichkeit für einen Sturz nimmt stark zu.

Angsterkrankungen behandeln

Angsterkrankungen werden erstaunlich selten diagnostiziert – und spät. Ein Grund unter anderen: Betroffenen kommt gar nicht in den Sinn, dass sie an einer spezifischen Erkrankung leiden könnten. Sie sehen die Beschwerden in ihrer Persönlichkeit begründet.

Weil Betroffene mit einer generalisierten Angststörung oder mit sozialen Ängsten meinen, sie hätten einfach eine Charakterschwäche, kann es bis zur richtigen Diagnosestellung Jahre dauern. Und wenn ein Arzt konsultiert wird, schliesst er häufig einfach körperliche Erkrankungen aus – und bestätigt dem Patienten, dass er «nichts» habe.

Schwierige Diagnose

Leidet jemand unter Panikattacken, werden zunächst körperliche Erkrankungen ausgeschlossen. Das ist ein wichtiger Schritt, weil beispielsweise eine Schilddrüsenüberfunktion eine Angsterkrankung imitieren kann.

Die Angsterkrankungen selber werden aber immer noch selten diagnostiziert. Weil die erste Abklärung meist bei der Hausärztin erfolgt und weil wir alle darauf trainiert sind, mit ihr primär über körperliche Symptome zu sprechen, berichten die wenigsten Patienten von ihrem Angstproblem, sondern von Schlaflosigkeit, Muskelverspannungen, Herzklopfen.

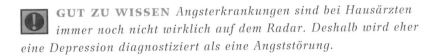 **GUT ZU WISSEN** *Angsterkrankungen sind bei Hausärzten immer noch nicht wirklich auf dem Radar. Deshalb wird eher eine Depression diagnostiziert als eine Angststörung.*

Psychotherapie

Für Angststörungen gibt es heute eine ganze Palette an sogenannten störungsspezifischen Therapien.

Die Behandlung der **sozialen Phobie** erfolgt meistens in Gruppen. Hier kann man direkt üben, und andere Betroffene können gleich zurückmelden, ob das, was man selbst erlebt, nach aussen auch wirklich so stark sichtbar ist.

In der Therapie der **Panikstörung** lernt man, wie man eine beginnende Panikattacke möglichst gut abfangen kann. Aber auch das Vermeideverhalten ist ein Thema, denn es unterhält in einem gewissen Sinne die Erkrankung: Je mehr man vermeidet, umso überzeugter ist man, dass Panik auftritt, falls man es nicht tut. Schliesslich entwickelt sich auch eine Angst vor der Angst.

Bei der **generalisierten Angststörung** lernt man in der Psychotherapie, das ständige Sich-Sorgen zu hinterfragen und zu lenken. Gleichzeitig werden Entspannungsverfahren eingesetzt gegen die häufigen Verspannungen und Kopfschmerzen.

> **HINWEIS** *Für die Flugangst gibt es heute spezifische kognitive Verhaltenstherapieprogramme. Häufig sind ein Flughafenbesuch und ein Flug in der Behandlung mit eingeschlossen. Solche Programme sind erfolgreich, allerdings sollte man anschliessend regelmässig fliegen, sonst verliert sich der Effekt, und die Angst kehrt zurück.*

Medikamente

Psychopharmaka kommen vor allem bei der schweren Panikstörung oder auch bei der generalisierten Angststörung zum Einsatz. Es wird zwischen einer Basismedikation und einer Notfallmedikation unterschieden.

Die Basismedikation besteht meist aus einem Antidepressivum, häufig einem Selektiven Serotonin-Wiederaufnahmehemmer (SSRI, siehe Seite 71). Diese Medikamente wirken nicht nur bei Depressivität, sondern auch bei Ängsten, da neurochemisch die gleichen Botenstoffsysteme beteiligt sind.

Die Notfallmedikation besteht meist aus Benzodiazepinen wie Temesta® (siehe Seite 79). Diese Medikamente unterbinden die Angst innerhalb von fünf bis zehn Minuten, sie können aber nicht längerfristig eingesetzt werden. Einerseits entwickelt sich eine Toleranz, und sie wirken dann nicht

> **ÄNGSTE ZUGÄNGLICH MACHEN**
> Mit Medikamenten ist man nicht einfach angstfrei. Angst ist ein natürliches Phänomen, und Angstfreiheit wäre kein wünschenswerter Zustand. Jedoch sind die Ängste weniger ausgeprägt, sodass sie sich psychotherapeutisch besser angehen lassen. ■

mehr; andererseits besteht die Gefahr der Abhängigkeit. Benzodiazepine werden vor allem zu Beginn der Behandlung eingesetzt, um etwas Stabilität herzustellen. Danach geht es darum, kognitiv-verhaltenstherapeutische Strategien zu entwickeln, wie man mit den Ängsten umgehen kann und wie man eine Panikattacke entweder vermeiden oder meistern kann.

HINWEIS *Manchmal reicht es Betroffenen, zu wissen, dass sie ein Temesta® dabeihaben und dass sie das Medikament, falls alle Stricke reissen, einnehmen könnten. Manche tragen seit Jahren eine Tablette auf sich, ohne dass sie sie je gebraucht hätten.*

Was kann ich selber tun?

Es gibt hier verschiedene Bereiche, in denen Sie intervenieren können: bei der Wahrscheinlichkeit, dass Ängste auftreten, bei den Angstgedanken bzw. den Angstgefühlen und den effektiven Panikattacken.

Den Ängsten zuvorkommen

Sie haben sicher schon bemerkt, dass Ihre Ängste schlimmer sind, wenn Sie zu wenig geschlafen haben. Eine regelmässige gute Ernährung und Entspannung sind weitere Faktoren.

Genügend Schlaf
Gehen Sie eher früh zu Bett. Haben Sie Mühe mit dem Einschlafen, achten Sie auf ein regelmässiges Schlafritual, gestalten Sie die letzte halbe Stunde

vor dem Einschlafen immer gleich. Entspannungsübungen direkt vor dem Einschlafen wirken oft paradox, das heisst, dass sie Sie wach machen. Führen Sie sie lieber etwas früher am Abend durch. Benützen Sie Schlafmittel nicht regelmässig, sondern eher als eine Art Versicherung: «Wenn ich in zwei Stunden noch nicht eingeschlafen bin, dann kann ich etwas einnehmen.» Das hilft gegen das Katastrophendenken in Bezug auf das Nicht-Schlafen-Können. Verwenden Sie eher pflanzliche Präparate, diese sind ebenfalls sehr gut wirksam.

Ernährung

Achten Sie auf eine regelmässige Ernährung mit Zwischenmahlzeiten. Denn Angst tritt gehäuft auf, wenn Sie unterzuckert sind oder Mahlzeiten ausgelassen haben.

Leider gibt es keine spezifischen Ernährungstipps. Mit denjenigen, die bei Depressionen unterstützend wirken, fahren Sie jedoch auch bei Ängsten gut (siehe Seite 110).

Körperliche Aktivität

Bei der Depression hilft bereits leichte Bewegung dreimal pro Woche. Bei den Angsterkrankungen braucht es etwas mehr; es braucht richtigen Sport, bei dem Sie sich «auspowern». Also zum Beispiel eine halbe Stunde lang schwimmen, joggen oder einen Hügel oder gar Berg besteigen. Der Hintergrund: Patienten reagieren stark mit Angst auf die Veränderung von Säuren und Basen im Blut. Wenn sie sich beim Sport auspowern, produzieren sie ebenfalls gewisse Säuren, die sie dann resistenter werden lassen. Das ist kein Wundermittel, kann aber doch etwas helfen.

Entspannungsübungen

Es kommt nicht so sehr darauf an, was Sie wählen: Progressive Muskelrelaxation, Achtsamkeit, Yoga sind alles Techniken, die das vegetative Nervensystem sowie das sogenannte limbische Gehirn beeinflussen; hier sitzt die Angst. Diese Techniken haben nur eine begrenzte Wirkung, wenn die Angst bereits stark angeflutet ist. Sie sind eher präventiv sinnvoll und müssen vor allem geübt werden, wenn es Ihnen recht gut geht. Wir lernen alle auch in einem ruhigen Schwimmbad schwimmen, nicht in den tosenden Wellen des Atlantiks.

Was hilft gegen Angstgedanken?

Angstgedanken sind wie ein Fehlalarm, der immer wieder losgeht und Sie vor etwas warnt, das gar nie eintrifft. Und der auch noch viel zu laut ist.

Die meisten Menschen mit einer sozialen Phobie zum Beispiel sind recht gute Redner. Während des Vortrags merkt man ihnen nicht viel an. Sie leiden aber vorher sehr, malen sich aus, was alles schieflaufen wird. Es ist wie bei der Depression: Die meisten Menschen mit Angsterkrankungen haben nicht Probleme mit dem Handeln, sondern nur mit dem Vorausplanen, dem Daran-Denken. Konzentrieren Sie sich nach Möglichkeit aufs Hier und Jetzt, auf die Handlung. Verwenden Sie 90 Prozent der Zeit aufs Handeln und nur 10 Prozent aufs Vorausplanen.

 TIPP *Manchen Menschen gelingt es, die Angstgedanken vorbeiziehen zu lassen, wie ein Stück Holz auf einem Fluss. Sie bemerken es, verfolgen es ein wenig mit den Augen und richten den Blick dann wieder auf etwas anderes. Probieren Sie es aus.*

Eine andere Taktik ist die der Ablenkung. Damit das gelingt, braucht es eine Tätigkeit, die Ihre volle Konzentration erfordert und die Ihnen Spass macht. Dies kann Tischtennisspielen sein, eine Autofahrt, Tetris auf dem Smartphone oder ein ähnliches Computerspiel, ein Gespräch mit einer Freundin oder einem Kollegen. Üben Sie, bis Sie wissen, was für Sie am besten funktioniert.

Mit Angstgefühlen zurechtkommen

Angst ist ein natürliches Gefühl; es ist wie eine Welle, die kommt und geht. Intuitiv wehren sich die meisten von uns dagegen, aber dies verstärkt die Angst nur und bewirkt, dass sie länger anhält.

Oft hilft hier ein achtsamer Umgang. Achtsam sein heisst, mit allen Sinnen wahrzunehmen und bei der Wahrnehmung zu bleiben, sie also nicht zu beurteilen. Ein Beispiel: Ich merke, wie mein Herz pocht, wie meine Atmung schneller ist. Ich merke, wie meine Gedanken kreisen, das sind alles Wahrnehmungen, die ich kenne. Ich merke, ich habe Angst. Ich lasse diese Angst nun wie eine Welle an mir vorbeiziehen. Ich zähle meinen Atem, in zehn Minuten wird die Welle vorbei sein.

Atemübungen können ebenfalls sehr hilfreich sein. Achten Sie vor allem auf ein langsames Ausatmen. Zählen Sie beim Einatmen langsam bis drei, beim Ausatmen langsam bis fünf. Oder zählen Sie ganz einfach die Atemzüge. Nach 20 Atemzügen ist die Angstwelle meist verebbt.

Gegen die körperliche Anspannung und Verkrampfung helfen die progressive Muskelrelaxation, eine Selbst-Massage oder auch Akupressurübungen, die man selbst durchführen kann.

Selbsthilfe bei der Panikattacke

Auch hier kommt es auf die Atmung an; sie ist sozusagen der Motor der Panikattacke. Instinktiv beginnt man nach Luft zu schnappen, atmet kaum noch aus; so entsteht ein Ungleichgewicht der Blutgase und -säuren. Deshalb ist es wichtig, langsam auszuatmen. Gelingt dies nicht und ist man bereits am Hyperventilieren, kann man in ein Kissen atmen, in den Ärmel oder in einen Pulli. So normalisieren sich die Blutgase und -säuren wieder.

TIPP *Manche Betroffenen stellen sich auch vor, wie der Körper nun sämtliche Reserven an Stresshormonen entleert und diese wie eine Welle durch den Körper schwimmen. Nach einer Viertelstunde sind die Speicher leer, es tritt wieder Ruhe ein.*

Taschenapotheke Angsterkrankungen

Tipps für Betroffene

- Wehren Sie sich nicht gegen die Angst. Stellen Sie sich vor: Sie stehen am Strand, und es kommt eine Welle. Sie ist heftig, lässt dann aber nach.
- Versuchen Sie, sich auf etwas zu konzentrieren, das Sie ablenkt. Atmen Sie ruhig und langsam, zählen Sie mit. Nach 20 Atemzügen ist die Panik meist überstanden, die Welle vorbei.
- Versuchen Sie, Ihre Grundanspannung möglichst tief zu halten. Meditieren Sie, entspannen Sie sich, bewegen Sie sich regelmässig, schlafen Sie genug.
- Distanzieren Sie sich von der Angst, indem Sie sie etikettieren: «Ich kenne das. Jetzt habe ich wieder diese Angst.»

Tipps für Angehörige

- Versuchen Sie nicht, dem Partner, der Partnerin die Angst auszureden. Wenn Sie Heuschnupfen haben, hilft es auch nicht, wenn man Ihnen sagt, dass es zum Niesen keinen Grund gibt, dass es sei ja «nur Heu» sei.
- Holen Sie im Notfall eine Decke oder Bettflasche, seien Sie einfach da. Sagen Sie der Person, dass Sie da sind und ihr helfen, die Angstattacke durchzustehen.
- Helfen Sie mit dem langsamen Ein- und Ausatmen. Atmen Sie zusammen.

Literatur

- Bandelow, Borwin: **Das Angstbuch.** Woher Ängste kommen und wie man sie bekämpfen kann. Rowohlt, Reinbek 2006
- Hüther, Gerald: **Biologie der Angst.** Wie aus Stress Gefühle werden. Vandenhoeck & Ruprecht, Göttingen 2016
- PMS Aktuell: **Angst und Panik.** Wege aus der Enge. Pro Mente Sana Aktuell, Heft 03-2 (www.promentesana.ch)
- Wehrenberg, Margaret: **Die 10 besten Strategien gegen Angst und Panik.** Wie das Gehirn uns Stress macht und was wir dagegen tun können. Mit Extra-Teil: Soforthilfe im Alltag. Beltz, Weinheim 2016

DVD

- **Im Sog der Angst.** Drei Betroffene erzählen von ihren Ängsten und Panikattacken. 2018 (www.promentesana.ch)

Diagnostische Leitlinien nach ICD-10

Angsterkrankungen

Phobie (allgemeine Definition)

■ Angst wird durch ungefährliche Situationen oder Objekte hervorgerufen

■ Geht von leichtem Unbehagen bis zu panischer Angst

■ Oft mit Herzklopfen oder Schwächegefühl, aber auch mit Angst vor dem Sterben, vor Kontrollverlust oder der Angst, wahnsinnig zu werden

■ Erkenntnis, dass andere die fragliche Situation als ungefährlich einstufen, hilft nicht

■ Auslöser der Angst wird gemieden

Agoraphobie

■ Angst ist beschränkt auf folgende Situationen: in einer Menschenmenge sein, auf grossen öffentlichen Plätzen oder auf einer Reise weit weg von zu Hause zu sein

■ Solche Situationen werden wenn immer möglich gemieden.

■ Die Angst ist nicht durch Zwangsgedanken oder einen Wahn erklärbar.

Soziale Phobie

■ Die Angst beschränkt sich vor allem auf soziale Situationen (Vortrag halten, Sitzung leiten, neue Leute kennenlernen an einer Party, Situationen, in denen man kritisiert werden könnte etc.).

■ Wenn immer möglich werden solche Auslösesituationen gemieden.

■ Die Angstsymptome sind nicht durch Zwangsgedanken oder einen Wahn erklärbar.

Spezifische Phobie

■ Die Angst ist auf die Anwesenheit eines phobischen Objektes oder auf eine Situation beschränkt (Spinnen, Höhe, Spritze etc.).

■ Wenn immer möglich werden solche Auslösesituationen gemieden.

■ Die Angstsymptome sind nicht durch Zwangsgedanken oder einen Wahn erklärbar.

Panikstörung

■ Mehrere schwere Angstanfälle mit vegetativen Symptomen (Herzklopfen, Brustschmerz, Erstickungsgefühl, Schwindel etc.) in einem Monat

■ Angstanfälle sind nicht auf bekannte oder vorhersehbare Situationen begrenzt (z. B. durch Höhenangst ausgelöst)

■ Zwischen den Attacken liegen angstfreie Intervalle (wobei häufig eine Erwartungsangst vorliegt).

Generalisierte Angststörung

■ Betroffene erleben Angstsymptome an
den meisten Tagen während mehrerer
Wochen bzw. mehrerer Monate

■ Häufige Befürchtungen, dass etwas
Schlimmes passiert, Nervosität, Konzen-
trationsstörungen

■ Erhöhte körperliche Anspannung:
Unruhe, Spannungskopfschmerzen,
Unfähigkeit, sich zu entspannen

■ Überreaktion des vegetativen Nervensys-
tems (Schwitzen, Schwindel, erhöhter
Puls, schnelles Atmen, Mundtrockenheit,
Bauchschmerzen, Durchfall etc.)

Angst und Depression gemischt

■ Vorhandensein von Angst und Depression, ohne dass das eine oder andere
vorherrscht

■ Zumindest vorübergehendes Auftreten
von Symptomen des vegetativen
Nervensystems (Schwitzen, Schwindel,
erhöhter Puls oder Atemfrequenz,
Mundtrockenheit, Bauchschmerzen,
Durchfall etc.)

■ Kriterien für eine depressive Störung
oder eine andere Angsterkrankung sind
nicht erfüllt

Zwangs-
erkrankungen

Zwangsstörungen sind stille Krankheiten.

Die Öffentlichkeit nimmt sie wenig wahr; daher

leiden Betroffene meistens im Verborgenen.

Erscheinungsformen, Symptome

Das Diktat der Zwangsgedanken überschattet das ganze Leben und führt zu schweren Beeinträchtigungen. Mitbetroffen sind die Angehörigen.

Wir alle kennen das Gefühl: Haben wir das Licht nun wirklich abgedreht? Haben wir die Tür abgeschlossen? Solche Gedanken sind normal. Je mehr wir uns ausmalen, was passieren könnte, umso mulmiger wird uns; wir kehren vielleicht zurück und kontrollieren, ob die Tür wirklich verschlossen ist. Die meisten von uns kontrollieren ein einziges Mal, sind dann beruhigt. Steht ein wichtiger Termin an, kann es sogar sein, dass wir auf das Kontrollieren verzichten; der Termin ist wichtiger. Wir können uns selbst gedanklich überzeugen, dass die Tür höchstwahrscheinlich abgeschlossen ist – und wenn nicht, würde auch nichts Schlimmes passieren. Nicht so Zwangspatienten.

Zwangsstörung aus der Sicht einer Betroffenen

«Der Gedanke, dass ich die Tür nicht abgeschlossen habe und dass deshalb etwas Schlimmes passieren könnte, lässt mich nicht mehr los. Ich kontrolliere einmal, zweimal, dreimal, aber es nützt einfach nichts. Es wird eher noch schlimmer. Plötzlich bin ich mir nicht mehr sicher, ob ich beim Kontrollieren die Tür nicht versehentlich aufgeschlossen habe. Daran, was dann passieren würde, denke ich nicht wirklich; es ist einfach ein dumpfes Gefühl, dass etwas ganz, ganz, ganz Schlimmes eintritt. Dass ich einen wichtigen Termin, ein Vorstellungsgespräch verpasse, ist in dem Moment völlig belanglos. Es ist, als ginge es um Leben oder Tod. Ein Teil von mir weiss, dass das Ganze keinen Sinn ergibt, dass ich ein Phantom jage. Ein anderer Teil denkt aber auch, dass alle anderen einfach Glück haben und dass alle so vorsichtig sein sollten wie ich. Und sobald das dumpfe Gefühl da ist, denke ich sowieso nicht mehr – da muss ich einfach handeln.

Meine Familie tut mir manchmal leid, es ist nicht einfach mit mir. Die Kinder verdrehen dann jeweils die Augen. Neulich gehorchte mir der 13-Jährige nicht. Er meinte, eine Mutter, die so einen Knall habe, habe ihm echt nichts zu sagen Das hat wehgetan …»

… und aus der Sicht eines Angehörigen

«Nicht schon wieder! Ich warte im Auto. Meine Frau hat mich gebeten, sie zu fahren, sie hat ein Vorstellungsgespräch und ist immer zu spät. Wegen was? Wegen nichts! Manchmal verliere ich völlig die Nerven. Letztes Jahr waren wir auf dem Weg nach Spanien. An der Grenze mussten wir umkehren; sie hatte plötzlich Angst, dass sie das Stromkabel des Fernsehers nicht ausgezogen habe. Das Stromkabel! Sonst ist es ja auch immer eingesteckt, und passiert ist noch nie etwas. Aber wir mussten volle 100 Kilometer zurückfahren und das Kabel ausziehen. Da kann man nichts machen. Ich nicht, die Kinder nicht … Wütend werden macht es jeweils noch schlimmer. Wenn ich gut gelaunt und entspannt bin, dann geht es einigermassen. Und früher war es noch schlimmer. Als die Kinder ganz klein waren, da war es wirklich schwierig, da tat sie mir so leid …»

AUCH KINDER SIND BETROFFEN

Zwangserkrankungen sind gar nicht so selten: Man geht davon aus, dass zwischen einer und drei von 100 Personen in ihrem Leben eine Phase haben, in der sie die Kontrolle über das Kontrollieren verlieren. Gerade auch bei Kindern sind Zwangserkrankungen recht häufig. ■

Zwangsgedanken, Zwangshandlungen

Zwänge äussern sich in typischen Gedanken: «Habe ich die Tür denn nun abgeschlossen?» – «Ist dieser Türgriff nicht etwa mit Bakterien verseucht?» Oft ist aber eher ein Zwangsgefühl da, ein mulmiges Gefühl im Magen, verbunden mit eher diffusen Gedanken: «Du darfst nur die zweite Milchflasche nehmen, sonst passiert etwas Schlimmes.» – «Die Bücher müssen im Bücherregal streng alphabetisch (oder der Grösse nach) geordnet sein.» – Warum? «Wenn es nicht so ist, stimmt etwas in meinem Bauch einfach nicht.»

Manche Betroffene haben das Gefühl nicht im Bauch, sondern im Kopf, sie klagen über ein störendes Kopfweh. Eine Patientin beschrieb es als «Ekel im Kopf».

Zur Zwangsstörung gehören auch Zwangshandlungen: Kontrollieren, wie oben beschrieben, oder auch Desinfizieren bei Menschen, die Angst vor Bakterien, Viren oder auch Prionen haben. Alles symmetrisch anordnen ist ebenfalls eine Zwangshandlung.

Die Dynamik hinter den Zwängen ist immer die Gleiche: «Dass ich den Kochherd nicht abgeschaltet habe, ist nicht sehr wahrscheinlich. Und dass deswegen ein Feuer ausbrechen würde, auch nicht. Aber was, wenn?» – «War da nicht eben ein Rumpeln im Auto? Was, wenn ich jetzt gerade jemanden überfahren habe? Ich glaube zwar nicht, aber stellen Sie sich mal vor, wenn es so wäre! Das wäre ja furchtbar!»

HINWEIS *Manchen Betroffenen ist klar, dass die Zwangsgedanken und Zwangshandlungen eigentlich unsinnig sind. Ihr Verhalten ändern oder die Gedanken eindämmen können sie trotzdem nicht. Anderen Betroffenen ist dies weniger bewusst; sie sind nicht ganz sicher, ob sie sich eben nicht doch mit Bakterien infizieren könnten, wenn sie den Türknauf berühren. Dritten würden sie jedoch nie empfehlen, jeden Türgriff zu desinfizieren, «das wäre ja völlig unvernünftig».*

Verwandte Erkrankungen (Zwangsspektrumserkrankungen)

Es gibt eine Reihe von Erkrankungen, die gewisse Ähnlichkeiten mit einer Zwangserkrankung haben und deshalb Zwangsspektrumserkrankungen heissen. Dazu gehört zum Beispiel die Trichotillomanie, der Zwang, sich die Haare ausreissen zu müssen. Das Gefühl, wenn man es nicht tut, ist fast nicht auszuhalten.

Die sogenannten körperdysmorphophoben Erkrankungen gehören ebenfalls dazu (hier wird oft die englische Abkürzung BDD verwendet, für *Body Dysmorphic Disorder*). Hier besteht der Zwangsgedanke, dass etwas am eigenen Körper unschön ist oder stört und von allen anderen bemerkt wird:

- Eine junge Frau hat das Gefühl, dass ihr Hinterhaupt unförmig sei. Dies stört sie so sehr, dass sie stets einen Hut trägt oder ihr Haar bedeckt und immer darauf achtet, dass niemand sie von hinten sieht.
- Ein junger Mann hat das Gefühl, dass er eine sehr auffällige Trichterbrust hat. Schon wiederholt hat er Chirurgen konsultiert, um den «Defekt» beheben zu lassen. Er ist überzeugt, dass andere nur an seine Trichterbrust denken, wenn sie an ihn denken. Er meidet Sport, die Badeanstalt, trägt nur sehr lose T-Shirts.

DIE ANGST, ETWAS WEGWERFEN ZU MÜSSEN

Neu gilt im DSM-5 auch das Messie-Syndrom (engl. *Hoarding Disorder*) als offizielle Diagnose. Hier handelt es sich ebenfalls um eine Zwangsspektrumsstörung. Betroffene bewahren alles auf, weil sie denken, dass sie es irgendwann noch brauchen können. Allein der Gedanke, etwas wegzuwerfen, das später einmal nützlich sein könnte, versetzt sie in Panik. Sie akzeptieren das Leben in einem Chaos oder sogar eine Vermüllung, nur damit sie diese Angst nicht aushalten müssen. ■

Veränderte Wahrnehmung

Bei beiden Betroffenen ist diese Wahrnehmung einfach ein Gefühl; das Hinterhaupt der jungen Frau ist für andere durchaus durchschnittlich, bei der Brust des jungen Mannes finden die Chirurgen nichts Auffälliges. Betroffene mit einer BDD gehen davon aus, dass ihre Wahrnehmung stimmt

---

TOURETTE-SYNDROM UND ANDERE TICS

Tic-Störungen gehören ebenfalls ins Zwangsspektrum. Ein Tic ist eine unnötige Bewegung, die ausgeführt werden muss, weil sonst eine innere Anspannung entsteht. Am bekanntesten ist das Tourette-Syndrom: Hier treten Bewegungs-, aber auch Wort- oder Lauttics auf. Betroffene müssen plötzlich markerschütternd schreien oder Schimpfwörter aussprechen. ■

---

und dass alle anderen unehrlich sind und nichts sagen, weil es unhöflich wäre. In dieser Hinsicht gleicht BDD der Anorexie (Magersucht, siehe Seite 267); auch hier liegt im Grunde ein Zwangsgedanke vor, nämlich «Ich bin zu dick». Betroffene sind ebenfalls überzeugt, dass ihre Wahrnehmung stimmt und dass das Umfeld es einfach nicht wagt, ehrlich zu sein.

Ursachen

Wie bei den meisten psychischen Erkrankungen ist wenig über die Ursachen bekannt. Es gibt eine gewisse familiäre Häufung, diesbezüglich geht man von einer genetischen Komponente aus. Dies erklärt aber nur einen recht kleinen Anteil der Zwangserkrankungen.

GUT ZU WISSEN *Bei Kindern gibt es eine Variante, bei der das Immunsystem die Zwangserkrankung auslöst. Nach einem Infekt verwechselt es den Erreger mit gewissen Hirnzellen und beginnt, diese anzugreifen. Betroffene Kinder zeigen neben den Zwangsgedanken häufig auch neurologische Auffälligkeiten.*

Stress, Hormone, Botenstoffe

Wie bei den meisten psychischen Erkrankungen scheint Stress ein Faktor zu sein. So beginnen Zwangsstörungen häufig in belastenden Lebenssituationen, zum Beispiel während einer Prüfungsphase oder auch zu Beginn einer neuen Beziehung. Stress spielt aber eher für das Ausmass der Zwangsstörung eine Rolle: Während belasteten Zeiten zeigt sich die Zwangsstörung mehr.

GUT ZU WISSEN *Haben Betroffene Zwangsgedanken, ist dies auf einem MRI zu erkennen: Das Hirnareal, das eigentlich für Fehlermeldungen im Belohnungs- und Bestrafungssystem zuständig ist, leuchtet wie wild, was bedeutet, dass es sehr aktiv ist.*

Hormone wirken ebenfalls mit; dies zeigt sich am deutlichsten bei Schwangeren. Während der Schwangerschaft verschwinden die Symptome bis zu einem gewissen Grad, kehren aber nach der Geburt mit Wucht zurück. Beeinflusst wird das Geschehen auch durch den Rollenwechsel. Bei jungen

Eltern kreisen die Zwangsgedanken häufig ums Kind: Das Baby könnte vom Wickeltisch fallen, die Milchflasche könnte verunreinigt sein etc.

Auch die Neurobiologie scheint bei Zwangserkrankungen relevant zu sein. Man geht davon aus, dass ein Hauptbotenstoff, Serotonin, nicht richtig reguliert wird. Auch die Endorphine sind aus dem Lot; dies zeigt sich unter anderem daran, dass Betroffene einen sehr geringen Placeboeffekt haben.

HÄUFIG GESTELLTE FRAGEN

Haben meine Zwangsgedanken etwas mit meiner Biografie zu tun? Bedeuten die Zwänge etwas?

Früher ging man tatsächlich davon aus, dass das Thema des Zwangs eine biografische Bedeutung hat, und man versuchte, den entsprechenden Konflikt zu lösen. Heute hält man dies nur noch für begrenzt sinnvoll, weil Zwänge wandern: Ist die Angst vor Bakterien aufgearbeitet, melden sich plötzlich Symmetriezwänge. Dennoch trifft es zu, dass die Zwangsstörung immer die sogenannten wunden Punkte findet. ■

Zwangsstörungen behandeln

Die Zwangsstörung gehört zu den Krankheiten, unter denen Betroffene lange Jahre still leiden. Sie sind sich häufig gar nicht bewusst, dass das, was sie plagt, einen Namen hat.

Da zwanghafte Gedanken bis zu einem gewissen Grad, wie eingangs erwähnt, etwas Natürliches sind, ist für die Diagnose das Ausmass entscheidend: Im amerikanischen Diagnosesystem DSM-5 gilt als betroffen, wer mehr als eine Stunde pro Tag mit Zwangsgedanken und -handlungen verbringt. Meistens ist der Unterschied recht ausgeprägt: Menschen ohne Zwangsstörung haben vielleicht ein oder zwei zwanghafte Gedanken und führen ein, zwei Handlungen aus, die insgesamt fünf bis zehn Minuten in

Anspruch nehmen. Dagegen verbringen die meisten Patienten mit einer Zwangsstörung Stunden mit ihren Zwängen und den Zwangshandlungen.

HINWEIS *Viele Betroffene mit leichtgradigen Zwangsstörungen lernen, mit den Zwängen zu leben. Sie kontrollieren viel und vermeiden viel; die Lebensqualität ist eingeschränkt.*

Der erste Schritt

Er besteht darin, die Störung als solche überhaupt wahrzunehmen. Da die meisten Zwangsstörungen langsam anfangen und chronisch sind, denken Betroffene gar nicht an eine Krankheit. Sie gehen davon aus, dass einzig mehr Kontrolle hilft; alles andere führt zu mehr Angst. Auch Angehörige brauchen oft Jahre, bis sie merken, dass ihre Ehefrau krank und nicht einfach nur «stur, unvernünftig und kompliziert» ist.

TIPP *Online finden sich heute viele Beispiele, in denen Menschen mit einer Zwangserkrankung ihr Erleben schildern. Hier können sich Betroffene wiedererkennen.*

Psychotherapie

Es kommen vor allem kognitiv-verhaltenstherapeutische Ansätze zum Zug; es gilt, die Zwangsgedanken zu akzeptieren und die damit verbundene Angst auszuhalten. Wenn wir es schaffen, nicht in der Angst aufzugehen, sondern uns eher etwas davon zu entfernen, nimmt sie langsam ab. Das Gefühl «Angst» erschöpft sich mit der Zeit von selbst (siehe auch Seite 141).

Oft hilft Betroffenen eine Art Selbstgespräch: «Ja, das kenne ich von mir. Jetzt habe ich wieder diese Gedanken, dass ich mit meinem Auto jemanden angefahren habe. Ich habe diesen Gedanken häufig. Ich hatte ihn gestern, vorgestern und vorvorgestern. Er ist Teil von mir, aber er ist Teil einer Krankheit, die ich habe. Er ist Teil meiner Zwangsstörung. Ich lasse nun diesen Gedanken einfach stehen. Ich lasse ihn an mir vorbeiziehen wie ein Stück Holz, das in einem Fluss schwimmt.»

> **HILFREICHER VERS**
> Auf Englisch heisst die Zwangsstörung OCD (*Obsessive Compulsive Disorder*,
> ausgesprochen OuhCiiDii); da gibt es den Reim «It is not me, it is my OCD», also
> «Das bin nicht ich, das ist meine Zwangsstörung». ■

Lernen, die Spannung auszuhalten

Anfänglich ist es den Betroffenen fast unmöglich, die Zwangshandlung
nicht auszuführen. In der Therapie lernen sie, sich aktiv zu entspannen
und abzulenken und die Zwangshandlungen zu Beginn nur für eine gewisse Zeit nicht auszuführen: zuerst 5 Minuten, dann 10 Minuten, dann
30 Minuten usw.

Medikamente

Bei ausgeprägten Zwangserkrankungen kommen häufig Psychopharmaka
zum Einsatz. Benzodiazepine wie Temesta® (Lorazepam) oder Xanax®
(Alprazolam) wirken angstlösend, sollten aber nur im Notfall eingesetzt
werden. Zwangsstörungen sind meist chronischer Natur, und Betroffene
entwickeln eine Toleranz der Medikation gegenüber, sind aber auch überzeugt, dass es ohne nicht mehr geht.

Längerfristig werden Selektive Serotonin-Wiederaufnahmehemmer eingesetzt, Antidepressiva, die auch bei Zwangsstörungen eine recht gute
Wirkung erzielen. Im Gegensatz zur Depression braucht es allerdings viel
höhere Dosen, und die Medikamente wirken enorm langsam; oft dauert
es drei Monate, bis ein Effekt spürbar wird. Die Intensität der Zwangsgedanken nimmt ab, die Ängste dahinter ebenfalls; es wird einfacher, auf
Kontrollhandlungen zu verzichten.

 HINWEIS *Die Einnahme von Medikamenten erfolgt idealerweise immer in Kombination mit einer Psychotherapie.*

Wie können Angehörige helfen?

Die Zwangsstörung ist auch für Angehörige eine schwierige Erkrankung. Manche sind völlig eingespannt in das Zwangssystem: Eine Mutter hilft der Tochter, alles zu vermeiden, was kontaminiert sein könnte. Sie öffnet ihr jede Tür, hilft beim Anziehen und desinfiziert immer wieder die ganze Wohnung. Auch beim Toilettengang muss sie alles saubermachen. Die Tochter ist 19-jährig, lebt bei den Eltern und verlässt das Zuhause fast nie.

Angehörige brauchen viel Geduld. Hier ein Beispiel: Ein Betroffener hat einen Gehzwang; er muss auf eine ganz bestimmte Art und Weise gehen, sonst fühlt es sich «falsch» an. Macht er aus seiner Sicht einen Fehler, muss er umkehren und neu beginnen. So kann es eine Stunde dauern, bis eine Strecke von 50 Metern zurückgelegt ist. Seine Partnerin läuft geduldig mit. Sie hat gelernt, dass Druck die Situation nur verschlimmert, dass dann die Zwänge zu-, nicht abnehmen. Sie hat gemerkt, dass auch Ermunterung wenig hilft. Am besten fährt sie, wenn sie den Partner einfach mit seiner Erkrankung akzeptiert.

TIPP *Der Besuch einer Angehörigengruppe ist sehr zu empfehlen. Fragen, die sich immer wieder stellen, sind: «Wo darf ich mich abgrenzen?» – «Wo ist es sinnvoll, Grenzen zu setzen? Wo nicht?» Solche Dinge gemeinsam zu diskutieren kann entlastend wirken.*

Zwangserkrankung und Arbeitsplatz

Die meisten Arbeitgeber merken von der Zwangsstörung nichts. Viele Zwangserkrankte sind unauffällige Arbeitnehmer, die durch ihre Zwänge bei der Arbeit verlangsamt sein können, dies aber mit Überstunden abfangen. Sie sind gewissenhaft und loyal, arbeiten exakt, sind aber eher langsam und unflexibel. Deshalb sind Arbeitgeber oft erstaunt, wenn sie plötzlich ein Erschöpfungssyndrom zeigen.

Ein Beispiel: Ein Buchhalter muss bei jeder Rechnung überprüfen, ob die Ziffer 7 dreimal vorkommt; für ihn ein Zeichen, dass etwas Schlimmes passieren wird. Das macht ihn sehr langsam, und er nimmt deshalb immer häufiger Arbeit mit nach Hause. Er schläft kaum noch. Ihm ist das Ganze

peinlich, er spricht mit niemandem darüber. Er weiss, dass sein «Aber-
glaube» absurd ist, und befürchtet, er würde ausgelacht. Irgendwann kann
er sich nicht mehr erholen. Je müder er ist, umso unsicherer wird er, ob
er die Rechnung auch wirklich korrekt überprüft hat. Er muss nun die
gleiche Rechnung mehrfach genau ansehen. Plötzlich erscheint er nicht
mehr zur Arbeit.

In solchen Situationen ist wichtig, dass der Arbeitgeber in die Behandlung mit einbezogen wird; oft lassen sich Arbeiten finden, die weniger
«zwangsanfällig» sind.

Taschenapotheke Zwangserkrankungen

Tipps für Betroffene

- Die Angst, die durch die Zwangsgedanken ausgelöst wird, ist wie eine Welle, eine sehr starke Welle sogar. Sie geht aber vorbei.
- Finden Sie Aktivitäten, die «zwangsfrei» sind. Für manche ist es Auto fahren, für andere schwimmen oder Klavier spielen.
- Zwänge isolieren – das beeinträchtigt die Lebensqualität. Halten Sie mit Freunden und Bekannten zumindest telefonisch Kontakt oder nutzen Sie die neuen Medien.
- Besprechen Sie mit Ihrem Partner, Ihrer Partnerin und Ihrem Behandler, wie sich der Angehörige verhalten soll, wenn Sie Angst haben.

Tipps für Angehörige

- Achten Sie darauf, nicht in eine Therapeutenrolle zu rutschen. Benötigt werden Sie primär als Partner. Vereinbaren Sie, wie Sie sich bei Zwängen verhalten sollen.
- Achten Sie auf genügend Erholung und Schlaf. Wenn Sie selbst gestresst sind, sind die Zwänge des Partners schwierig auszuhalten, und Sie reagieren möglicherweise gereizt. Spürt der Partner Ihren Stress, nehmen seine Zwangsgedanken eher zu.

Literatur

- Leps, Felix: **Zange am Hirn.** Geschichte einer Zwangserkrankung. Mabuse, Frankfurt a. M. 2017
- Moritz, Steffen; Hauschildt, Marit: **Erfolgreich gegen Zwangsstörungen.** Metakognitives Training – Denkfallen erkennen und entschärfen. Springer, Heidelberg 2016
- PMS Aktuell: **Zwangsstörungen.** Pro Mente Sana Aktuell, Heft 08-4 (www.promentesana.ch)
- Rufer, Michael; Fricke, Susanne: **Der Zwang in meiner Nähe.** Rat und Hilfe für Angehörige von zwangskranken Menschen. Hogrefe, Göttingen 2016
- Schmidt-Traub, Sigrun: **Zwänge bei Kindern und Jugendlichen.** Ein Ratgeber für Kinder und Jugendliche, Eltern und Therapeuten. Hogrefe, Göttingen 2013

Diagnostische Leitlinien nach ICD-10

Zwangserkrankung

- Die Hauptsymptome (Zwangsgedanken und/oder Zwangshandlungen) müssen während mindestens zwei Wochen vorhanden sein.
- Die Zwangssymptome müssen als eigene Gedanken oder Impulse wahrnehmbar sein (dies im Gegensatz zur Schizophrenie, wo sie als fremd erlebt werden).
- Betroffene versuchen, wenigstens gegen einzelne Gedanken oder Impulse Widerstand zu leisten.
- Der Zwangsgedanke oder die Zwangs-handlung dürfen nicht per se angenehm sein.
- Die Zwangsgedanken oder Zwangs-handlungen müssen sich in unangeneh-mer Weise wiederholen.

Schizophrenie

Keine Krankheit fasziniert Unbeteiligte so sehr, kaum

eine belastet aber auch mehr als die Schizophrenie.

Involviert sind Betroffene, Angehörige, das ganze Umfeld.

Erscheinungsformen, Symptome

Eine Schizophrenie entwickelt sich langsam. Typisch sind Stimmen und Wahnvorstellungen, die mit Ängsten verbunden sind. Darüber hinaus zeigt die Schizophrenie aber erstaunlich viele Gesichter.

Es gibt kaum eine andere Erkrankung, bei der man so wenig über die Ursachen oder eine erfolgreiche Behandlung weiss. Einiges scheint zu helfen; bei manchen, nicht bei allen. Einige sind nach kurzer Zeit vollständig genesen, andere später, eine dritte Gruppe leidet über Jahrzehnte.

Es gibt auch kaum eine andere Erkrankung mit so unterschiedlichen Erscheinungsformen. Viele Betroffene und Angehörige werden zum folgenden Beispiel sagen: «So ist es nicht, jedenfalls nicht bei mir. Bei mir war es ganz anders.» Tatsächlich würde man etwa 40 Beispiele benötigen, um den Facetten der Erkrankung einigermassen gerecht zu werden. Wohl auch ein Grund, warum neuerdings von einem Spektrum der schizophrenen bzw. schizophrenieähnlichen Erkrankungen gesprochen wird.

Schizophrenie aus der Sicht einer Betroffenen

«Ich kann mich kaum daran erinnern, wie es eigentlich begann. Alles fühlte sich einfach anders an. Wie um fünf Millimeter verrückt. Irgendwie wirkten die Farben leicht anders in diesem Frühling. Greller, störender, blendend. Dann kam sie, diese Stimme. Ich kann nicht einmal sagen, ob sie männlich ist oder weiblich. Sie wirkte vertraut, aber es ist nicht die Stimme von jemandem, den ich kenne. Mein Bauchgefühl sagte mir aber schon ganz zu Beginn, dass diese Stimme wie ein alter Bekannter ist. Anfangs rief sie nur immer meinen Namen. Freundlich, aber bestimmt. Wenn ich mich umdrehte, war niemand da. Aber dieses Gefühl war da und blieb. Eine Art Vorahnung, dass etwas passieren würde, etwas sehr Wichtiges, und dass ich auf der Hut sein musste. Dann war plötzlich mehr da als nur eine Stimme. Nun war es wirklich eine Person, die zu mir sprach. Sichtbar war diese Person nicht; es war, als stünde sie häufig hinter mir oder immer gleich um die Ecke. Sie war freundlich, diese Stimme, dieses Gegenüber. Und sie wusste viel über mich, sie wusste, was mich beschäftigte, sie schien mich wirklich gut zu kennen, fast besser als meine Familie. Sie setzte Sachen in einen Zusammenhang. Beeindruckend, wie sie das machte. So verstand ich auf einmal Dinge, die ich so noch nie gesehen hatte. Für das Leben ohne diese Stimme konnte ich mich plötzlich gar nicht mehr richtig erwärmen. Alles Bisherige wirkte fade, grau und banal. Mir wurde erst jetzt klar, dass ich ja eine Bedeutung habe. Dass meine Existenz Sinn macht. Mein Partner verstand all dies nicht. Zuerst dachte ich, er sei in seinem Denken einfach zu langsam, nicht so vif wie ich. Erst dann merkte ich, dass er ja Teil des Problems war; nein, sogar **das** Problem. Über ihn hatte man mich die ganze Zeit beobachtet. Wie ich mich hatte täuschen lassen… Der Spion im eigenen Bett!»

… und aus der Sicht eines Angehörigen

«Vor einem Jahr hatten wir geheiratet, wir waren glücklich. Ich kann nicht so recht sagen, wie es anfing. Meine Partnerin wirkte vermehrt in sich gekehrt, abwesend. Sie verbrachte plötzlich die meiste Zeit alleine in ihrem Büro. Sie trug auf einmal andere Farben, aber wirklich auffällig war das alles ja nicht. Andere in meinem Freundeskreis hatten schon Ähnliches erlebt. Meine Partnerin wurde vergesslich, zerstreut. Bei einer Verabredung im Restaurant war sie einfach nicht da. Zu Hause war auch niemand; erst Stunden später kehrte sie zurück, ohne ein Wort über den Vorfall zu verlieren. Als ich sie darauf ansprach, reagierte sie gereizt, liess mich einfach stehen. Häufig war sie sehr dünnhäutig. Ich musste mir gut überlegen, was ich sagte. Aber nicht einmal das konnte ich richtig einordnen. Irgendwie fühlte es sich anders an als eine Ehekrise, sehr anders. Auch ich ahnte, dass etwas Wichtiges passierte. Ich fand den Zugang nicht mehr zu meiner Partnerin, vor allem nicht auf der Gefühls-ebene. Manchmal fühlte es sich an, als wäre meine Partnerin ersetzt worden durch jemand anderen; dann war sie für ein paar Stunden wieder die Alte.

Schliesslich wurde es schlimmer. Aus dem Nichts heraus begann sie, mich zu beschuldigen. Das Schwierigste war, dass ich nicht verstand, warum und wofür. Ihre Wut war schwierig auszuhalten, sie konnte den ganzen Raum füllen.»

Unmerklicher Beginn

Bei den meisten setzt die Schizophrenie langsam ein, sehr langsam sogar. Über ein halbes Jahr ist einfach das Gefühl da, dass etwas im Begriff ist, sich zu verändern. Betroffene ziehen sich zurück, verlieren das Interesse an ihren Hobbys, den Dingen, die ihnen bisher Spass gemacht haben, verbringen viel Zeit alleine. Manchmal beginnt die Erkrankung auch plötzlich, ausgelöst etwa durch eine akute Belastung wie eine Trennung, einen Konflikt am Arbeitsplatz oder auch den Beginn des Militärdienstes. Oft zeigt sich in diesen Fällen im Nachhinein aber, dass die Schizophrenie schon vor dem einschneidenden Ereignis schleichend eingesetzt hatte.

In der Anfangsphase erleben Betroffene ihre Umwelt als verändert, was sie sehr verunsichert. Aus ihrer Sicht verändern sich Freunde, Familie. Es verändern sich aber auch Dinge; sie haben etwa den Eindruck, man habe ihre Schule umgebaut, sie finden den Ausgang nicht mehr. Sie haben das Gefühl, dass alle diese Veränderungen in einem Bezug zu ihnen stehen, den sie aber nicht erkennen können.

GUT ZU WISSEN *Die Erkrankung beginnt selten vor der Pubertät und selten nach dem 35. Lebensjahr. Männer erkranken etwas früher, häufig zwischen dem 18. und 25. Lebensjahr, Frauen durchschnittlich fünf Jahre später.*

Ursachen

Man weiss noch immer sehr wenig darüber, warum jemand an einer Schizophrenie erkrankt. Die Gene scheinen eine Rolle zu spielen; sie entscheiden höchstwahrscheinlich ein Stück weit, ob ein Risiko vorliegt, später in einer bestimmten Belastungssituation psychotisch[1] zu werden.

Gewisse medizinische Faktoren, zum Beispiel eine Frühgeburt zu sein oder bei der Geburt Komplikationen gehabt zu haben, erhöhen das Risi-

---

[1] Psychose/psychotisch: Zustand mit fehlendem oder mangelndem Realitätsbezug. Psychose wird oft als Synonym zu Schizophrenie verwendet, ist aber ein Überbegriff. Manien, schwere Depressionen oder eben die Schizophrenie können mit einer Psychose verbunden sein.

ko ebenfalls. Es gibt etwa 20 solcher Unterpunkte, die das Risiko leicht erhöhen, zum Teil aber auch umstritten sind.

WAS IST EIN «LEICHT ERHÖHTES» RISIKO?

Ein leicht erhöhtes Risiko bedeutet: Die überwiegende Mehrheit der Menschen, die dieses Risiko haben, entwickeln später **keine** Schizophrenie. ■

Es gibt Faktoren, die den Ausbruch der Erkrankung begünstigen: Der wichtigste ist Cannabis, aber auch Stresssituationen spielen eine Rolle. Diese Dinge entscheiden aber nicht, ob, sondern eher wann die Erkrankung beginnt.

HÄUFIG GESTELLTE FRAGEN

Verändert Schizophrenie das Hirn?

Der amerikanische Filmemacher Daniel Mackler hat einen spannenden Film zur Schizophrenie gemacht (*Take these broken wings*, Nimm diese gebrochenen Flügel). Er befragte Hunderte von Passanten zum Thema; die meisten gaben an, Schizophrenie sei eine Hirnstoffwechselstörung wie etwa Diabetes (Zuckerkrankheit), deshalb müssten Betroffene ein Leben lang Antipsychotika einnehmen, so wie die Diabetiker Insulin spritzen müssen.

   Die Wissenschaft tappt aber immer noch sehr im Dunkeln. Es finden sich zwar Veränderungen in Stoffwechsel und Hirnaktivität, diese sind aber unspezifisch und oft auch bei nichterkrankten Verwandten vorhanden. Die Diabetesanalogie ist falsch; die Schizophrenie bleibt in Bezug auf die Ursache ein Mysterium. ■

Früherkennung

Prävention ist immer besser als Behandlung, bei allen Erkrankungen. Einen Früherkennungstest im Sinne eines Röntgenbildes oder eines MRI gibt es für Schizophrenie nicht. Aber das Thema Früherkennung wird intensiv erforscht, in der Hoffnung, die Krankheit möglichst früh erkennen und behandeln zu können. In Früherkennungssprechstunden kommen einerseits spezifische Fragebögen zur Anwendung, andererseits werden in sogenannten neuropsychologischen Untersuchungen gewisse Fertigkeiten des Gehirns genaustens untersucht.

Tatsächlich lassen sich heute bis zu einem gewissen Grad Aussagen machen über die Höhe des Risikos, dass jemand eine Schizophrenie entwickelt – oder, genereller gesagt, psychisch schwer erkrankt. Manchmal wird das Risiko hoch eingeschätzt, aber die Betroffene entwickelt eine Borderline-Störung, nicht eine Schizophrenie.

Aber was tun mit diesen Erkenntnissen? Leider gibt es noch keine effektive Möglichkeit, den Ausbruch der Erkrankung zu verhindern. Versuche mit Antipsychotika etwa waren bisher erfolglos. Wie also würden Sie reagieren, wenn Sie mit 17 erfahren würden, dass Sie ein stark erhöhtes Schizophrenierisiko haben? Würden Sie noch zur Schule gehen? Den ganzen Tag eine mühselige Arbeit verrichten? Motiviert sein, Neues in Angriff zu nehmen? Oder eher Alkohol oder Cannabis konsumieren, um alles zu verdrängen?

Forschung in diesem Bereich ist also wichtig und die später beschriebene dialogische Therapie (siehe Seite 178) kann hier wegweisend sein. Bis dahin ist eine frühe Abklärung eher nur dann sinnvoll, wenn die Fachleute eine Problematik nicht einordnen können und sich von der Untersuchung eine Klärung erhoffen.

Hauptsymptome: Halluzinationen und Wahn

Eine Halluzination ist eine Wahrnehmung, die für den Betroffenen echt wirkt, für andere jedoch nicht nachvollziehbar ist. Man befindet sich zum Beispiel allein in einem Zimmer, hört aber eine Stimme, die nicht unterscheidbar ist von den Stimmen reeller Personen.

Eine Halluzination kann auch optischer Natur sein: Man sieht etwas, das andere nicht sehen, eine Person zum Beispiel oder einen dunkeln Schatten. Manche riechen Dinge oder spüren etwas auf der Haut, noch häufiger im Körper drin. In vielen Fällen sind mehrere Sinne an der Halluzination beteiligt: Ich verspüre etwas in meiner Nackenhaut, etwas aus Metall; es summt und vibriert, es fühlt sich kalt an.

Stimmen

Bei der Schizophrenie sind akustische Halluzinationen mit Abstand am häufigsten, insbesondere Stimmen. Ein typischer Verlauf: Anfangs hören Betroffene nur einzelne Geräusche, oder sie hören zum Beispiel, wie ihr Name gerufen wird. Dann beginnen die Stimmen mit ihnen zu sprechen, meist freundlich. Häufig gibt es mehrere Stimmen, die sich unterhalten und über den Betroffenen in der dritten Person sprechen. Sie kommentieren gern jede noch so banale Handlung:

■ Stimme 1: «Jetzt trinkt er Kaffee.»

■ Stimme 2: «Ja, Kaffee hat er gern, wie seine Grossmutter.»

Mit der Zeit werden diese Stimmen kritischer:

■ Stimme 3: «Sein Vater hält ihn ja für einen Versager, eben, wie die Grossmutter.»

Oft sind Angehörige oder die Psychiatrie Thema:

■ Stimme 1: «Der Vater hat dir noch nie geholfen. Hör nicht auf ihn! Hör nicht auf ihn! Er möchte nur, dass du in die Klinik gehst. Dort wirst du im Keller abgeschlachtet von den Metzgern. Geteilt in vier Stücke.»

Die Stimmen können Betroffene sehr verängstigen; es wird zunehmend schwierig für sie, sich auf anderes zu konzentrieren. Manche verlieren sich völlig in dieser «inneren» Welt, der Kontakt zur Aussenwelt bricht ab. Die Stimmen sind aber nicht nur negativ; sie können auch trösten oder unterhalten.

Die Wahrnehmung funktioniert anders

Bei Menschen mit einer Schizophrenie ist die Wahrnehmung anders gelenkt. Ein Beispiel: Schauen wir als Nichtbetroffene eine Werbeseite in einer Illustrierten an, verschaffen wir uns zuerst einen kurzen Überblick und streifen schnell das ganze Inserat. Dann fokussieren wir auf das Wichtigste. Was wird beworben, interessiert es uns, gefällt es uns? Erst wenn dies der Fall ist, kümmern wir uns um Details, lesen zum Beispiel, wie viel das beworbene Auto kostet und was daran speziell ist.

Schizophreniebetroffene hingegen lenken ihre Wahrnehmung mehr auf bestimmte Details. Teile des Gesamtbildes haben für sie eine überhöhte Bedeutung, sie sehen diese Details aber nicht in einem Gesamtzusammenhang. Dies kann auch bei einem Brief passieren: Sie lesen nicht den ganzen Text, sondern nur Fragmente, da nur diese ihnen wichtig erscheinen. Dadurch ergibt sich ein anderer Zusammenhang, eine andere Information. Dieselben Fragmente können für andere völlig unwichtig sein. Vielleicht steht rechts unten, welche Art von Bundespapier für den Brief verwendet wurde. Betroffene versuchen dann zu entziffern, was dieses Kürzel aus Buchstaben und Ziffern bedeuten könnte. Wenn Sie einen Brief erhielten, in dem in grossen roten Lettern «DinA4-69RSITXH» steht – würden Sie da nicht auch stutzen? «Warum schreibt mir jemand einen Brief mit dieser Information?» Diese Art von Fragestellung, sogenannte Beziehungsideen, sind ein weiterer wichtiger Aspekt der Schizophrenie.

Beziehungsideen

Betroffene haben oft das Gefühl, dass etwas in Beziehung zu ihnen steht. Es fühlt sich einfach so an. Wenn sie vier Autos sehen, deren Kennzeichen jeweils die Ziffer 7 beinhalten, steht dies in einem Bezug zu ihnen. Auch die Autofarbe kann eine Bedeutung haben – nur für sie, nicht für die anderen. Das verwirrt und macht Angst, kann aber auch zu Grössenideen führen: Wenn sich plötzlich alles um mich dreht, dann scheine ich eine besondere Bedeutung zu haben. Sonst würden ja diese Autofahrer nicht spezifisch instruiert, mich zu begleiten. Oder: Ich fühle mich verfolgt von diesen Autos; sie wollen mir Böses.

Wahn

Ein Wahn ist eine fixe Überzeugung, die mit dem Umfeld oder der Gesellschaft nicht teilbar ist. Andere finden die Überzeugung meistens sogar bizarr und beurteilen die Wahrscheinlichkeit, dass sie stimmen könnte, als höchst klein. Die Überzeugung ist zudem immer eine persönliche, betrifft höchstens noch das engste Umfeld: Ich persönlich stehe in einer völlig neuen, engen Beziehung zu Gott, mein Scheitel ist geöffnet zum Horizont und Energie aus purem Gold fliesst zwischen mir und dem Göttlichen und gibt mir unmittelbare Erkenntnis. Diese Gegebenheit betrifft nur mich, nicht die ganze Kirchgemeinde.

Hier ein paar weitere Beispiele für Wahngedanken:
- Man hat mir einen Sender implantiert, man will mich kontrollieren. Die Wohnung ist verwanzt.

- Alle sprechen über mich. Wo immer ich hingehe, tuscheln die Menschen. Ich sehe es den Gesichtern an, die wissen alles über mich. Alle haben sich verschworen gegen mich.
- Über Nacht sind mir Flügel gewachsen. Heute besteige ich das Hochhaus. Mit meinen Erkenntnissen über die Verbindung der Elemente Kadmium und Titan kann ich fliegen.

Die Themen sind häufig religiöser oder spiritueller Natur, Polizei und Geheimdienste spielen oft mit, tabuisierte Themen im sexuellen Bereich sind ebenfalls nicht ungewöhnlich. Betroffene berichten, dass ihre Wahngedanken einen persönlichen oder auch biografischen Bezug zu ihnen haben, entweder also mit Wünschen verbunden sind oder eben auch mit Ängsten.

 GUT ZU WISSEN *Der Wahn bindet sich immer an ein Thema, das einen persönlich betrifft, etwas in einem bewegt.*

Ungewöhnliche Überzeugungen – oder eben doch wahnhafte?

Vermutlich haben wir alle ein paar Überzeugungen, die nicht gerade dem Durchschnitt entsprechen. Wir sind vielleicht abergläubisch, haben spirituelle Gedanken und Gefühle oder vertreten gewisse extreme politische Haltungen. Was ist der Unterschied zum Wahn?

Typisch am Wahn ist die sogenannte Wahngewissheit: Betroffene können den Wahn nicht reflektieren oder darüber diskutieren. Sie können nicht darüber nachdenken, ob es wahrscheinlich ist, dass der Geheimdienst gerade sie als Opfer auswählt, oder erkennen, dass das Erlebte sehr, sehr aussergewöhnlich ist. Oder haben Sie schon einmal in der Zeitung gelesen, dass sämtliche Familienmitglieder einer Durchschnittsfamilie im Kanton Aargau durch Doppelgänger ausgetauscht wurden?

Auch wenn Sie abergläubisch sind, sind Ihre Fähigkeiten, über den Aberglauben nachzudenken, noch vollständig intakt. Der Eishockeygoalie weiss, dass er das Tor nicht bei jedem Spielbeginn viermal links und viermal rechts berühren muss, damit seine Mannschaft gewinnt. Er ist sich bewusst, dass dies rational keinen Sinn ergibt und er es einfach tut, weil er daran glaubt. Auch Menschen, die überzeugt sind, dass es Engel gibt, können nachvollziehen, dass andere diesen Glauben nicht teilen. Sie wissen, dass sie die Existenz der Engel nicht beweisen können.

Schizophrene Patienten haben diese mentale Flexibilität verloren; sie sind zu 100 Prozent überzeugt von ihrer Idee und nicht in der Lage, diese in Frage zu stellen. Das macht es auch so schwierig, mit ihnen über den Wahn zu sprechen; sie reagieren darauf häufig sehr gereizt.

Veränderte Stimmung

Die veränderte Stimmung ist ein wichtiges Symptom, das in den Diagnosesystemen allerdings fehlt. Stellt man Betroffene infrage, rüttelt an ihrem Wahnsystem oder handelt nicht ihren Anliegen entsprechend, reagieren sie häufig gereizt. Diese Gereiztheit ist für Angehörige schwierig auszuhalten; oft hat sie etwas Bedrohliches. Das hat damit zu tun, dass es bei der Schizophrenie nicht um Banales geht; durch die Halluzinationen, durch die Wahngedanken fühlen sich Menschen mit einer Schizophrenie meistens an Leib und Leben bedroht. Sie sind in einer absoluten Notfallsituation.

Wie würden Sie reagieren, wenn Sie überzeugt wären, dass Sie gerade den schlimmsten Herzinfarkt haben – und niemand will die Sanität rufen, niemand nimmt Sie ernst in Ihrem Anliegen? Oder Sie haben einen Einbrecher in der Wohnung und schaffen es, die Polizei anzurufen, doch der Mann am andern Ende der Leitung glaubt Ihnen nicht und geht überhaupt nicht auf Sie ein. In einer solchen Situation werden Sie kaum ruhig und freundlich bleiben. Ihre Stresshormone sind auf Maximalleistung: Sie reagieren unwirsch, gereizt, direkt, undiplomatisch. Irgendwann drohen Sie sogar. Und je mehr man Ihnen widerspricht, umso gereizter werden Sie.

Negativsymptome:
Was bei einer Schizophrenie wegfällt

Das Erscheinungsbild der Schizophrenie ist wie bereits erwähnt sehr unterschiedlich, mosaikartig, bei fast jedem Betroffenen wieder anders. Oft ändert es sich mit der Zeit und dem Krankheitsverlauf. Gerade in der zweiten Krankheitsphase treten sogenannte Negativsymptome auf. Dies im Gegensatz zu den Positivsymptomen, die eher die ersten paar psychotischen Episoden dominieren:

- Bei **Positivsymptomen** kommt etwas dazu: eine Halluzination, ein Wahngedanke.
- Bei den **Negativsymptomen** fällt etwas weg: zum Beispiel die Lust, die Leidenschaft. Betroffene sitzen nur noch da, können sich nicht mehr freuen, haben wie aufgegeben. Ihr Denken wirkt karg, das innere Erleben wird zu einer stillen Landschaft. Auch die Selbstfürsorge ist reduziert: Sie achten nicht auf die Kleidung und auf die Ernährung, pflegen ihre Hobbys nicht mehr.

❗ GUT ZU WISSEN *Schizophreniekranke sind nicht zu erschöpft, um Dinge zu tun; vielmehr kommt es ihnen einfach nicht in den Sinn. Sie sitzen von morgens um neun bis abends um acht einfach im Stuhl; sie kommen nicht auf die Idee, zu essen, die Toilette zu benützen. Überhaupt hapert es mit dem Antrieb: Etwas in Bewegung zu setzen wird zu einer unüberwindbaren Aufgabe. Bei der Negativsymptomatik fehlt der Antrieb; er wurde wie entfernt.*

Negativsymptome zu behandeln gehört zu den grossen Herausforderungen. Traditionelle Medikamente haben wenig Wirkung, sie können sogar eine Verschlechterung begünstigen. Traditionelle Therapien insgesamt begünstigen eher eine passive, sich selbst aufgebende Haltung.

VERÄNDERTE MOTORIK

Psychomotorische Symptome sind heute bei uns relativ selten, sie treten aber bei gewissen Unterformen auf: Betroffene bewegen sich nicht mehr, werden starr im Körper, oder aber sie sind extrem unruhig, sind ständig in Bewegung, ohne dass diese Bewegungen ein Ziel oder einen Zweck hätten. ■

Unterformen der Schizophrenie

Die häufigste Form ist die **paranoide Schizophrenie;** sie ist geprägt durch Wahngedanken, meist auch mit Halluzinationen.

Bei der **hebephrenen Schizophrenie** halten Betroffene soziale Normen nicht mehr ein, werden distanzlos, kindlich im Verhalten. Die intellektuellen Fähigkeiten scheinen zu schwinden; Negativsymptome (siehe Seite 170) sind häufig.

Die **katatone Schizophrenie** ist in unserer westlichen Welt selten geworden, findet sich aber in Entwicklungsländern noch häufig. Betroffene wirken komatös, sie bewegen sich kaum noch, sind nicht wirklich ansprechbar und würden ohne Unterstützung sterben, da sie nicht mehr selber essen oder trinken.

Sehr umstritten ist die sogenannte **Schizophrenia simplex.** Bei ihr finden sich ein Knick in der Leistungskurve sowie merkwürdiges Verhalten, und die soziale Rolle kann nicht mehr ausgefüllt werden. Die Diagnose gilt als umstritten, da die Kriterien sehr unspezifisch sind. Sie wurde bereits im DSM-4 gestrichen, steht aber noch im ICD-10.

GUT ZU WISSEN *Für die Diagnose einer Schizophrenie müssen Symptome mindestens sechs Monate lang (gemäss DSM-5) oder einen Monat lang (gemäss ICD-10) vorhanden sein. Ist dies nicht der Fall, spricht man von einer akut polymorphen Störung oder einer schizophreniformen Psychose. Im schizophrenen Formenkreis gibt es ausserdem die schizoaffektive Störung; sie mischt Anteile einer Schizophrenie und einer manisch-depressiven Erkrankung. Bei einer anderen, der wahnhaften Störung, zeigt sich ein isolierter Wahn, der fix ist, aber nicht bizarr; Halluzinationen fehlen in der Regel.*

Günstige Prognose

Wie bereits erwähnt, sind die meisten Laien überzeugt, dass eine Abnormalität im Gehirnstoffwechsel die Schizophrenie verursacht und diese somit eine unheilbare Krankheit ist, bei der lebenslang Medikamente eingenommen werden müssen – ähnlich dem Diabetes. Dies trifft auf Einzelne zu, doch allgemein ist die Prognose zum Glück wesentlich günstiger.

GUT ZU WISSEN *Weltweite Daten zeigen, dass ein Drittel der Betroffenen nur eine psychotische Episode hat und anschliessend vollständig gesundet. Ein weiteres Drittel hat wiederkehrende psychotische Episoden; dazwischen geht es ihnen recht gut. Beim letzten Drittel zeigt sich ein chronischer Verlauf mit grösserer Beeinträchtigung.*

Aktuelle Kontroversen

Die Prognose bei Schizophrenie ist ein kontrovers diskutiertes Thema. Es scheint, dass die Aussichten in der Ersten Welt schlechter sind als in Entwicklungsländern. Gerade in den USA haben Betroffene eine der schlechtesten Prognosen. Dort werden am meisten Medikamente eingesetzt, aber auch der soziale Stress ist dort wohl am grössten. Denn das soziale Netz ist sehr, sehr dünn für amerikanische Schizophreniekranke.

 HINWEIS *Kein Krankheitsbegriff ist wohl so mit Stigma behaftet wie «Schizophrenie». Schon 2002 entschied sich Japan deshalb für eine Umbenennung, Korea und Hongkong folgten. Die neuen Begriffe bedeuten «Integrationsstörung» oder auch «Störung der eigenen Einheit». Sie etablierten sich erstaunlich schnell. Noch erstaunlicher war aber Folgendes: Stigmawerte sanken signifikant – und zwar nicht kurzfristig, sondern nachhaltig.*

Der Einfluss der medikamentösen Therapie auf den Verlauf der Schizophrenie ist umstritten. Es gibt renommierte Studien, die zeigen, dass Medikamente sehr nützlich sein können, und es gibt renommierte Studien, die Fragen aufwerfen in Bezug auf negative Langzeiteffekte. Hier braucht es in Zukunft gute, unabhängige patientenzentrierte Untersuchungen. Denn es geht nicht primär um die Frage, ob Medikation ja oder nein, soziale Therapien ja oder nein; sondern darum, was den Betroffenen am besten dabei hilft, wieder gesund zu werden.

Schizophrenie behandeln

Das Vertrauen von Betroffenen zu gewinnen ist das A und O der therapeutischen Behandlung. Es gibt vielversprechende Ansätze, die sich hierzulande allerdings noch etablieren müssen.

Bevor sich überhaupt die Frage nach der Art der Behandlung stellt, gibt es eine Schwierigkeit: Schizophrene Patienten haben während der akuten Erkrankungsphase keine Krankheitswahrnehmung. Wie oben beschrieben, liegt es in der Natur von Halluzinationen, dass sie sich von reellen Erfahrungen nicht unterscheiden lassen. Über Wahngedanken lässt sich nicht nachdenken, auch sie sind gesetzt. Reflektieren zu können, ob die Beeinträchtigung, die man gerade erlebt, Teil einer Erkrankung sein könnte, ist in der akuten Erkrankungsphase praktisch unmöglich.

HINWEIS *Die fehlende Krankheitswahrnehmung ist ein Kernsymptom der Schizophrenie, das in den offiziellen Diagnosekriterien jedoch nicht erwähnt wird.*

Wenn Betroffene nicht wissen, dass sie krank sind

Erinnern Sie sich an das Beispiel mit den Einbrechern in der Wohnung? Nun, was würden Sie tun – eine Tablette schlucken oder doch die Polizei anrufen? Und wenn die Tablette erst noch massive Nebenwirkungen hat, Sie möglicherweise 40 Kilogramm zunehmen? Und das Medikament Ihre Überzeugung, dass Einbrecher in der Wohnung sind, vielleicht um 30 Prozent reduziert, Sie aber zu den restlichen 70 Prozent weiterhin glauben, dass Sie sich in Lebensgefahr befinden?

HINWEIS *Schizophreniebetroffene sollen Hilfe annehmen für etwas, das sie ihrer Ansicht nach gar nicht haben. Sie auf diesem Weg zu begleiten, ist anspruchsvoll, sowohl für Angehörige als auch für Fachpersonen.*

Vertrauen aufbauen

Damit Betroffene eine Behandlung überhaupt zulassen, braucht es eine Beziehung und Vertrauen: Sie müssen sich als Person akzeptiert und ernst genommen fühlen, auch wenn sie wissen, dass es beim springenden Punkt des Wahnthemas unterschiedliche Meinungen gibt.

Früher galt die Lehrmeinung, dass sich die Erkrankung und die Prognose verschlechtern, wenn man über die Wahnthemen spricht. Doch das ist eine Frage der Technik: Es ist wichtig, dass Betroffene über die Psychose reden können, über den Wahninhalt, weil er für sie zentral ist. Die Behandler lernen heute, den Wahn nicht infrage zu stellen oder Betroffene zu konfrontieren; dies würde tatsächlich zu einer Verschlechterung führen. Stattdessen validieren die Fachleute die Gefühle, die durch den Wahn entstehen (mehr zur Validierung siehe Seite 64). Dabei entsteht Verbundenheit: Wäre ich überzeugt, dass jede meiner Bewegungen überwacht wird, hätte ich auch Angst; das kann ich verstehen und mich mit dem Gegenüber solidarisieren.

Ängste lindern

In einem nächsten Schritt geht es darum, herauszufinden, was die Angst lindern könnte. Medikamente sind eine Möglichkeit; Antipsychotika zum Beispiel helfen, Ängste besser auszuhalten. Manchmal hilft auch ein rein angstlösendes Medikament oder eines, das den Schlaf anstösst.

Vertrauenspersonen können Ängste lindern. Oft ist die Situation zu Hause aber angespannt; die Eltern haben schon unzählige Male versucht, ihrem Sohn zu erklären, dass er nicht beschattet werde, was ihn nur gereizt macht. Deshalb ist es manchmal gut, wenn die Vertrauensperson nicht zu den engsten Familienangehörigen gehört, sondern zum Beispiel eine Cousine ist, die etwas weiter weg wohnt und für ein paar Nächte ein Bett anbietet. Schliesslich kann auch Ablenkung die Ängste etwas lindern.

Medikamente

In den letzten 20 Jahren war die sogenannte antipsychotische Medikation die Hauptsäule der Behandlung; es galt als Kunstfehler, eine Psychose wie Schizophrenie nicht mit Medikamenten zu behandeln. Hier findet zurzeit ein Umdenken statt: Der Einsatz von Medikamenten wird heute als eine von drei Behandlungssäulen gesehen, neben der sozialen Therapie und der Psychotherapie.

Erkrankt jemand zum ersten Mal an Schizophrenie (sogenannte Erstpsychose), ist man heute zurückhaltender mit Medikamenten. Man behandelt länger ohne Medikamente und arbeitet mit viel tieferen Dosen. Ungünstig ist ein ständiges An- und Absetzen von Antipsychotika: Wird eine Person gegen ihren Willen in eine Klinik eingewiesen und muss Medikamente einnehmen für eine Krankheit, die sie in ihrer eigenen Einschätzung gar nicht hat, und leidet sie dazu noch unter schweren Nebenwirkungen, so wird sie die Medikamente nach dem Austritt aus der Klinik vermutlich absetzen. Aus diesem Grund macht die Medikation dann am meisten Sinn, wenn ein Vertrauensverhältnis da ist, eine therapeutische Beziehung, und wenn der Betroffene zumindest teilweise erkennt, dass Medikamente hilfreich sind.

GUT ZU WISSEN *Etabliert ist die Medikation vor allem in der akuten Situation, wenn es praktisch keine Alternativen gibt und man pragmatisch vorgehen muss: Hier verhelfen Medikamente zu einer Dämpfung und einer Beruhigung.*

HÄUFIG GESTELLTE FRAGEN

Wem helfen die Medikamente am meisten?

Dies ist unterschiedlich und lässt sich leider nicht vorhersagen. Es gibt Betroffene, die haben einen Bilderbucheffekt: Die Halluzinationen nehmen stark ab oder verschwinden ganz; die Wahngedanken bilden sich zuerst zu Angstgedanken zurück und bleiben dann völlig aus. Es sind wieder die betroffenen Personen, die ihr Leben kontrollieren – und nicht die Psychose.

Andere haben einen Teileffekt. Die Stimmen sind zwar immer noch da, aber nur ab und zu, und sie sind nicht mehr so störend. Ein Gespräch mit der Familie ist wieder möglich, auch die Gereiztheit nimmt ab.

Leider gibt es auch Menschen, bei denen die Medikation kaum anschlägt. Die Symptome nehmen vielleicht um 20 Prozent ab. Auch Negativsymptome sprechen trotz neuer Mittel immer noch schlecht auf eine Medikation an. ∎

Antipsychotika – für wie lange?

Eine schwierige Frage! So kurz wie möglich, so lange wie nötig, das hängt vom Individuum ab. Wie oben erwähnt, lässt sich bei den ersten psychotischen Episoden noch am besten mit möglichst wenig oder ohne Medikamenten arbeiten. Je häufiger aber die Episoden werden, umso schwieriger wird es, ohne Medikation auszukommen.

HINWEIS *Tendenziell werden Medikamente zu wenig lange verschrieben. Ähnlich wie bei Antibiotika müssen Antipsychotika aber länger eingenommen werden, als Symptome da sind.*

Langzeiteffekte

Nimmt jemand über Jahre Antipsychotika ein, scheint sich das Gehirn daran zu gewöhnen; auch ein sehr langsames Ausschleichen ist dann oft nicht mehr möglich. Es ist, wie wenn an einem bestimmten Punkt eine Weiche gestellt würde – nur weiss leider niemand genau, wann. Es gibt zwar Betroffene, die die Medikamente auch nach 40 Jahren ganz langsam absetzen können. Sie sind häufig weit fortgeschritten in einem Genesungs- und Recoveryprozess (mehr dazu Seite 92). Bei anderen hingegen gelingt es trotz ähnlicher Voraussetzungen nicht. Bis heute ist unklar, warum das so ist.

 ACHTUNG *Medikamente sollten immer nur in enger Absprache mit den Behandlern und dem Umfeld abgesetzt werden, und nur sehr, sehr langsam.*

HÄUFIG GESTELLTE FRAGEN

Gibt es komplementärmedizinische Heilmittel für Schizophreniebetroffene?

Für viele Leiden gibt es Hunderte von Heilmitteln; etwas Schizophreniespezifisches im engeren Sinne existiert aber nicht. Es ist nicht ganz klar, ob die Komplementärmedizin sehr viel Respekt vor der Schizophrenie hat oder ob auch sie schwere psychische Erkrankungen diskriminiert.

Omega-3-Fettsäuren und gewisse Mineralien scheinen einen unterstützenden Effekt zu haben; von einem wirklich antipsychotischen Effekt kann man allerdings nicht sprechen. Da aber gerade Omega-3-Fettsäuren in fast allen wichtigen Gesundheitsbereichen positiv wirken und die Einnahme keinerlei Risiken birgt, dürfen sie mit gutem Gewissen empfohlen werden. ■

Psychotherapie

Lange Zeit war die Schizophrenie eine Domäne der primär medikamentösen Behandlung. Es fanden zwar stützende Gespräche statt, sie wurden aber als nicht sehr bedeutsam angesehen. Heute ist das anders. Es gibt eine grosse Vielfalt an verschiedenen Ansätzen, die in der Schweiz allerdings noch nicht sehr etabliert sind. Weiter verbreitet sind sie in Deutschland, vor allem aber im skandinavischen und englischsprachigen Raum.

In England wurden kognitiv-verhaltenstherapeutische Methoden entwickelt: Dabei erwerben Betroffene einerseits Skills bzw. Fertigkeiten, wie sie besser mit Symptomen umgehen können. Andererseits wird konkret mit dem Denken gearbeitet, das in der Schizophrenie ja teilweise eingeengt ist. Psychodynamische und körperbetonte Psychotherapien kommen ebenfalls zum Einsatz. Wie bei allen Psychotherapiemethoden ist auch hier Vorsicht am Platz, denn allzu aufdeckende Methoden können eine Psychose verschlechtern. Betroffene lehnen oft auch Therapien ab, bei denen eine grosse Nähe erwünscht ist. Psychotische Patienten ringen um ihre Sicherheit, deshalb haben sie Mühe damit, Nähe zuzulassen.

Die spannendsten Ansätze aber wurden in Skandinavien entwickelt. Es handelt sich um systemische Modelle. Vorläufer ist der sogenannte Open Dialogue, auch dialogische Therapie oder Übung genannt, aus Finnland.

Open Dialogue – offener Dialog

In einem kleinen Bezirk in Westlappland wurde eine sehr effiziente Methode der Psychosetherapie entwickelt. Ein Beispiel: Eine Familie meldet sich beim psychiatrischen Dienst; sie macht sich Sorgen um den Sohn, der psychotische Symptome zeigt. Innerhalb von 24 Stunden erfolgt eine erste Familiensitzung bei den Betroffenen zu Hause. An dieser Sitzung – wie auch bei allen Folgekontakten – nehmen mindestens zwei Therapeuten teil. Anschliessend wird die Familie während der Krise täglich begleitet. Jedes Gespräch findet unter Einbezug aller Angehörigen und aller wichtigen Personen des Umfeldes statt. Zur Sprache kommen die Anliegen des Betroffenen, aber auch die des Umfelds.

WARUM ZWEI THERAPEUTEN?

Die beiden Therapeuten diskutieren vor der ganzen Familie über das, was sie sehen und hören. Dies begünstigt offenbar die Krankheitswahrnehmung bei Psychoseerkrankten, und es scheint zudem eine Form der Kommunikation zu sein, die bei ihnen weniger Gereiztheit auslöst, da sie weniger konfrontativ und doch offen ist. ∎

Zahlreiche Vorteile

Open Dialogue hat mehrere positive Effekte: Das Umfeld fühlt sich entlastet; es bekommt die Unterstützung da, wo sie am meisten nötig ist, nämlich zu Hause. Angehörige haben in der Regel grosse Angst vor der Einweisung in eine Klinik. Sie merken auch, dass nicht der immer wieder erwähnte Wahn im Vordergrund steht für den Betroffenen, sondern die Angst, die durch den Wahn ausgelöst wird. Während sie sich mit der Angst solidarisieren können, stehen sie dem Wahn in aller Regel hilflos gegenüber.

HINWEIS *Negativer Stress ist eine der Haupttriebfedern für die Psychose; er entsteht bei Hilflosigkeit, bei Gereiztheit, beim Gefühl von Unverständnis, das beide Seiten in der Familie erleben. In Familien ohne Betreuung bilden sich häufig Fronten. Dank offener Gespräche kann ein Brückenschlag stattfinden; die Betreuung des Patienten wird zu einem echten Miteinander. Open Dialogue fördert positiven Stress: nach vorne schauen, etwas planen, etwas in Angriff nehmen, eine Herausforderung annehmen, von der man das Gefühl hat, doch, das könnte gelingen, da geht es weiter.*

Zu gut, um wahr zu sein?

Die Daten aus Lappland sind erstaunlich: Nirgendwo gibt es so wenig schizophrene Patienten wie in diesem Bezirk von Finnland. Das hat damit zu tun, dass die Schizophreniediagnose gemäss den Diagnosekriterien im DSM-5 erst gestellt wird, wenn jemand sechs Monate lang psychotische Symptome zeigt. Innerhalb dieser sechs Monate wird ein Grossteil der finnischen Patienten wieder gesund. Sie haben keine Schizophrenie, sondern hatten eine psychotische Episode, die weniger als sechs Monate dauerte. Bei uns dauert es hingegen oft länger als sechs Monate, bis jemand gesundet.

85 Prozent der Betroffenen in Finnland sind fünf Jahre nach der Erkrankung im normalen Arbeitsumfeld tätig. Das gibt es sonst nirgends; in den USA sind es je nach Studie und Bundesstaat zwischen 12 und 24 Prozent, in der Schweiz sind die Zahlen ähnlich. Und die Grundvoraussetzungen in Lappland sind schwierig genug: wirtschaftliche Misere, hohe Arbeitslosigkeit, hohe Trennungsraten, lange und dunkle Winter, Alkoholprobleme.

Pilotprojekte erzielen oft beste Ergebnisse, da die Teams jeweils sehr spezialisiert und topmotiviert sind. Das ist wohl auch in Finnland nicht anders. Doch Open Dialogue wird dort bereits seit über 20 Jahren praktiziert und nun auch in Restskandinavien und Teilen der USA umgesetzt.

HÄUFIG GESTELLTE FRAGEN

Gibt es Open Dialogue in der Schweiz?

Seit ein paar Jahren kann man Open-Dialogue-Weiterbildungen auch in der Schweiz besuchen, und es sind an verschiedenen Zentren Angebote entstanden oder am Entstehen, die mehr oder weniger nah am finnischen Modell sind. Bisherige Erfahrungen zeigen klar, dass Open Dialogue auch in der Schweiz bestens funktionieren kann. Abhängig ist die Umsetzung ausser von Pioniergeist allerdings von einer Mitfinanzierung durch die Kantone. Da Open Dialogue aber die einzige Variante ist, mit der sich eine schwere psychische Erkrankung früh positiv beeinflussen lässt und die bei Betroffenen und Angehörigen zu einer hohen Zufriedenheit führt, müsste die Gesellschaft ein Interesse haben, diesen Ansatz mitzufinanzieren. ∎

Trialog

Trialog ist ein deutsches Modell, dass sich als Unterstützungssystem, nicht als Therapie versteht, das aber dennoch durchaus therapeutische Wirkung hat. Es finden monatliche Treffen statt mit Angehörigen, Betroffenen und Profis. Dabei sind die Gruppen gemischt; Angehörige und Betroffene gehören also nicht derselben Familie an.

Trialog fördert besonders den Seitenwechsel; Beteiligte lernen, das Problem aus der Sicht des anderen zu sehen. Wie fühlt es sich an, psychotisch zu sein? Was denkt ein Profi, welche Ziele verfolgt er und warum? Worunter leiden die Angehörigen am meisten?

EIN GUTES LEBEN TROTZ SYMPTOMEN

Recoveryorientierte Ansätze (siehe Seite 92) haben heute im Umgang mit der Schizophrenie einen hohen Stellenwert. Gerade Menschen mit längerer Erkrankung profitieren sehr von einem Ansatz, in dem das «Wegradieren» der Symptome nicht das Hauptziel ist, das sie dann nicht erreichen können. Recovery gibt ganz pragmatische Hilfestellungen, wie auch mit gewissen Symptomen ein sinnerfülltes Leben möglich ist. ■

Weitere Verfahren

Soziales Kompetenztraining scheint wichtig und erfolgreich zu sein. Eine Tagesstruktur mit regelmässigen Sozialkontakten hilft gerade auch Menschen, denen dies aufgrund von Negativsymptomen (siehe Seite 170) eher schwerfällt.

Auch kognitives Training kann helfen; hier wird die Konzentrationsfähigkeit und das Fokussieren der Aufmerksamkeit gezielt geübt.

Selbsthilfe, Unterstützung für Angehörige

In der Schweiz gibt es im Vergleich mit anderen Ländern wenig Selbsthilfeangebote, dafür ist die Angehörigenunterstützung recht gut ausgebaut. Die Vereinigung der Angehörigen von psychisch Kranken (VASK) hat hier eine wichtige Rolle übernommen. Vielerorts wird von der VASK, einem lokalen Träger oder einer Institution eine Angehörigensprechstunde oder -gruppe oder ein Trialogseminar angeboten.

Die Not der Angehörigen ist trotz dieser Angebote gross. Dass Angehörige in die Behandlung mit einbezogen werden, ist sowohl für Kliniken als auch für Ambulatorien und andere Fachleute keine Selbstverständlichkeit. Dabei bleibt die Hauptlast der Verantwortung und der Unterstützung gerade in der Krise bei den Familienangehörigen.

 TIPP Oft lassen Betroffene den Kontakt zu den Angehörigen nicht zu, sodass dem Betreuungsteam die Hände gebunden sind.

In solchen Fällen können Sie aber dem Team trotzdem Informationen zukommen lassen, und Sie können sich in Angehörigensprechstunden beraten lassen. Nach der Krise sind Betroffene oft einverstanden, dass es einen Kontakt gibt. Hier kann dann in Ruhe ein Krisenplan oder eine Behandlungsvereinbarung erstellt werden, in der Sie Ihre Anliegen einbringen können.

HÄUFIG GESTELLTE FRAGEN

Sind schizophrene Patientinnen und Patienten gefährlich?

Im Vergleich mit der Durchschnittsbevölkerung ja, aber vor allem sich selbst gegenüber. Keine psychiatrische Erkrankung hat eine so hohe Suizidrate wie die Schizophrenie. Die Psychose hinterlässt meist einen Scherbenhaufen: Beziehungen gingen zu Bruch, die Wohnung wurde gekündigt, man muss in ein Wohnheim umziehen, es entstanden Schulden. Oft folgt auf die psychotische Episode eine depressive Phase. Da sie verzögert auftritt, sind Betroffene dann meistens nicht mehr in der Klinik.

Zudem, und das ist vielleicht schwierig nachzuvollziehen, ist die Psychose für manche Betroffenen ein integrierter Teil ihrer selbst; ist sie weg, so fehlt etwas. Mit dem grauen, banalen Alltag zurechtzukommen ist dann nicht ganz einfach. Und die postpsychotische Depression verstärkt das Ganze.

Es gibt auch Hinweise, dass Betroffene, die gegen ihren Willen in eine Klinik eingewiesen wurden, besonders suizidgefährdet sind. Am grössten ist die Gefahr ungefähr zwei Wochen nach Austritt. Es gibt Situationen, in denen eine fürsorgerische Unterbringung aufgrund der Selbst- oder Fremdgefährdung fast nicht zu vermeiden ist. Das bekanntermassen erhöhte Suizidrisiko nach Klinikaustritt macht die Entscheidung noch schwieriger.

Eher ein Tabuthema ist die Fremdgefährdung. Die offizielle Psychiatrie hat lange den Standpunkt vertreten, dass die Fremdgefährdung bei Menschen mit einer Schizophrenie nicht erhöht ist. Dem ist nicht so; das Risiko ist erhöht. Hauptgefährdet sind die Familienangehörigen. Deshalb ist familienzentriertes Arbeiten in der Schizophreniebehandlung so wichtig; hier kann die Gereiztheit reduziert und das Verständnis gefördert werden. So lässt sich das Risiko der Fremdgefährdung verringern.

Taschenapotheke Schizophrenie

Tipps für Betroffene

- Welchen Bezug hat die Psychose zu Ihnen? Menschen, denen es gelingt, einen Bezug zwischen der eigenen Biografie und der Psychose herzustellen, haben eine bessere Prognose.
- Schreiben Sie sich in nichtpsychotischem Zustand einen Notfallbrief. Was möchten Sie sich mitteilen für den Fall, dass Sie wieder psychotisch werden? Nennen Sie es nicht den Psychosebrief. Sie merken selbst ja nur sehr schwer, wenn Sie wieder psychotisch sind.
- Befassen Sie sich mit Recovery. Lernen Sie, trotz Symptomen an Zielen zu arbeiten und eine möglichst gute Lebensqualität zu haben.

Tipps für Angehörige

- Besuchen Sie eine Angehörigengruppe oder ein Trialogseminar. Sie werden sich unterstützt fühlen, aber auch mehr über die Erkrankung erfahren.
- Suchen Sie Kontakt zu Menschen mit einer Schizophrenie, die auf dem Genesungsweg fortgeschritten sind. Dies gibt Ihnen Hoffnung.
- Schreiben auch Sie sich einen Notfallbrief (siehe oben).
- Bitten Sie darum, bei einzelnen Behandlungsgesprächen mit dabei sein zu dürfen. Psychose ist eine Familienerkrankung, sie betrifft immer das ganze Familiensystem.

Literatur

- Beitler, Hubert und Helene: **Zusammen wachsen.** Psychose, Partnerschaft und Familie. Mabuse, Frankfurt a. M. 2013
- Finzen, Asmus: **Schizophrenie.** Die Krankheit verstehen, behandeln, bewältigen. Psychiatrie Verlag, Bonn 2019
- Lauveng, Arnhild: **Morgen bin ich ein Löwe.** Wie ich die Schizophrenie besiegte. Btb, München 2010
- PMS Aktuell: **Schizophrenie heute.** Pro Mente Sana Aktuell, Heft 04-3 (www.promentesana.ch)

DVDs

- Bak, Gamma: **Schnupfen im Kopf.** Ein Leben mit der Psychose
- **Recovery – wie die Seele gesundet** (beide zu beziehen über www.promentesana.ch)
- **Take Shelter.** Spielfilm. Regie: Jeff Nichols. USA 2011
- Hagen, Edgar: **Someone beside you.** Dokumentation über Menschen in der Schweiz und in den USA, die von ihren Psychose-Erlebnissen erzählen. 2007.

Diagnostische Leitlinien nach ICD-10

Schizophrenie

- Die Schizophrenie ist eine Störung des Denkens und der Wahrnehmung. Auch die Affektivität ist beeinträchtigt (der Affekt ist der sichtbare Ausdruck der Gefühle und der Stimmung).
- Betroffene haben ein klares Bewusstsein, ihre intellektuellen Fähigkeiten sind nicht beeinträchtigt.
- Symptome müssen sich für mindestens einen Monat zeigen (beim angloamerikanischen DSM-5 ist die Diagnosestellung erst nach sechs Monaten erlaubt).
- Oft zeigt sich eine längere Vorphase, die sogenannte Prodromalphase.
- Die diagnostischen Kriterien im ICD-10 sind kompliziert. Aus den folgenden vier Bereichen muss mindestens ein eindeutiges Symptom vorhanden sein:
  - Gedankenlautwerden, -entzug, -eingebung oder -ausbreitung
  - Kontroll- oder Beeinflussungswahn, ein Gefühl, dass mit einem etwas gemacht wird, Stimmen, die über die betroffene Personen ständig Kommentare abgeben oder mit ihr ein Zwiegespräch führen
  - anhaltender, kulturell nicht passender, bizarrer Wahn

  Oder aus den folgenden vier Bereichen müssen mindestens zwei Symptome vorhanden sein:
  - Anhaltende Halluzinationen über Wochen
  - Zerfahrenheit, Danebenreden oder Wortneubildungen
  - Körperliche Erregung, wächserne Biegsamkeit, Gegenhalten (der Körper macht immer das Gegenteil von dem, was gewünscht wird), Verstummung
  - Negativsymptome wie Antriebslosigkeit, Sprachverarmung, sozialer Rückzug, Interesselosigkeit, unpassende oder nicht mehr vorhandene Mimik oder Gefühlsausdruck

Paranoide Schizophrenie
- Kriterien einer Schizophrenie sind erfüllt
- Halluzinationen und/oder Wahn sind sehr stark im Vordergrund

Hebephrene Schizophrenie
- Kriterien einer Schizophrenie sind erfüllt
- Flache, unpassende Stimmung, kichert zum Beispiel grundlos an einer Beerdigung ohne Bezug zum Umfeld
- Wiederholt Wörter oder Bewegungen stundenlang, scheinbar ohne Ziel
- Die Sprache ist weitschweifig, dann so zerfahren, dass andere nichts mehr verstehen.
- Häufig mit Negativsymptomen verbunden
- Eher früher Beginn
- Diagnose sollte erst nach 3 Monaten gestellt werden

Katatone Schizophrenie

◼ Psychomotorische Symptome stehen im Vordergrund:
  – Verstummung (Mutismus) oder fast komaähnlicher Zustand (Stupor)
  – Ziel- und ursachenlose ständige Erregung
  – Einnehmen und Halten von bizarr anmutenden, oft sehr anstrengenden Körperhaltungen
  – Gegenhalten (siehe nebenan)
  – Wächserne Biegsamkeit (wird das Kopfkissen weggezogen, verharrt der Körper über Stunden, als wäre das Kissen noch da)
  – Stundenlanges Wiederholen einzelner Wörter oder Silben

Akute polymorphe psychotische Störung

◼ Mit Symptomen einer Schizophrenie: oft Beginn einer Schizophrenie, nach 1 Monat dann Diagnosewechsel zu Schizophrenie
◼ Ohne Symptome einer Schizophrenie: plötzlicher Beginn, oft nach einer Belastung, rasch wechselnde Stimmungen, Halluzinationen und Wahngedanken. Beginnt schnell und verschwindet oft auch schnell wieder (gute Prognose)

Schizotype Störung

◼ Betroffene wirken eher kalt und unnahbar, aber auch seltsam, eigentümlich im Verhalten.
◼ Sie sind meist Einzelgänger, haben kein grosses Interesse an Beziehung oder Freundschaft.
◼ Sie haben seltsame Glaubensinhalte, zeigen magisches Denken, sind oft auch paranoid.
◼ Oft mit kurzen psychotischen Phasen
◼ Gilt im DSM-5 als Persönlichkeitsstörung

Anhaltende wahnhafte Störung

◼ Einziges Symptom ist ein einzelner unverrückbarer Wahn, der über Jahre persistiert. Der Wahn ist weniger aussergewöhnlich als in der Schizophrenie (krankhafte Eifersucht, Überzeugung einer Behördenverschwörung, Überzeugung, dass man rieche oder etwas am Körper nicht stimme oder Ähnliches).
◼ Darf erst nach drei Monaten diagnostiziert werden

Schizoaffektive Störung

◼ Gleichzeitiges Vorhandensein von Symptomen einer Schizophrenie, einer Depression oder Manie während einer akuten Krankheitsphase
◼ Diagnose darf nicht gestellt werden, wenn sich zum Beispiel depressive Symptome nach einem psychotischen Schub zeigen

Bipolare Erkrankungen

Menschen in manischen Phasen sitzen im Hochgeschwindigkeitszug und können nicht aussteigen. Aussenstehenden fällt es schwer, sie zu bremsen.

Erscheinungsformen, Symptome

Depressive Phasen verursachen Leiden, aber Hypomanien können ganz angenehm sein. Eine Tatsache, die es Betroffenen und Fachleuten erschwert, die Störung zu erkennen.

Es gibt Menschen, die depressive Episoden durchmachen (siehe Seite 97), aber zusätzlich erleben sie noch etwas ganz anderes: Phasen, in denen es ihnen enorm gut geht.

Hypomanische und manische Episode

Menschen in der sogenannten hypomanen[1] Phase sind voller Tatendrang und Enthusiasmus. Sie haben so viel Energie, dass sie nur noch vier Stunden Schlaf brauchen und danach erholt aufwachen; sie sprühen nur so von Kreativität und Witz.

Bei manchen Menschen klingt die Symptomatik anschliessend ab, bei anderen verschärft sie sich und wird zur manischen Episode. Das Schlafbedürfnis reduziert sich weiter, teilweise schlafen Betroffene gar nicht mehr. Energie und Tatendrang nehmen stark zu, erhalten etwas Unbändiges, Explosives. Das Denken geht plötzlich ganz schnell, andere kommen kaum noch mit. Ideen werden sofort umgesetzt, ohne grosse Überlegungen. Warum warten? Ein zweites Auto wird gekauft, obwohl eins eigentlich gereicht hat und die finanziellen Mittel gar nicht vorhanden sind. Man kündigt die Arbeitsstelle; mit so viel Scharfsinn, Kreativität und Energie fühlt man sich zu Höherem berufen.

Betroffene werden aber auch gereizter. Das Umfeld wird mühsam, es kommt einfach nicht mit. Sie denken und sprechen so schnell, dass niemand sie mehr versteht. Zu allem sagt die Familie plötzlich: «Nein!!!»

---

[1] Hypo, griechisch: unter; hypomanisch ist also ein Zustand, in dem jemand knapp noch nicht manisch ist

Oft kommt es während der manischen Phase zu einer Klinikeinweisung. Menschen in der Manie verlieren den Realitätsbezug, fühlen sich durch normale soziale Grenzen eingeengt und missachten sie.

Depressive Episode

Bei einzelnen Betroffenen sind die depressiven Phasen ähnlich wie bei der depressiven Erkrankung (siehe Seite 97). Beim Grossteil sehen sie aber anders aus: Es kommt zu einer schweren Depression, in der der Schlaf stark gestört ist. Betroffene schlafen plötzlich 18 Stunden am Tag. Sie schlafen wirklich, liegen nicht einfach nur im Bett. Denken und Sprechen sind verlangsamt. Um eine einfache Frage zu beantworten, brauchen sie drei bis vier Minuten und antworten dennoch nur einsilbig. Der Appetit fehlt meist völlig.

 HINWEIS *Man spricht von einer Shutdown-Depression; übersetzt heisst das, dass Betroffene abgeschaltet haben beziehungsweise sind.*

Verlauf
Einige Betroffene haben nur eine einzige manische Episode. Bei der Mehrheit finden sich aber mehrere Phasen. Bei Frauen beginnt die Erkrankung mit mehreren depressiven Episoden, bevor sich die erste manische Episode zeigt. Bei Männern beginnt die Erkrankung häufiger mit einer manischen Phase. Alle paar Jahre kann es zu weiteren Episoden kommen.

GUT ZU WISSEN *Der Wechsel erfolgt häufig plötzlich. Nach Wochen ohne Schlaf in der Manie schläft man ein und wacht nach 20 Stunden depressiv auf. Auch das Umgekehrte ist möglich, insbesondere wenn die Depression mit Antidepressiva behandelt wird: Die Depression verschwindet über Nacht, dafür kommt die Manie.*

Bei einigen Menschen wechseln die Episoden immer häufiger, und mit der Zeit mischen sich depressive und manische Phasen (sogenannte gemischte Episoden). Dieser Zustand kann chronisch werden; Betroffene haben dann ständig gemischte depressive und manische Symptome.

Typ I und Typ II

Die bipolare Störung Typ I ist die klassische manisch-depressive Erkrankung mit manischen und depressiven Phasen. Bei der bipolaren Störung Typ II finden sich wiederholt depressive und dazwischen kurze hypomanische Episoden; Manien fehlen jedoch.

HINWEIS *Die bipolare Störung Typ II wird meist lange nicht diagnostiziert, weil Betroffene nur die depressiven Episoden als Problem wahrnehmen. Die kurzen hypomanen Phasen folgen direkt auf die Depression; Betroffene haben das Gefühl, dass es ihnen endlich wieder gut geht und sie nur deshalb ein bisschen über die Stränge schlagen, weil sie es so geniessen, dass die Depression vorbei ist.*

Unvollständige Krankheitswahrnehmung

Patienten mit einer bipolaren Störung suchen meistens Hilfe wegen der Depression. Sie ist in der bipolaren Erkrankung eher schwer, Betroffene leiden sehr. Die Hypomanien dagegen werden als angenehmer Zustand erlebt, was auch nachvollziehbar ist: Wir alle hätten gerne viel Energie, Tatkraft, Kreativität und Charisma – alles Dinge, die typisch sind für eine Hypomanie.

AUSFALL DER ERINNERUNG

An die beginnende Manie können sich Betroffene meistens noch erinnern, dann kommt ein «Filmriss». Die Erinnerung an die Manie ist sehr lückenhaft, wenn überhaupt vorhanden. Die Manie ist, wie die Psychose, für uns und unser Gehirn ein solcher Ausnahmezustand, dass das Gedächtnis nicht funktioniert. ∎

Betroffene «wachen» erst nach Abklingen der Manie auf; sie finden einen Scherbenhaufen vor, können sich aber nicht erinnern, wie es dazu kam. Alle anderen behaupten, man sei selbst schuld daran, doch das eigene Gefühl widerspricht dem.

Betroffene leiden aus ihrer Sicht an schweren Depressionen, mit kurzen Lichtblicken dazwischen, die andere aber als negativ erachten. Sie versuchen oft über Jahre, einen Zustand zu erreichen, der Hypomanien zulässt, aber keine Manien – ein Unterfangen, das wohl noch kaum jemandem gelungen ist. Es ist ein schwieriger Weg zur Akzeptanz der Erkrankung. Oft dauert es Jahre; unzählige Male werden die Medikamente über Nacht abgesetzt, und es kommt erneut zu einer Klinikeinweisung.

Bipolare Erkrankungen behandeln

Die Störung kann ausgesprochen hartnäckig sein, weil Betroffenen die Krankheitswahrnehmung fehlt. Und wenn sie in der manischen Phase durchstarten, kommen ihnen Medikamente sowieso unnötig vor.

Die Behandlung der manisch-depressiven Erkrankung besteht in der Regel aus drei Elementen: einem Coaching oder einer Psychotherapie, einer medikamentösen Therapie und einer Angehörigenberatung.

Zentrale Themen sind die Krankheitswahrnehmung und -akzeptanz, das Symptommanagement und die Gefühlsregulation. Ebenso entscheidend: Frühwarnzeichen erkennen lernen. Gerade bei chronischen Verläufen wird auch ein Recovery-Ansatz sehr wichtig (mehr Informationen zum Thema Recovery finden Sie auf Seite 92).

Coaching

Bei der bipolaren Störung erfolgt oft nicht eine Psychotherapie im engeren Sinne, sondern ein Coaching, das sehr praxisorientiert ist. Ein Schwerpunkt ist die Krankheitswahrnehmung: Wie merke ich, ob ich manisch werde? Wenn ich nur noch zwei Stunden schlafe? Wenn ich innerhalb von vier Stunden spontan über 500 Franken ausgebe? Wenn mich alle anderen nerven, weil sie mich nicht verstehen und so langsam sind? Wenn ich das Feedback erhalte, dass ich zu viel rede?

Ein zweiter Punkt ist die Krankheitsakzeptanz. Betroffene können sich nicht an die Manie erinnern. Das Hirn ist überstimuliert, das Gedächtnis funktioniert nicht mehr. Im Coaching wird daher auch besprochen, was während der Manie alles passiert ist. Ein Betroffener war konsterniert, als er einmal eine Videoaufnahme von sich im manischen Zustand sah. Manchmal kann es für Betroffene also hilfreich sein, jemandem den Auftrag zu geben, sie in einer manischen Phase zu filmen.

Krisenpass

In einem Coaching wird oft auch eine Liste mit Frühwarnsymptomen bzw. ein Krisenpass erarbeitet, häufig gemeinsam mit den Angehörigen. Was mache ich, wenn Frühwarnzeichen auftreten? Wann ist die Ampel auf Gelb, wann auf Rot – und was mache ich dann?

Ein Beispiel:

- **Ampel gelb:** Schlafe weniger als fünf Stunden an zwei aufeinanderfolgenden Nächten, fühle mich trotzdem erholt mit einem Energielevel von 12 auf einer Skala von 0 bis 10. Sprühe seit drei Tagen nur so vor Ideen und Kreativität.
  Massnahmen: Reize abschirmen. Ausgang absagen. Zu Hause im Zimmer Musik hören. Eine Schlaftablette nehmen, damit ich mehr schlafe. Berufliche Aufgaben auf Halbtagspensum reduzieren. Schwimmen gehen.
- **Ampel rot:** Schlafe weniger als drei Stunden. Partnerin ist gereizt aus mir nicht nachvollziehbaren Gründen. Wutdurchbrüche (Türe zugeknallt, jemanden angeschrien).
  Massnahme: Bruder anrufen und fragen, ob ich ein paar Tage in seine Alphütte gehen kann. Zyprexa® einnehmen. Wenn Aufenthalt in der Alphütte nicht möglich, freiwillig ins Kriseninterventionszentrum gehen.

TIPP *Ergänzend zum Coaching ist der Besuch einer Selbsthilfegruppe zu empfehlen; der Kontakt mit anderen Betroffenen kann hilfreich sein. Im Selbsthilfebereich gibt es heute auch gute Arbeitsinstrumente wie den Krisenpass. Ebenfalls sinnvoll ist eine Patientenverfügung für künftige manische oder depressive Phasen.*

Patientenverfügung

Hat jemand wiederholt manische Phasen mit Klinikeinweisungen erlebt, kann eine Patientenverfügung sinnvoll sein. Eine solche Verfügung ist an und für sich etwas Ähnliches wie eine Behandlungsvereinbarung, sie ist aber rechtlich bindender. Darin können Sie verfügen, wie Sie während einer Manie behandelt werden möchten, wenn Sie selbst nicht mehr urteilsfähig sind, weil Ihnen der Realitätsbezug fehlt. Sie können zum Beispiel festlegen, dass Sie wenn immer möglich in ein Kriseninterventionszentrum und nicht in eine Akutstation eintreten möchten. Sie können auch festhalten, dass Sie mit Medikament X einverstanden sind, aber nicht mit Medikament Y. Dass Ihnen Einzelspaziergänge oder Malen in der Akutsituation guttun, unter vielen Leuten sein hingegen nicht. Sie können aufschreiben, von wem Sie in der Krisensituation keinen Besuch möchten.

Das Behandlungsteam ist verpflichtet, sich an diese Vereinbarung zu halten; das heisst, es braucht triftige Gründe, um eine Patientenverfügung zu missachten.

❶ TIPP *Besprechen Sie Ihre Patientenverfügung mit den Angehörigen, dem Behandler und der Klinik und lassen Sie sie von allen Beteiligten absegnen.*

Medikamente

Die meisten Betroffenen suchen von sich aus eine Behandlung mit einem Antidepressivum. Leider ist das aus zwei Gründen tückisch: Antidepressiva zeigen bei bipolaren Patienten weniger Wirkung als bei rein depressiven Patienten. Das zweite Problem ist, dass sie eine Manie sogar auslösen können.

VORSICHT MIT ANTIDEPRESSIVA

Es gibt Menschen, die nur manisch werden, wenn sie ein Antidepressivum einnehmen. Die Krankheit schlummert in ihnen und wird durch das Medikament ausgelöst. ■

Nehmen manisch-depressive Menschen in der Depression ein Antidepressivum ein, erleben sie manchmal buchstäblich über Nacht eine Wunderheilung. Die Depression ist verschwunden, hat aber einer Manie Platz gemacht.

Haben Sie Familienangehörige mit einer bipolaren Erkrankung und leiden Sie selbst an einer ersten Depression, teilen Sie dies dem Behandler unbedingt mit. Es wird einen Einfluss darauf haben, ob er ein Antidepressivum verordnet und welches. Es gibt Medikamente, bei denen das Risiko, dass eine Manie ausgelöst wird, kleiner ist als bei anderen.

Lithium und andere Stimmungsstabilisatoren

Die Empfehlung heute lautet, auf Antidepressiva zu verzichten und die depressiven Phasen stattdessen mit sogenannten Stimmungsstabilisatoren zu behandeln. Sie können bei einzelnen Patienten wahre Wunder bewirken und den Krankheitsverlauf völlig verändern. Der durchschnittliche Effekt ist, dass sie eine Manie rascher zum Abklingen bringen und das Risiko für erneute manische oder depressive Episoden senken. Das Risiko wird durchschnittlich um etwa 20 Prozent gesenkt, wobei der Effekt bei den Manien in der Regel besser ist als bei den Depressionen. Viele Betroffene haben mit diesen Medikamenten mehr oder weniger gravierende Nebenwirkungen. Lithium ist eben nicht Aspirin, die Einnahme von Lithium oder einem Antiepileptikum ist meist ein Kompromiss, bei dem man gewisse Nebenwirkungen und Einschränkungen in Kauf nimmt, aber hofft, damit die manisch-depressive Erkrankung zu beeinflussen.

WARUM ANTIEPILEPTIKA?

Jahrzehntelang waren Lithium und Antiepileptika die Eckpfeiler der medikamentösen Therapie bei der bipolaren Störung (mehr zu diesen Medikamentengruppen siehe Seite 77, 78). Die Antiepileptika wurden – wie der Name sagt – ursprünglich gegen Epilepsie entwickelt, sie helfen aber auch bei der manisch-depressiven Erkrankung. Überhaupt haben die bipolare Erkrankung und die Epilepsie gewisse Gemeinsamkeiten, wobei niemand weiss, warum das so ist. Beiden Krankheiten ist sogenanntes Kindling (engl.: Holz zum Anfeuern) gemeinsam: Je häufiger Anfälle oder Phasen auftreten, umso eher wird die Krankheit zum Selbstläufer – und umso schlechter ist bedauerlicherweise die Prognose. ◼

HINWEIS *Es ist paradox: Der Hauptkompromiss oder in einem gewissen Sinne die Hauptnebenwirkung ist der Verzicht auf Hypomanien. Ein Betroffener sagte dazu, es sei, als ob man ihm die Segel gestrichen hätte. Hätten Sie da Freude?*

Antipsychotika, atypische Antipsychotika

Manien behandelte man lange mit Antipsychotika; Haldol® war früher das Mittel der Wahl. Heute werden häufig atypische Antipsychotika (siehe Seite 82) eingesetzt. Im Laufe der Jahre hat man gemerkt, dass diese Medikamente nicht nur während manischer, sondern auch während depressiver Phasen hilfreich sind und dass sie wie die Stimmungsstabilisatoren die Häufigkeit manischer und depressiver Episoden beeinflussen.

Neuroleptika werden auch bei Frühwarnzeichen eingesetzt: Merken Betroffene, dass sie keinen Schlaf mehr brauchen und dass ihre Energie sprunghaft zunimmt, nehmen sie für ein paar Tage ein atypisches Neuroleptikum ein, zum Beispiel Olanzapin (Zyprexa®). Dies erlaubt es ihnen, mit relativ wenig Medikamenten auszukommen.

So weit die Theorie. Aber: Endlich geht es Ihnen besser, Sie haben Energie, brauchen wenig Schlaf, alle finden Sie witzig und mögen Sie – und nun sollen Sie ein Medikament nehmen, das genau diesem angenehmen Zustand ein Ende setzt? Da verschieben Sie die Einnahme wohl am besten mal auf den nächsten Tag, das reicht doch auch noch. – So erstaunt es nicht, dass es Betroffenen oft nicht gelingt, den Wechsel von der Hypomanie in die Manie abzuwenden.

Selbsthilfe

Mit einer manisch-depressiven Erkrankung zu leben, ist schwierig. Hier ist oft der Besuch einer Selbsthilfegruppe sehr hilfreich. Andere haben vielleicht Tipps, wie man die Erkrankung besser akzeptieren kann.

Worauf Sie sonst noch achten können:
- Schlaf ist Ihre Lebensversicherung. Mindestens sechs Stunden sollten es sein. Wenn Sie weniger lang schlafen, müssen Sie aktiv werden. Achten Sie besonders auch bei längeren Reisen mit Zeitverschiebung gut auf Ihren Schlaf.

- Sprechen Sie mit Ihren Angehörigen über die Erkrankung, nehmen Sie sie mit zu den Arzt- und Therapieterminen.
- Achten Sie auf Schadensbegrenzung. Haben Sie während Manien wiederholt grosse Geldsummen ausgegeben? Besprechen Sie Schutzmassnahmen mit Ihrer Bank. Brauchen Sie wirklich eine Kreditkarte, und wenn ja, mit welchem Limit? Wollen Sie ein gemeinsames Konto mit Ihrem Ehepartner? Eventuell wäre eine getrennte Rechnung für die ganze Familie ein besserer Schutz.

BEEINTRÄCHTIGTE URTEILSFÄHIGKEIT

Käufe, die Sie während einer Manie getätigt haben, können rückgängig gemacht werden. Dafür brauchen Sie ein ärztliches Attest, dass Sie während der Kaufhandlung in Ihrer Urteils- und Handlungsfähigkeit eingeschränkt waren. ■

Wichtige Punkte wie der Krisenpass und die Patientenverfügung sind ebenfalls Teil der Selbsthilfe (siehe Seite 193). Denken Sie beim Krisenpass nicht nur an die Manie, sondern auch an die schwere Depression mit Suizidgedanken. Wen rufen Sie an, wenn diese Gedanken stark werden? Wer kann Ihnen am besten helfen? Haben Sie in solchen Situationen den Gedanken, sämtliche Tabletten in Ihrem Haushalt zu schlucken, dann sorgen Sie dafür, dass der Medikamentenvorrat eher klein ist und sicher verwahrt wird.

Achten Sie schliesslich auch darauf, dass die Krankheit nicht mehr Raum erhält, als ihr gebührt. In der Manie haben Sie vielleicht Mühe, Verantwortung zu übernehmen. Dies betrifft aber möglicherweise nur den Bereich Finanzen. Besprechen Sie zusammen mit den Angehörigen, welche Aufgaben Sie weiterhin erledigen können, damit Sie nicht plötzlich nur noch geschont werden und sich entmündigt fühlen.

Sind Sie schon lange krank und nimmt die Krankheit einen grossen Raum ein, befassen Sie sich mit Recovery (siehe Seite 92). Finden Sie sinnstiftende Aufgaben, denen Sie nachgehen können, auch wenn Sie krank sind.

Übernehmen Sie Verantwortung für Ihre Erkrankung. Sie sind nicht verantwortlich dafür, dass Sie eine bipolare Störung haben. Sie sind aber verantwortlich dafür, wie Sie damit umgehen.

Unterstützung für Angehörige

Die manisch-depressive Erkrankung ist für Angehörige enorm belastend. Vorwürfe an die Betroffenen stehen immer wieder im Raum. Oft fragen Angehörige sich auch, was Krankheit ist und was Persönlichkeit des Betroffenen. Warum lässt er mich immer wieder im Stich? Warum setzt er immer wieder die Medikamente ab? Bedeuten wir ihm denn nichts? – Solche Fragen sind typisch.

Eine Ehefrau schildert ihr Erleben so: «Während depressiver Phasen klammert sich mein Mann an mich, er ist jeweils so hilf- und hoffnungslos, dass es schwierig ist für mich, dies auszuhalten. Dann plötzlich, über Nacht, wechselt alles. Er wird manisch, und dann geht es los: Da werde ich auf einmal zu seinem Feind, zu jemandem, der ihn nur einschränkt und immer Nein sagt. In der letzten Manie hat er in einem Kasino 35 000 Franken von unserem Ersparten verspielt. Er war überzeugt, dass er im Black Jack gewinnen würde. Dabei kannte er nicht einmal die Regeln. Am schwierigsten ist für mich, dass er keine Verantwortung übernimmt; das halte ich fast nicht aus. Den ganzen Scherbenhaufen überlässt er mir. Ich musste eine zusätzliche Teilzeitstelle annehmen, um die entstandenen Schulden abzuarbeiten. Und was macht er? Nach einem Monat setzt er die Medikamente ab, er brauche sie nicht. Es ist zum Verzweifeln …»

Zu sich selber schauen

Sie dürfen sich in einer Situation wie der oben geschilderten aktiv in die Behandlung des Partners einbringen und Unterstützung suchen. Klären Sie mit seinem Behandler, was Ihre Aufgaben und Ihre Rolle sind. Was sollen Sie tun, wenn der Partner hypoman wird? Und was gerade nicht?

Lassen Sie sich nicht in eine Polizistenrolle drängen, in der Sie zum Beispiel dafür zuständig sind, dass Ihr Partner seine Medikamente einnimmt. Hier sind tägliche Besuche beim Hausarzt zwecks Medikamenteneinnahme entlastend. Auch die Spitex hat entsprechende Angebote.

Während depressiver Phasen gelten ähnliche Empfehlungen wie im Kapitel Depression (siehe Seite 108). Die Unterstützung eines Partners mit einer Depression oder Manie ist belastend, achten Sie auf Ruhephasen für sich selbst, sorgen Sie für Entspannung und Ablenkung. Besprechen Sie mit dem Partner die bereits erwähnte Schadensbegrenzung. Unter dem Scherbenhaufen, der durch die Manie entsteht, leiden Sie beide.

Versuchen Sie, den Partner nicht zu verurteilen – auch wenn er die Medikamente schon wieder abgesetzt hat. Eine bipolare Erkrankung zu akzeptieren ist schwierig. Der Besuch einer Angehörigengruppe kann helfen: Dort erleben Sie, dass es anderen ganz ähnlich ergeht.

TIPP *Erarbeiten Sie auch einen Krisenplan für sich. Was mache ich, wenn mein Partner wieder manisch wird? Wer hilft mir? Wer schaut für ein paar Tage zu den Kindern? Wer reinigt mir einmal pro Woche die Wohnung? Was sage ich den Nachbarn, wenn mein Mann wieder die ganze Nacht laut ist? Wie sorge ich für meine eigene Gesundheit, wenn ich merke, dass mir die Kraft ausgeht?*

Taschenapotheke bipolare Erkrankungen

Tipps für Betroffene

- Was sind Ihre Warnzeichen für eine Hypomanie oder beginnende Manie? Was machen Sie dann? Wer hilft Ihnen, Frühwarnzeichen zu erkennen?
- Achten Sie auf Ihr Schlafbedürfnis. Eine Veränderung hier ist eines der häufigsten Frühwarnzeichen.
- Erarbeiten Sie einen Krisenplan, sowohl für manische als auch depressive Episoden.
- Besuchen Sie eine Selbsthilfegruppe. Es ist eine grosse Herausforderung, einen konstruktiven Umgang mit einer manisch-depressiven Erkrankung zu finden.

Tipps für Angehörige

- Klären Sie, wer auf Frühwarnzeichen achtet und wer dann welche Schritte einleitet. Sonst besteht die Gefahr, dass Sie plötzlich in einer Art Polizistenrolle sind.
- Auch für Sie ist eine Selbsthilfegruppe oder therapeutische Begleitung wichtig. Mit der Ungewissheit zu leben, die eine manisch-depressive Erkrankung mit sich bringt, ist sehr belastend. Der Austausch mit anderen Angehörigen hilft.

Literatur

- Bock, Thomas: **Achterbahn der Gefühle.** Mit Manie und Depression leben lernen. BALANCE buch + medien, Köln 2018
- Bräunig, Peter: **Leben mit bipolaren Störungen.** Manisch-depressiv: Antworten auf die meist gestellten Fragen. Trias, Stuttgart 2018
- Mentzos, Stavros: **Depression und Manie.** Psychodynamik und Therapie affektiver Störungen. Vandenhoeck & Ruprecht, Göttingen 2011
- PMS Aktuell: **Bipolare Störungen: Leben in Extremen.** Pro Mente Sana Aktuell, Heft 07-2 (www.promentesana.ch)

DVD

- Jünger, Ernst: **Die Bipolaren.** Leben zwischen Extremen. Deutsche Gesellschaft für Bipolare Störungen (DGBS, www.dgbs.de), 2008

Diagnostische Leitlinien nach ICD-10

Bipolare affektive Störung:

- Mindestens zwei manische, hypomanische, depressive oder gemischte Episoden
- Phasen alternieren in der Regel zwischen Manie und Depression; zwischen den Phasen folgt eine Periode mit normaler Stimmungslage
- Nur hypomanische, aber keine manischen Phasen: bipolare Störung Typ II

Hypomanische Episode:

- Dauer mindestens ein paar Tage
- Deutliche Veränderung der Stimmung: leicht gehoben, leicht euphorisch, teilweise auch gereizt
- Gesteigerte Aktivität: vermehrte Geselligkeit, Gesprächigkeit, Sexualität, übertriebene Geldausgaben, vermindertes Schlafbedürfnis. Beginn völlig neuer Unternehmungen und Projekte
- Nicht so ausgeprägt, dass die Berufstätigkeit abgebrochen wird oder dass es zur Ablehnung durch das Umfeld kommt
- Keine Wahnsymptome oder Halluzinationen
- Schwerer als Zyklothymie, leichter als Manie

Manische Episode:

■ Dauer mindestens eine Woche

■ Stark ausgeprägte Veränderung der
Stimmung: situationsinadäquat
gehoben, Wechsel zwischen sorgloser
Heiterkeit und fast unkontrollierbarer
Erregung. Stimmung kann auch gereizt
sein

■ Vermehrter Antrieb mit Überaktivität,
Rededrang, stark vermindertem Schlafbedürfnis

■ Soziale Hemmungen gehen verloren

■ Aufmerksamkeit kann nicht aufrechterhalten werden, hohe Ablenkbarkeit

■ Selbsteinschätzung ist aufgeblasen
mit Grössenideen oder masslosem
Optimismus, Geld wird leichtsinnig
ausgegeben

■ Das Verhalten ist oft nicht der Situation
angepasst: bei unpassender Gelegenheit
aggressiv, verliebt oder scherzhaft.

■ Bei schwerer Manie: ausgeprägte
Grössenideen oder religiöse Wahnvorstellungen mit Realitätsverlust.
Ideenflucht oder Rededrang so stark,
dass Betroffene nicht mehr verstanden
werden. Mögliche Vernachlässigung
von Nahrungsaufnahme oder persönlicher Hygiene kann zu Mangel-
zuständen oder Verwahrlosung
führen.

Depressive Episode:

■ siehe Seite 116

Gemischte Episode:

■ Dauer mindestens zwei Wochen

■ Gleichzeitig manische und depressive
Symptome (zum Beispiel depressive
Stimmung bei gleichzeitigem Rededrang
und Aktivität) oder rascher Wechsel
zwischen manischen und depressiven
Symptomen innert Stunden oder Tagen

Borderline-Persönlichkeits-störung

Vermeintlich banale Vorkommnisse können bei Borderline-Betroffenen eine Existenzkrise auslösen. Weil das für Aussenstehende kaum nachzuvollziehen ist, wird die Erkrankung nach wie vor stigmatisiert – sogar in Fachkreisen.

Erscheinungsformen, Symptome

Impulsives Handeln, eine ausgeprägte Angst, verlassen zu werden, Selbstverletzungen – das sind nur einige der zahlreichen Symptome der Borderline-Persönlichkeitsstörung. Schon das Nachdenken über gewisse Dinge ist für Betroffene unerträglich.

Die Borderlinestörung ist nicht nur für Laien, sondern auch für die meisten Fachleute ein Buch mit sieben Siegeln. Weniges ist bekannt; und das Wenige ist wertend, negativ. «Das sind doch diejenigen, die sich ritzen», hört man. Auch im Spital oder in einer psychiatrischen Klinik wird immer noch eher verächtlich von «diesen Borderlinern» gesprochen. Sie gelten als schwierig und manipulativ, nicht als «richtige» Patienten.

Borderline aus der Sicht einer Betroffenen

«Warum ich in die Klinik eintreten musste? Eigentlich weiss ich das auch nicht so genau, angefangen hat es aber am letzten Mittwoch. Ich war da vor dem Getränkeautomaten in unserer Mensa, wollte eine Flasche Rivella kaufen. Ich habe das Geld eingeworfen und passiert ist … nichts. Ich habe den Automaten nur angestarrt … Nichts, einfach nichts hat sich bewegt. Solche Geschichten passieren mir. Immer mir. Ich weiss noch, wie mir die Tränen in den Augen standen. Dann war da etwas Diffuses in mir, eine Leere, die sich rasch in meinem Körper ausbreitete. Die Leere wandelte sich in einen undefinierbaren Schmerz. Dieser Schmerz macht mir jeweils Angst, grosse Angst. Was danach passiert ist, weiss ich nicht mehr; ich fand mich in der Klinik wieder. Eine Schulfreundin habe mich auf der Toilette gefunden, ich hätte mich mit einer Glasscherbe am Handgelenk geschnitten.

Dafür erinnere ich mich gut, wie ich schliesslich von der Klinik aus meinen Freund angerufen habe. Das hat alles noch viel schlimmer gemacht. Er hat überhaupt nichts verstanden. Hat nur etwas gesagt von wegen ‹nicht schon wieder› und ‹all das nur wegen eines Rivellas, ich verstehe das nicht›. Ich verstehe ihn ja jeweils auch nicht. Er kann so kalt sein, so abweisend. Aber ohne ihn leben? Da darf ich gar nicht daran denken, da wird mir ganz anders...»

... und aus der Sicht eines Angehörigen

«Mit der Tanja, da ist es schon nicht ganz einfach. Manchmal ist es wunderschön, sie hat eine so offene, kreative Art. Niemand sonst hat mir je das Gefühl gegeben, mich so zu lieben, so für mich da zu sein. Diese Phasen sind aber mittlerweile selten. Dazwischen ist jeweils ein Orkan. Ich fühle mich dann wie hin und her geschüttelt, weiss nicht, wo mir der Kopf steht. Am letzten Mittwoch, da haben wir den Mittag zusammen verbracht, sind in die Badi gegangen. Es war sehr schön. Und dann, vier Stunden später, ruft sie mich aus der Klinik an. Sie sei suizidal, wolle nicht mehr leben. Sie hat etwas von einem Getränkeautomaten erzählt, das habe ich aber gar nicht richtig verstanden. Und dann, noch am selben Abend, ruft sie mich an, beschuldigt mich, dass ich in ihre beste Freundin verliebt sei. In solchen Situationen kann sie so wütend sein. Ich habe noch nie jemanden erlebt, der mich so geliebt hat, aber ich habe auch noch nie jemanden erlebt, der so wütend auf mich sein kann.

Mit Tanja weiss ich nie, was passiert, das habe ich inzwischen gelernt. Das Schlimmste ist die Eifersucht. Sogar wenn ich mit Kollegen Tennis spiele, rastet sie manchmal aus. Ich habe dann das Gefühl, dass sie mich ganz für sich haben und mit niemandem teilen will. Aber das geht ja nicht, ich kann doch nicht meinen ganzen Freundeskreis vernachlässigen.»

Innerer Tumult – oder anhaltende Leere

Betroffene leiden meist über Jahrzehnte, bis die richtige Diagnose gestellt und die passende Behandlung eingeleitet wird. Sie haben oft eine schwierige Kindheit hinter sich, waren überdurchschnittlich häufig Opfer von Missbrauch, Gewalt oder Verwahrlosung. Das Leiden in dieser Krankheit und die Einsamkeit sind gross. Ähnliches gilt auch für das Umfeld: Für Familienangehörige, Partner und auch für Pflegende in einer Klinik ist diese Erkrankung höchst belastend und anspruchsvoll.

Das Krankheitsbild: Beispiele

Menschen mit einer Borderlinestörung zeigen vor allem Schwierigkeiten in Beziehungen und im Selbstwert; sie können ihre Gefühle schlecht regulieren und handeln impulsiv. Diese Probleme sind in der Persönlichkeit verankert, waren also schon immer da, wobei sich die Ausprägung ändern kann.

Symptome können folgendermassen aussehen:

- **Die Angst, verlassen zu werden,** ist gross, und Betroffene setzen alles daran, dies zu vermeiden. Barbara blieb mit ihrem Ehemann zusammen, obwohl er alkoholabhängig war, das ganze Geld für Schnaps ausgab und sie betrog. Mit ihm zusammen zu sein war für sie aber immer noch zig-mal besser als der Gedanke, allein zu sein.
- **Beziehungen sind unbeständig** und selten von Dauer. Nadine schätzte den Kontakt mit Frau Meier, der Nachtwache auf ihrer Station in der Klinik. Die Gespräche taten ihr gut. Sie war ihr sehr dankbar, machte ihr viele Komplimente, erzählte ihr, was sie im Vergleich mit der anderen Nachtwache besser machte. Als die Ferien von Frau Meier nahten, zog sich Nadine völlig zurück, sprach nicht mehr mit ihr. Der anderen Nachtwache erzählte sie, Frau Meier habe etwas gegen sie.
- **Die eigene Identität ist unklar.** Regine war sehr intelligent. Sie hatte aber Mühe festzulegen, was sie studieren wollte. Zuerst begann sie ein Jura-Studium, wechselte dann ins Lehramt, absolvierte schliesslich eine Ausbildung als Grafikerin. Sie schloss die Ausbildungen immer mit Bestnoten ab; nach kaum einem Jahr im Beruf wechselte sie dann aber wieder das Metier. Eine Freundin gab ihr zudem die Rückmeldung, dass sie sich mit jedem neuen Partner völlig verändere und sich immer viel zu sehr anpasse.
- **Das Handeln ist impulsiv.** Peter konnte nie warten; sah er etwas, das ihm gefiel, kaufte er es. Um die finanziellen Probleme musste sich dann seine Beiständin kümmern. Fühlte er sich provoziert, geschah meist nichts Gutes. Bei einem Autounfall kam er fast ums Leben: Er war hinter einem Langsamfahrer viel zu dicht aufgefahren; dieser hatte ihn wütend gemacht.
- **Selbstverletzungen.** Rebekka litt sehr unter den Anforderungen am Arbeitsplatz. Zu Hause kreisten ihre Gedanken meist weiter, sie fühlte

sich angespannt und gereizt, hatte Angst, nicht zu genügen. Entspannung brachte ihr einzig das Ritzen mit einer Klinge. Sie erlebte seltsamerweise keinen Schmerz beim Schneiden, es hatte für sie fast etwas Meditatives. Anschliessend konnte sie sich jeweils etwas entspannen, es wurde still in ihrem Kopf. Sie merkte aber auch, dass das Schneiden langsam an Wirkung verlor; sie musste sich recht tief und auch wiederholt ritzen, um noch denselben Effekt zu haben. Das vergrösserte ihre Verzweiflung.

- **Stimmungsinstabilität.** Ein Beispiel dafür steht eingangs dieses Kapitels: Das Klemmen des Automaten führt zu einer rasanten Stimmungsveränderung mit Verzweiflung, Wut und Suizidalität. Es dauert Stunden oder sogar Tage, bis sich Betroffene erholen.
- **Ausgeprägte, ständige innere Leere.** Ihr Psychiater fragte Sarah oft, wie sie sich fühle. Sie konnte dies nie ehrlich beantworten; sie sagte zwar immer «gut», eigentlich fühlte sie aber «nichts» in sich. Da war einfach eine Leere.
- **Wutattacken.** Francine schämte sich sehr. Ihr dreijähriger Sohn hatte den frischgepressten Orangensaft verschüttet, der ganze Küchenboden war nass. Die Wut überkam sie einfach so; sie schrie ihn an, knallte die Küchentüre so heftig zu, dass das Schloss brach. Nun sass sie weinend am Boden, ihr Sohn kauerte in der Ecke, hatte Angst vor ihr. Das war bereits ihre vierte Wutattacke an diesem Morgen. Sie wusste, dass es eigentlich nicht an ihrem Sohn lag.
- **Minipsychosen.** Wenn Deborah völlig am Ende ihrer Kräfte war, passierten seltsame Dinge. Fuhr sie im Auto an Bäumen vorbei, hatten diese plötzlich angsteinflössende Fratzen, die sie verhöhnten.

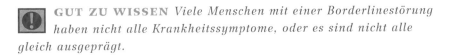

GUT ZU WISSEN *Viele Menschen mit einer Borderlinestörung haben nicht alle Krankheitssymptome, oder es sind nicht alle gleich ausgeprägt.*

Geschlecht als Risikofaktor?

Haben Sie sich gewundert, dass die Beispiele oben fast ausschliesslich Frauen betreffen? Das ist bewusst so gewählt, da sich vor allem Frauen in Kliniken oder Privatpraxen in Behandlung befinden. Untersucht man aber die ganze Bevölkerung, finden sich auch viele Männer, die die Diagnosekriterien für eine Borderlinestörung erfüllen würden. Sie nehmen allerdings weniger häufig psychiatrische Hilfe in Anspruch – und wenn sie es tun, bekommen sie eher eine andere Diagnose gestellt, zum Beispiel Alkoholsucht.

Krankheitsverlauf

Die Borderlinestörung darf erst nach dem 18. Lebensjahr diagnostiziert werden. Viele Betroffene haben aber schon früher Schwierigkeiten. Bereits als Kinder sind sie teilweise sehr sensibel, haben das Gefühl, die Lehrerin bevorzuge andere, fühlen sich rasch abgelehnt. Als Jugendliche sind sie häufig Opfer von Mobbing, beteiligen sich aber auch selbst an Mobbingaktivitäten.

Die Krankheit ist zwischen dem 15. und 35. Lebensjahr am stärksten ausgeprägt. Die Selbstverletzungen und Suizidgedanken sind sehr belastend und führen zu Besuchen auf der Notfallstation oder Aufenthalten in der psychiatrischen Klinik. Diese Aufenthalte sind für Betroffene verwirrend: Es tut gut, wenn endlich jemand aufmerksam zuhört; die Eltern kommen ins Spital, der Lehrmeister ist besorgt. Flacht die Aufmerksamkeit nach ein paar Tagen ab, ist man aber noch einsamer, noch leerer – und es kommt zum nächsten Suizidversuch. Beim vierten Besuch auf der Notfallstation ist das Personal nicht mehr so mobilisiert, die Eltern kommen nicht mehr vorbei und wenn, dann wirken sie eher vorwurfsvoll. Auch die Therapie gestaltet sich schwierig; Medikamente scheinen wenig zu helfen. Und da es fast unmöglich ist, Beziehungen zu führen, ist auch die Psychotherapie anspruchsvoll. Betroffene fühlen sich dort immer kritisiert, hören nur, was sie hätten anders machen oder fühlen sollen. Eigentlich möchten sie einfach in den Arm genommen werden …

GUT ZU WISSEN *Im Alter ab 35 bis 50 verändert sich die Krankheit langsam: Die Suizidversuche, die Selbstverletzungen, das Impulsive nehmen ab. Bestehen bleiben hingegen die innere Leere und das Gefühl, abgelehnt zu werden. Manchmal kann man das noch bei Altersheimbewohnern im hohen Alter beobachten.*

Schweregrade

Wie bei den meisten psychiatrischen Erkrankungen gibt es bezüglich der Schweregrade eine ganze Bandbreite: Einige Betroffene haben lediglich Teilsymptome; sie leiden stark, haben aber eine Familie und sind berufstätig. Andere sind sehr schwer erkrankt, beziehen eine IV-Rente und brauchen eine betreute Wohnform, halten sich auch wiederholt lange in der Klinik auf.

MEHRFACHE SUIZIDVERSUCHE

Die Suizidversuche von Borderline-Erkrankten sollen die innere Leere bekämpfen und die Stimmung regulieren; es geht nicht darum, zu sterben (sogenannte Parasuizidalität). Manche Menschen mit einer schweren Borderlinestörung haben über 50 Suizidversuche hinter sich; die Fachleute haben dann manchmal die Tendenz, diese nicht mehr ernst zu nehmen. Die Zahlen zeigen aber, dass Borderlinepatienten eines der höchsten Risiken haben, an einem Suizid zu sterben. Unklar ist leider, was dagegen hilft; Klinikaufenthalte scheinen nur begrenzt Schutz zu bieten. Längerfristig am besten schützt eine borderlinespezifische Psychotherapie (siehe Seite 212). ■

Diagnosestellung

Leidet jemand unter einer «klassischen» Borderlinestörung mit Selbstverletzungen oder wiederholten Suizidversuchen, erfolgt die Diagnosestellung relativ schnell. Menschen, die diese Symptome nicht oder weniger ausgeprägt zeigen, haben dagegen oft eine richtige Odyssee hinter sich, bis die Diagnose gestellt wird.

GUT ZU WISSEN *Zur Diagnosestellung wird hierzulande grundsätzlich das Diagnosesystem der Welt-Gesundheitsorganisation (WHO) verwendet, das ICD-10. Weil das angloamerikanische System (DSM-5) im Bereich der Borderlinestörung aber spezifischer ist, kommt häufig dieses zusätzlich zur Anwendung (mehr zu den Diagnosesystemen siehe Seite 33).*

Bei der Diagnosestellung ist es wichtig, andere Krankheitsbilder auszuschliessen. Die atypische Depression zum Beispiel sieht recht ähnlich aus. Der Verlauf ist hier aber episodisch, mit einem Anfang und einem Ende; Betroffene sagen beispielsweise, dass die Schwierigkeiten im vergangenen Frühling angefangen hätten. Borderlinebetroffene hingegen sagen, es sei schon immer so gewesen.

Auch ein ADHS, eine Bulimie oder eine posttraumatische Belastungsreaktion können Ähnlichkeiten mit der Borderlinestörung haben. Gar nicht so selten haben Betroffene auch beides, etwa ein ADHS und eine Borderlinestörung.

HINWEIS *Körperliche Ursachen müssen bei der Diagnose ebenfalls ausgeschlossen werden: Hormonelle und neurologische Erkrankungen sehen manchmal identisch aus, haben aber im Unterschied zur Borderlinestörung meist einen genau definierbaren Anfang.*

Ursachen

Über die Ursachen der Borderlinestörung weiss man einiges, aber immer noch viel zu wenig. Man geht davon aus, dass es unterschiedliche Faktoren gibt, die häufig auch in Kombination wirken.

Die Gene

Die Genetik spielt eine gewisse Rolle; das hat eine Studie mit eineiigen Zwillingen ergeben. Eineiige Zwillinge eignen sich besonders für Studien zur Genetik, weil beide identisches Genmaterial haben; eine weitere Voraussetzung ist, dass sie getrennt aufgewachsen sind. Ist ein Zwilling von einer Krankheit betroffen und ist sie rein genetisch, so müsste der andere Zwilling ein hohes Risiko haben, ebenfalls zu erkranken. Bei der Borderlinestörung beträgt das Risiko für den zweiten Zwilling 35 %; dies ist im Vergleich mit den meisten psychischen Erkrankungen relativ hoch. Das heisst, dass die Gene eine Rolle spielen, dass aber andere Faktoren mindestens ebenso wichtig zu sein scheinen.

Schwierige Kindheitserfahrungen

Über 80 Prozent aller Betroffenen haben traumatische Kindheitserfahrungen gemacht: sexueller Missbrauch, körperliche Gewalterfahrung, aber auch Vernachlässigung. Zu Hause findet sich entweder eine eher chaotische Umgebung mit wenig Beständigkeit oder aber emotionale Kälte. Diese Faktoren erschweren es Kindern, Vertrauen in sich und die Umwelt aufzubauen. Sie lernen nicht, mit Angst umzugehen, und haben keine Vorbilder, die zeigen, wie man mit Frustrationen und Wut zurechtkommt. Die Kinder eignen sich nur Überlebenstechniken, aber nicht Lebenstechniken an; diese müssen sie später im Erwachsenenleben mühsam erlernen. Allerdings: Es gibt auch Borderlinebetroffene, die eine völlig unauffällige, durchschnittliche Kindheit hatten.

Hirnstoffwechsel

Borderlinepatienten haben einen veränderten Hirnstoffwechsel: Serotonin scheint betroffen zu sein, ein Botenstoff, der bei der Gefühlsregulation und im Beziehungsleben eine wichtige Rolle spielt. Die Mandelkerne, zuständig für das Wahrnehmen von Gefahr, sind überaktiv; das erklärt, warum Betroffene auf Neues meist mit Panik reagieren. Die Seepferdchen (Hippocampus) dagegen sind unteraktiv. Weil diese Hirnregionen mit dem emotionalen Gedächtnis verbunden sind, setzen sich gute Erlebnisse nicht fest, sondern verschwinden aus dem Gedächtnis, und nur das Negative bleibt.

Die Borderlinestörung behandeln

Es gibt spezifische Psychotherapiemethoden, die Borderlinebetroffenen helfen, mit dem Leben besser klarzukommen. Medikamente können unterstützend wirken.

Im Bereich der Behandlung hat sich in den letzten 25 Jahren erfreulich viel verändert, vor allem in Sachen Psychotherapie.

Therapien, die helfen

Marsha Linehan, eine amerikanische Psychologin, die selbst betroffen ist, hat die erste spezifische Psychotherapie für die Borderlinestörung entwickelt. Sie sichtete Tausende von Videoaufnahmen von Therapiestunden und merkte sich, was half – und was gerade nicht. Daraus entwickelte sie die dialektisch-behaviorale Therapie (DBT).

DBT

In der DBT geht es einerseits um Selbstakzeptanz – darum, dass man sich aushält, so, wie man ist, und dass man das aushält, was man gerade fühlt. Andererseits geht es um das Erlernen von spezifischen Skills, also Fertigkeiten; man lernt beispielsweise, wie sich Gefühle regulieren oder Beziehungen führen lassen, mit anderen Worten, wie man Einfluss nehmen und Veränderungen herbeiführen kann. Das ist mit dem Begriff dialektisch gemeint: dass scheinbar Gegensätzliches – auf der einen Seite etwas akzeptieren, so, wie es ist, und auf der anderen Seite Veränderungen einleiten – verbunden wird.

GUT ZU WISSEN *Die Therapie ist wie ein Kurs organisiert, mit Hausaufgaben. Sie findet meist in einer Kombination von Einzel- und Gruppentherapie statt und dauert ein bis zwei Jahre. In der Schweiz gibt es DBT-Stationen in psychiatrischen Kliniken, die ein mehrmonatiges Programm anbieten. Gelernt wird an konkreten Beispielen; so würde zum Beispiel die Szene am Getränkeautomaten (siehe Seite 204) wiederholt durchgespielt und analysiert. Geübt wird aber auch in der Beziehung zum Therapeuten.*

Mentalisierungstherapie

Sie eignet sich ebenfalls spezifisch für die Borderlinestörung, ist in der Schweiz aber leider noch wenig verfügbar. Der Ansatz: Kinder, die in einem chaotischen Umfeld aufwachsen, lernen nicht, dass etwas Schlimmes nicht unbedingt eintreten muss, nur weil man darüber nachdenkt. Viele Betroffene halten es zum Beispiel fast nicht aus, darüber nachzudenken, dass sie abgelehnt werden könnten. Schon wenn sie daran denken, haben sie eine starke Gefühlsreaktion, sodass ruhiges Reflektieren über eine Situation nicht mehr möglich ist. Sie wollen nur noch weg aus diesem unangenehmen Gefühl. Ob sie wirklich abgelehnt würden, können sie deshalb in der Realität gar nie überprüfen. Dies lernen sie nun in der Mentalisierungstherapie. Sie ist anspruchsvoll, aber auch sehr nachhaltig.

Medikamente

Es gibt keine speziellen Anti-Borderline-Medikamente. Dennoch wirken manche Medikamente unterstützend und werden in Kombination mit Psychotherapie auch häufig eingesetzt:

■ **Stimmungsstabilisatoren** (Valproinsäure, Lamotrigin) helfen, dass die Stimmung nicht ganz so abrupt wechselt. Betroffene haben mehr Zeit, zu reagieren, bevor die Wut oder Angst sie mit voller Wucht trifft.

■ **Antipsychotika** wie Quetiapin, Olanzapin oder Aripiprazol machen, dass die Haut etwas dicker wird. Betroffene reagieren nicht mehr ganz so sensibel anderen gegenüber, fühlen sich nicht gleich verletzt.

■ **Antidepressiva** können mit den Ängsten und der Stimmung etwas helfen. Bei manchen sind sie sehr wirksam, bei anderen aber gar nicht.

Selbsthilfe

Obwohl die Borderlinestörung im Allgemeinen wenig bekannt ist, gibt es gerade zu dieser Krankheit mit Abstand am meisten Selbsthilfebücher und Internetforen (siehe Seite 216). In der Selbsthilfe geht es häufig um die Skills, also um Fertigkeiten oder Tricks, wie sich bestimmte Situationen besser meistern lassen. Im Kasten auf Seite 214 findet sich als Beispiel die Skillsliste einer 32-jährigen Frau mit einer schweren Borderlinestörung.

Betroffene sind häufig TV-Serien-süchtig. Für sie kann dies ein wichtiger Weg sein, zu lernen, wie man Beziehungen führt und Alltagsprobleme löst. Es versteht sich von selbst, dass gewisse Serien sich hierzu besser, andere weniger gut eignen.

TIPP *Betroffene profitieren häufig von Ratgebern, die eigentlich für Autisten geschrieben sind. Hier wird Schritt für Schritt erklärt, wie man zum Beispiel Freundschaften schliesst oder die Mimik des Gegenübers liest.*

SKILLSLISTE EINER BORDERLINE-BETROFFENEN

Phase V (Vorbeugen):
- Sich regelmässig mit Freundinnen treffen
- Yoga/Achtsamkeitsübungen
- Fünf Mahlzeiten pro Tag, auch wenn gar nicht hungrig
- SAKK-Tagebuch ausfüllen (täglicher Eintrag zu den folgenden Rubriken:
  1. Stimmung, 2. Aufsteller des Tages, 3. Konflikte und 4. Klärung[1])

Phase Gelb (leichte Anspannung)
- Joggen gehen (mindestens 20 Minuten)
- Musik hören
- Jemanden zum Essen einladen und für sie/ihn kochen
- Entspannungstee trinken oder Bad nehmen
- SAKK ausfüllen und die letzten Tage durchlesen. Was könnte die Anspannung erklären?

Phase Orange (mittlere Anspannung)
- DBT-Karte ausfüllen (Analyse, was die Spannung ausgelöst haben könnte und was ich nun tun kann)
- Joggen gehen (30 Minuten)
- Spezielles Orange-Lied hören (laut, dazu abtanzen)
- Heiss-kalte Wechseldusche nehmen
- Mit Hund spielen
- Jemanden anrufen (Liste mit fünf möglichen Personen liegt bereits vor)

Phase Rot (hohe Anspannung)
- Auf Chilischote beissen, etwas Wasabi oder Tabasco essen
- Grossen Eiswürfel auf Handfläche oder Faust vergehen lassen
- Boxsack
- Therapeut oder Notfalldienst anrufen
- Brauche ich das KIZ (Kriseninterventionszentrum)?

---

[1] Klärung: Gibt es Situationen oder Kommentare von anderen, die mich heute verunsichert haben oder die ich nicht verstehe und klären möchte oder sollte?

Die Situation der Angehörigen

Angehörige haben oft das Gefühl, dass sie auf rohen Eiern gehen. Ein falsches Wort – und der Partner hat einen Wut- oder Weinanfall. Sie versuchen dann über Stunden, ihn zu besänftigen und zu trösten.

Betroffene haben oft so grosse Angst, verlassen zu werden, dass es jedesmal zu einer Szene kommt, wenn der Partner einmal pro Woche mit Kollegen Tennis spielen geht. Manche Angehörigen verzichten dann lieber auf das Tennis, als jede Woche eine solche Auseinandersetzung durchzustehen.

Validieren lernen

Es ist zentral, dass der Partner in die Therapie einbezogen wird, damit schwierige Situationen geklärt und Absprachen getroffen werden können. Wichtig ist auch, dass Angehörige die Technik des Validierens lernen (siehe auch Seite 64). Damit ist Folgendes gemeint: Das emotionale Erleben von Menschen mit einer Borderlinestörung ist für andere nicht nachvollziehbar; der automatische Reflex ist, es korrigieren zu wollen. Gehen wir noch einmal zurück zur Eingangsszene (Seite 204); man wäre hier automatisch versucht, trösten zu wollen, etwa so: «Das ist doch nicht so schlimm. Um die Ecke hat es eine andere Getränkemaschine, ich lade dich ein.» Bei Borderlinepatienten löst dies etwas Paradoxes aus. Sie fühlen sich unverstanden und kritisiert: Ich habe Suizidgedanken, und er spricht von Rivella, er versteht mich überhaupt nicht. Ich sollte mich wohl trennen. Trennung! Das macht mir so fest Angst, das kann ich nicht. – Validieren heisst nun, sich in die Situation des anderen zu versetzen und seine Sicht vorerst einfach zu bestätigen: «Oh, das kenne ich mit dem Getränkeautomaten, da bin ich schon so wütend geworden. Was hast du dann gemacht?» Und erst anschliessend darauf hinweisen, dass es auch eine andere Perspektive gäbe.

> **TIPP** *Der Austausch mit anderen Angehörigen kann hilfreich sein. In einzelnen Schweizer Städten gibt es auch trialogische Treffen zum Thema Borderlinestörung. Betroffene, Angehörige und Fachpersonen tauschen sich monatlich aus (mehr zu Trialog siehe Seite 180).*

Taschenapotheke Borderline-Persönlichkeitsstörung

Tipps für Betroffene

- Versuchen Sie, Ihre Grundanspannung möglichst tief zu halten. Schlafen Sie genug, essen Sie regelmässig, auch wenn Sie nicht hungrig sind. Bauen Sie häufig Entspannungspausen ein. Bewegen Sie sich regelmässig.
- Achten Sie auf Ihr Herz und Ihre Seele. Spiritualität oder Meditation können hilfreich sein. Suchen Sie Menschen, die Sie so akzeptieren, wie Sie sind. Auch ein Haustier kann helfen.
- Holen Sie sich Feedback. Wir sind alle schlecht im Gedankenlesen. Menschen mit einer Borderlinestörung werden überflutet von Hunderten von Gedanken, wie etwas sein könnte. Fragen Sie darum nach, wie es nun wirklich ist.

Tipps für Angehörige

- Sie brauchen eine dicke Haut, müssen viel an sich abprallen lassen. Achten Sie also gut auf Ihre Energie und Ihre Ressourcen. Sie brauchen zudem Freiräume, die klar vereinbart sind, auch wenn Ihre Partnerin dagegen protestiert. Stellen Sie hier gemeinsam Regeln auf, am besten in einer Therapiesitzung.
- Besuchen Sie eine Angehörigengruppe oder, wenn vorhanden, ein Trialogseminar.

Literatur

- PMS Ratgeber: **Borderline, die Krankheit verstehen und Hilfe finden.** Pro Mente Sana Ratgeber VMI-1017 (www.promentesana.ch)
- Riecke-Niklewski, Rose; Niklewski, Günter: **Leben mit einer Borderline-Störung.** Trias, Stuttgart 2010
- Rieder, Tanja: **Ausbruch einer Borderlinerin.** Eine Frau gibt Hoffnung. Starks-Sture Verlag, München 2009
- Szomoru, Sonja: **Partnerbeziehung als Brutstätte von Borderline.** Borderline-Persönlichkeiten und das Leid ihrer Angehörigen. Starks-Sture Verlag, München 2013
- Tilly, Christiane; Knuf, Andreas: **Borderline – Das Selbsthilfebuch.** BALANCE buch + medien, Köln 2018
- Tilly, Christiane; Offermann, A.; Merten, A.: **Mama, Mia und das Schleuderprogramm.** Kindern Borderline erklären. BALANCE buch + medien, Köln 2012

DVDs

- **Diagnose Borderline.** Berichte von Betroffenen, eine Videodokumentation (www.medienprojekt-wuppertal.de)
- **Girl, Interrupted (Durchgeknallt).** Spielfilm. Regie: James Mangold. USA 1999

Diagnostische Leitlinien nach ICD-10

Persönlichkeitsstörung

■ Menschen mit einer Persönlichkeitsstörung zeigen eine deutliche Unausgeglichenheit in mehreren wichtigen Funktionsbereichen (Gefühle, Antrieb, Denken, Impulskontrolle, Beziehungen etc.).

■ Das auffällige Verhaltensmuster ist anhaltend und gleichförmig und nicht Teil einer anderen psychiatrischen Erkrankung.

■ Das auffällige Verhaltensmuster ist tiefgreifend und in vielen persönlichen und sozialen Situationen unpassend.

■ Die Störung beginnt immer im Kinder- oder Jugendlichenalter.

■ Die Störung ist mit einer deutlichen Einschränkung der beruflichen und sozialen Leistungsfähigkeit verbunden.

Emotional-instabile Persönlichkeitsstörung

■ Die Kriterien einer Persönlichkeitsstörung sind erfüllt.

■ Tendenz, impulsiv zu handeln, ohne Berücksichtigung von Konsequenzen

■ Wechselnde, instabile Stimmung

■ Betroffene fühlen sich leicht kritisiert.

■ Ausbrüche intensiven Ärgers mit gewalttätigem oder explosivem Verhalten

■ Zwei Typen:
  – **Impulsiver Typ:** Emotionale Instabilität und Impulsivität sehr ausgeprägt. Wenn Betroffene sich kritisiert fühlen, reagieren sie mit Ausbrüchen von gewalttätigem und bedrohlichem Verhalten.
  – **Borderline-Typ:** Emotionale Instabilität verbunden mit Unklarheit in Bezug auf das eigene Selbstbild, eigene Ziele und Präferenzen. Chronische innere Leere. Beziehungen werden sehr intensiv gelebt, sind aber eher selten von Dauer. Beziehungsabbrüche können zu Suiziddrohungen und selbstschädigendem Verhalten führen. Übermässige Anstrengung, um nicht verlassen zu werden.

Demenz

Weil wir immer älter werden, nehmen auch

Demenzerkrankungen zu. Eine Herausforderung,

der sich die Gesellschaft erst noch stellen muss.

Erscheinungsformen, Symptome

Alzheimer ist der bekannteste, aber nicht der einzige Demenztyp. Allen Typen gemeinsam ist ein Nachlassen der kognitiven Leistungsfähigkeit und eine Beeinträchtigung bei den Aktivitäten des täglichen Lebens.

Alzheimer ist eine Diagnose, die Angst macht. Dies umso mehr, als Untersuchungen in unseren Breitengraden zeigen, dass etwa jeder Dritte an einer Alzheimerdemenz erkranken und an den Folgen sterben wird.

> **HINWEIS** *Mühe macht unter anderem, dass die Erkrankung so langsam beginnt, so unspezifisch. Wir alle haben Gedächtnisschwierigkeiten. Wir alle lernen nicht mehr so schnell wie mit 15. Aber das heisst nicht zwingend, dass wir eine beginnende Demenz haben.*

Demenz aus der Sicht von Betroffenen und Angehörigen

«In letzter Zeit mache ich mir häufig Sorgen. Es ist mir wiederholt passiert, dass ich in der Stadt jemanden traf, und der Name kam mir partout nicht in den Sinn. Das war mir ja so peinlich. Auch was im Englischkurs abläuft, beschäftigt mich. Es fällt mir nicht so leicht wie den anderen, jüngeren Schülern, Neues zu lernen. Dass mir mein Ehemann hin und wieder sagt, dass ich vergesslich geworden sei, hilft auch nicht.

Meine Hauptsorge ist, dass ich eine Demenz entwickle. Alzheimer. Ein Teil dieser Angst hat damit zu tun, dass schon meine Mutter unter Alzheimer gelitten hat. Ich kann mich gut erinnern, wie das war: Nachts wurde sie jeweils um zwei Uhr wach und war dann ganz aufgeregt. Sie müsse nach Hause gehen, für die Kinder kochen; sie kämen gleich aus der Schule. In solchen Situationen half jeweils fast nichts. Der Mutter zu erklären, dass es ihr Zuhause nicht mehr gab, dass sie nun bei mir lebte, war zwecklos. Sie abzulenken war schwierig. Oft dauerte es bis zu zwei Stunden, bis sie wieder einschlief. Ich selbst war dann am Morgen völlig gerädert.»

 HINWEIS *Wenn die Krankheit einmal manifest ist, belastet sie sehr; Betroffene, vor allem aber auch Angehörige. Man spricht vom 25-Stunden-Tag, den Angehörige von demenzerkrankten Patienten haben; aber eigentlich wären es wohl eher 48 Stunden.*

Verschiedene Formen

Eine Demenz ist eine neurodegenerative Erkrankung: Es kommt zu einem vorzeitigen Absterben von Nervenzellen im Hirn, die Leistungsfähigkeit schwindet in gewissen Bereichen langsam.

 GUT ZU WISSEN *Das Gedächtnis ist eine der sensibleren Funktionen des Gehirns. Sie wird früh und stark beeinträchtigt.*

Demenztypen

Die Demenz vom Typ **Alzheimer** ist heute mit Abstand die häufigste Form. Mindestens zwei Drittel, wenn nicht drei Viertel aller Demenzen fallen in die Kategorie «Alzheimer».

Die zweitbekannteste Form ist die sogenannte **vaskuläre Demenz.** Vaskulär heisst, dass die Ursache bei den Blutgefässen liegt. Hier zeigen sich schlagartig Demenzsymptome; dies meist nach einer Hirnblutung oder einem Verschluss von kleineren oder grösseren Blutgefässen. Im Unterschied zur Demenz vom Alzheimertyp treten hier auch gleich zu Beginn körperliche oder neurologische Symptome auf: Betroffene hinken plötzlich mit einem Bein, haben keine Kraft mehr in einem Arm, ihr Gesicht ist plötzlich nicht mehr seitengleich, ein Mundwinkel fällt nach unten.

Eine eher unbekannte, aber nicht seltene Demenzform ist die **Lewy-Body-Demenz.** Typischerweise beginnt diese Demenz rasch, kann sich aber auch innerhalb eines Tages deutlich verändern. Die Lewy-Body-Demenz ist häufig mit Symptomen der Parkinsonerkrankung kombiniert: Betroffene haben ein Zittern in den Händen und steife Gelenke; wenn man ihnen die Hand schüttelt, bewegt sich der ganze Arm mit. Auch der Blutdruck kann plötzlich instabil werden.

Eine Demenz, die meist früh beginnt und oft lange nicht richtig erkannt wird, ist die **frontotemporale Demenz**. Hier sind vor allem die Vorderhirn- und Schläfenlappen betroffen, und die Krankheit zeichnet sich aus durch Persönlichkeitsveränderungen mit Enthemmung und Überaktivität oder dem Gegenteil, nämlich Apathie oder auch einer Veränderung der Sprache.

Schliesslich gibt es Demenzformen, die mit anderen körperlichen Erkrankungen einhergehen, etwa mit einer Schilddrüsenunterfunktion.

Symptome

Der Beginn einer Demenz ist schleichend, erste Anzeichen sind meist unauffällig. Die Sprache beginnt langsam, sich zu verändern, sie wird ungenau. Vielleicht fehlt auf einmal das Wort Tasse: «Reiche mir doch das… Gefäss, weisst du, wo man den Kaffee hineinschüttet.» Es ist, als würden gewisse Schubladen, in denen bestimmte Wörter hinterlegt sind, klemmen. Betroffenen fällt dieses Problem meist nicht auf, und für Angehörige ist es zu unspezifisch, um sich Sorgen zu machen.

Gleichzeitig oder in einem zweiten Schritt setzen die Gedächtnisprobleme ein. Banales, Alltägliches geht vergessen. Betroffene wissen genau, dass die Enkelin am Sonntag zu Besuch kommt, sie freuen sich darauf, es ist emotional wichtig. Sie vergessen aber, dass sie der Tochter schon einmal im Detail berichtet haben, was die Nachbarin heute Morgen erzählt hat.

Diese Phase der Erkrankung dauert relativ lange. Betroffene vergessen dann eben, Milch einzukaufen, wie sie es sich eigentlich vorgenommen hatten. Oder sie kaufen zweimal Milch ein. Sie nehmen das selber aber gar nicht richtig wahr, merken einfach, dass das Umfeld erstaunt reagiert. Meistens finden sie für sich eine gute Erklärung, die das Problem nicht allzu dramatisch erscheinen lässt.

Wenn diese Problematik zunimmt, kommt es zu schwierigen Situationen. Ein älterer Herr findet sein Portemonnaie nicht. Er ist überzeugt, dass er es dorthin gelegt hat, wo er es immer hinlegt. Seine Schlussfolgerung ist, dass die Spitexfachfrau den Geldbeutel gestohlen haben muss.

HINWEIS *In dieser Krankheitsphase beginnt es Betroffenen an mentaler Flexibilität zu fehlen. Sie können ein Problem nicht mehr aus verschiedenen Blickwinkeln anschauen. Ihnen fällt eine Sicht, eine Lösung ein; dabei bleiben sie. Und es ist schwierig, sie von dieser Wahrnehmung abzubringen.*

Das Langzeitgedächtnis ist beeinträchtigt

In einer nächsten Phase fängt das Langzeitgedächtnis an, zu leiden. Man kann sich das so vorstellen: Wir alle haben eine ganze Bibliothek mit Büchern, eins für jedes Lebensjahr. Langsam werden diese Bücher gelöscht. Sind bei einer 80-jährigen Frau alle Bücher der letzten 50 Jahre gelöscht, meint sie, sie sei 30. Damals hatte sie kleine Kinder, eine ihrer Hauptaufgaben war das Kochen für die Familie. Deshalb geht sie davon aus, dass sie nun für die Kinder kochen muss. Ihre 25-jährige Enkelin hält sie in solchen Momenten für die jüngere Schwester; die war damals auch 25-jährig und sah der Enkelin ähnlich. Für das Umfeld sind solche Situationen belastend. Es ist nicht einfach, wenn einen die eigene Mutter plötzlich nicht mehr erkennt oder für jemand anderen hält.

Schwierig ist auch ein weiteres Phänomen: Oben wurde erwähnt, dass die Jahresbücher gelöscht werden. Das stimmt so nicht ganz. Die Bücher sind wiederum in einer Schublade, und diese klemmt meistens; der Zugang zu den Büchern ist nicht möglich. Aber ab und zu lassen sich die Schubladen öffnen. Das ist für Angehörige irritierend: Auf einmal ist die ansonsten verwirrte Mutter wieder präsent, vielleicht sogar im Hier und Jetzt. Dieser Zustand dauert vielleicht ein paar Stunden, dann «entschwindet» die Mutter wieder in eine andere Zeit.

Fertigkeiten gehen verloren

Im Gedächtnis haben wir nicht nur Fakten gespeichert, sondern auch Fertigkeiten. Als Kinder haben wir laufen gelernt, wir haben gelernt zu essen, zu schreiben, wir haben Fremdsprachen gelernt und später berufliche Fertigkeiten und Freizeitaktivitäten. Auch dieses Wissen und diese Fertigkeiten sind nicht mehr zugänglich. Um ein Beispiel aus unserer Zeit zu nehmen: Das Wissen, was ein Smartphone ist und wie man es bedient bzw. was man alles damit machen kann, geht vergessen. Man versteht auch nicht, wie das Türschloss im Altersheim funktioniert, weil es anders ist als das zu Hause.

Fremdsprachen gehen ebenfalls verloren. Das ist ein Problem für Migranten: Wenn sie erst mit 40 Jahren Deutsch gelernt haben, werden sie ihre Fähigkeit, Deutsch zu sprechen und zu verstehen, verlieren. Deshalb gibt es heute spezielle Demenzstationen, etwa für Menschen aus Italien.

In der späten Erkrankung gehen dann auch ganz banale Fertigkeiten vergessen. Essen zum Beispiel: die einzelnen Schritte, die nötig sind, um ein Stück Fleisch zum Mund zu führen, zu kauen, mit der Zunge gegen den Gaumen zu bewegen und zu schlucken.

Damit verbunden ist ein weiteres Phänomen: Schwer Demenzkranke können das, was sie sehen, nicht mehr einordnen. Sie starren beispielsweise lange auf einen Löffel mit etwas Essbarem darauf und wissen nicht, was nun mit diesem Gegenstand zu tun ist, was seine Funktion ist. Das dauert ein paar Sekunden, und plötzlich klappt es doch. Man kann vielleicht helfen, indem man den Löffel zum Mund bewegt, dann wird ihnen auf einmal wieder klar, um was es geht.

HÄUFIG GESTELLTE FRAGEN

Hat das Vergessen auch positive Aspekte?

Ja, zu einem gewissen Grad. Dadurch, dass wir alle mit dem Speichern von sehr viel neuem Wissen, neuen Informationen beschäftigt sind, haben wir einen recht schlechten Zugang zu Vergangenem. Demente Patienten dagegen können sich plötzlich wieder ganz klar an Vergangenes erinnern. Die Hochzeitsreise wird wieder lebendig; sie erinnern sich an alle Details, an die Gerüche, die Musik. Das kann auch für Angehörige oder den Partner, die Partnerin eine schöne Erfahrung sein. ∎

Traurige Momente

Etwas vom Schwierigsten an der Demenz ist, dass Erinnerungen, die mit starken Gefühlen verbunden sind, besser sitzen. Dies trifft auf Positives zu, vor allem aber auch auf Negatives. Man sagt, dass die Knoten in der Biografie erhalten bleiben. Das Nichtbestehen der Lehrerprüfung wird wieder sehr präsent; eine sexuelle Traumatisierung, die nie zur Sprache gekommen ist, leider auch. Deshalb ist es für die Pflegeteams in Alters- und Pflegeheimen wichtig, dass sie die Biografie der Betroffenen kennen. So können sie sogenanntes Problemverhalten besser einordnen; es wird zum Beispiel klar, warum sich eine alte Frau im Intimbereich nicht waschen lassen will und auf entsprechende Versuche mit Panik reagiert.

Körperliche Symptome

Sie treten vor allem in der zweiten Krankheitshälfte auf. Das Wissen um körperliche Funktionen geht verloren; Betroffene vergessen, wie man die Blase kontrolliert. Da sich das Hirn verändert, wird auch die Steuerung von körperlichen Funktionen schwierig. Man verschluckt sich nicht nur, weil man vergisst, wie man schlucken muss. Man verschluckt sich auch, weil die Nerven, die fürs Schlucken zuständig sind, nicht mehr fehlerfrei arbeiten. So kommt es, dass Betroffene häufig Blaseninfekte haben, die Verdauung unregelmässig wird, das Schlucken schwierig ist und durch das Verschlucken Lungenentzündungen verursacht werden.

GUT ZU WISSEN *Betroffene essen häufig nicht mehr genug, um den Kalorienbedarf des Körpers zu decken. Sie magern ab, werden schwächer. In der Endphase der Erkrankung sind meist alle Organsysteme geschwächt: Herz, Lunge, Nieren. Am häufigsten sterben Betroffene an einer Lungenentzündung.*

Ursachen

Über die Ursachen der Alzheimerdemenz ist wenig bekannt. In den letzten 20 Jahren wurde enorm viel Zeit, Energie und Geld in die Ursachenforschung investiert. Klar ist, dass es zu Veränderungen im Gehirn kommt: Gewisse Hirnzellen haben eine Art «Haare», die aus Eiweiss bestehen. Diese müssen regelmässig geschnitten werden. Nun werden diese Haare plötzlich falsch geschnitten, und es bilden sich Haarknäuel (sogenannte Plaques und Tangles). Dies führt dazu, dass die Hirnzellen weniger oder falsch miteinander kommunizieren.

In bestimmten Hirnregionen sterben die Hirnzellen auch ab. Dies zum Beispiel in einem wichtigen Hirnareal, in dem wir uns selbst wahrnehmen und über unser Sein und unsere Handlungen nachdenken. Das erklärt, warum Betroffene ihre eigenen Defizite und die eigene Erkrankung nicht unbedingt wahrnehmen.

Wenig betroffen sind dagegen Hirnareale, die mit Emotionen und Instinkten zu tun haben. Diese Wahrnehmung ist fast ungetrübter als bei Nichtbetroffenen: Demente Menschen merken sofort, wie es dem Gegenüber geht. Sie spüren, ob die Nachtwache gestresst ist oder nicht, und reagieren sehr sensibel darauf.

GUT ZU WISSEN *Trotz intensiver Forschung: Wirklich relevante Hinweise auf Ursachen, die den Krankheitsverlauf und die Therapie beeinflussen, liegen bisher immer noch im Dunkeln.*

Stress, Gene

Heute wird intensiv im Bereich Stress geforscht. Chronischer Stress oder traumatische Erlebnisse verändern unser Gehirn, machen es anfälliger. So kann etwa die Freisetzung von Cortisol, einem der wichtigsten Stresshormone, über viele Zwischenschritte zum Absterben von Hirnzellen führen.

Geforscht wird auch im Bereich Genetik. Es gibt einzelne Gene, die das Risiko für eine Demenz stark erhöhen. Diese genetischen Ursachen betreffen aber nur eine kleine Minderheit von Patienten; meist solche, bei denen die Erkrankung sehr früh beginnt.

Diagnosestellung

Erste Abklärungen erfolgen zumeist durch den Hausarzt. Einfache Tests wie der Mini-Mental- oder der Uhrentest liefern gute erste Hinweise. Der Hausarzt stellt auch sicher, dass keine medizinischen Erkrankungen vorliegen, die wie eine Demenz aussehen, aber behandelbar sind, wie zum Beispiel eine Schilddrüsenunterfunktion.

Eine vertiefte Untersuchung erfolgt an einer Memoryklinik oder in einer Gedächtnissprechstunde. Hier lässt sich abklären, ob die Diagnose stimmt bzw. um welche Unterform der Demenz es sich handelt.

GUT ZU WISSEN *Wichtig und für Angehörige hilfreich ist auch ein Profil mit den Stärken und Schwächen des Betroffenen. Es macht wenig Sinn, jemanden dort zu fördern, wo mittlerweile eine unüberwindbare Blockade besteht. Hat jemand früher gerne Glückwunschkarten geschrieben, zeigt nun aber gerade beim Umsetzen von Gedanken in geschriebene Sätze grosse Mühe, so macht es wenig Sinn, diese Person zu ermuntern, doch wieder Karten zu schreiben.*

Im Rahmen der Abklärung in einer Memoryklinik oder beim Hausarzt findet auch ein Diagnosegespräch statt. Der Betroffene und die Angehörigen werden über die Diagnose informiert.

Das ist ein gefürchteter, aber wichtiger Schritt. Die Erfahrung zeigt, dass Betroffene (und Angehörige) besser fahren, wenn ihre Problematik einen Namen hat und sich einordnen lässt. Das gibt Betroffenen auch die Chance, eine Patientenverfügung zu verfassen und gewisse Entscheidungen, die noch möglich sind, zu treffen. Im Diagnosegespräch werden auch Hilfsmassnahmen besprochen.

HINWEIS *Betroffene reagieren sehr feinfühlig auf Stimmungen. Wird die Diagnose nicht benannt, steht aber trotzdem im Raum, spüren sie dies und reagieren auf diese Unstimmigkeit. Offenheit ist daher die bessere Wahl.*

Demenz behandeln

Prävention ist das A und O – für uns alle. Denn ein Wundermittel gegen Demenz gibt es leider (noch) nicht. Betroffenen hilft eine stressarme Umgebung, aber auch Angehörige brauchen ab einem gewissen Zeitpunkt Entlastung.

Schwerpunkt wäre die Prävention – und da Alzheimer heute so häufig ist, betrifft uns das im Grunde genommen alle. Auch hier wird sehr viel geforscht, Resultate sind aber leider erst spärlich vorhanden. Man weiss immerhin, dass Menschen, die ihr Hirn aktiv und vielfältig nutzen, eher später erkranken. Deshalb ist regelmässige körperliche Bewegung wichtig, aber auch das Erlernen neuer Sportarten oder neuer Bewegungsabläufe, zum Beispiel in einem Tanzkurs.

Kognitives Training (Kreuzworträtsel lösen, die Steuererklärung ausfüllen, auch im Alter eine Fremdsprache lernen oder einen Kurs an der Volkshochschule besuchen usw.) hat höchstwahrscheinlich ebenfalls eine gewisse präventive Wirkung. Auch eine ausgewogene Ernährung ist sinnvoll. Meditation oder Spiritualität haben einen Einfluss. Ein guter Umgang mit Stress scheint zentral zu sein, ebenso soziale Stimulation: mit anderen Menschen zusammen sein, aber auch immer wieder neue Menschen kennenlernen.

TIPP *Wir haben alle ein beträchtliches Risiko, an einer Demenz zu erkranken. Deshalb ist es sinnvoll, sich Gedanken darüber zu machen, was man sich für diese Zeit wünscht. Hier gibt es gute Patientenverfügungen, die Schritt für Schritt durch die relevanten Themen führen.*

Ist die Erkrankung einmal da, ist es wichtig, dass Betroffene trotzdem noch Aufgaben haben. Nichts erfüllt mehr, als das Gefühl, gebraucht zu werden, nützlich zu sein. Menschen mit Demenz werden oft zu sehr geschont oder beschützt.

LEBENSENDE IN WÜRDE

Unsere Gesellschaft meidet vieles, das sie als negativ erlebt. Nichts wird mehr richtig zu Ende geführt; Arbeitnehmer werden entlassen, Ehen werden geschieden. Auch das Sterben hat eine neue Dimension bekommen; es soll schnell gehen, ohne Krankheit, ohne Leiden. Alzheimer passt nicht in dieses Konzept, ist aber eine Realität. Ein würdevolles Altern und Sterben ist auch mit einer Demenz möglich. ■

Was können Angehörige tun?

Häufig lastet die Hauptverantwortung und auch die Hauptbetreuung auf den Angehörigen. Heute gibt es zwar viele gute Dienstleistungen, aber gerade die grosse emotionale Belastung kann einem niemand abnehmen. Es ist schwierig, jemanden mit einer Demenz zu betreuen. Es ist schwierig, mitzuerleben, wie der Angehörige auf eine gewisse Art entschwindet, wie man sozusagen zu Lebzeiten Abschied nehmen muss.

 HINWEIS *Die Betreuung eines dementen Angehörigen hat auch eine bereichernde Seite. Sinnfragen werden aktuell. Die Lebensperspektive ändert sich, das Leben reduziert sich auf das Essenzielle: etwa auf die Freude, jemanden zu sehen, den man gern hat.*

Hilfe für Angehörige

Für Angehörige ist Wissen und Coaching ganz wichtig; dafür gibt es heute von verschiedenen Anbietern ausgezeichnete Unterstützungskurse. Man kann zwar auch intuitiv lernen, wie man mit einer demenzkranken Person am besten umgeht, das ist jedoch anspruchsvoller.

In Unterstützungskursen lernen Angehörige zum Beispiel Validierungstechniken (siehe auch Seite 64): Sie üben sich darin, die Welt aus der Sicht des Betroffenen zu sehen. Um auf das Beispiel oben zurückzukommen: Wenn die Mutter nachts erwacht, wäre die normale Reaktion der Tochter, sie darauf hinzuweisen, dass es zwei in der Nacht sei, Schlafenszeit. Das erste Mal wird die Tochter das vielleicht ruhig sagen, beim siebten Mal wird sie schon relativ gestresst oder erbost tönen. Sie ist selber müde, erschöpft – verständlicherweise. Und die Mutter fühlt sich abgelehnt, kritisiert, entwertet; es entsteht eine Stresssituation. Indem man validiert, vermeidet man diese Spirale. Eine mögliche Antwort der Tochter wäre: «Ich kenne das. Das ist so schwierig, die Kinder kommen gleich heim und man hat noch nichts auf dem Tisch… Welche Gerichte kennst du, die schnell gehen? Ich mache dann meistens Käseschnitten.» Bei dieser Antwort nimmt die Mutter Interesse wahr, die Tochter scheint sie zu verstehen. So entsteht ein Gespräch, und Ablenkung ist viel einfacher.

Allerdings: Wunder sind nicht zu erwarten. Es ist eine Realität, dass sich die ganze Geschichte trotz Validierungstechnik eine halbe Stunde später völlig identisch wiederholen kann.

Validieren verbessert die Prognose

Stress beschleunigt das Fortschreiten der Erkrankung. Mit der Validierungstechnik lassen sich Stresssituationen mindestens teilweise entschärfen. Idealerweise finden Angehörige einen Weg, wie sie ihrem dementen Familienmitglied ruhig, gelassen und akzeptierend gegenübertreten können – etwas, das sehr anspruchsvoll ist.

Dinge, die man gemeinsam unternehmen kann

Häufig fühlen sich Angehörige hilflos, wissen nicht, wie sie die Zeit mit den Betroffenen verbringen können. Gerade Angehörige, die nicht regelmässig Kontakt haben, fühlen sich überfordert. Es wird plötzlich sehr still um die Demenzkranken.

Hier gilt es, mit den Stärken zu arbeiten. Das Altzeitgedächtnis funktioniert ja oft noch erstaunlich gut, es sind viele Details vorhanden. Sich Geschichten erzählen zu lassen von früher oder zusammen Fotoalben anzuschauen sind gute Aktivitäten, ebenso Musik von früher zu hören oder Lieder zu singen. Auch der Kontakt mit Tieren ist meist sehr schön.

Manchmal funktionieren gut gemeinte Aktivitäten paradoxerweise nicht: Der Neffe besucht mit seinem Onkel das Dorf, in dem dieser aufgewachsen ist, er will ihm eine Freude machen. Der Onkel geht in seinem Inneren davon aus, dass er 30-jährig ist; an alles, was später passiert ist, kann er sich nicht erinnern. Er wird das Dorf fast nicht wiedererkennen, alles ist so seltsam, so anders. Es hat ganz merkwürdige Gebäude, die anders aussehen als die Häuser und Baumaterialien, die damals aktuell waren. Das Erscheinungsbild der Strassen hat sich verändert, es gab noch keine Leuchtreklamen. Der Onkel wird dies alles nicht einordnen können, wird sich wie im falschen Film fühlen und gestresst reagieren. Der Neffe seinerseits wird völlig überrascht sein, dass es dem Onkel plötzlich so schlecht geht.

der zehn Minuten vom Pflegeheim entfernt ist. Achten Sie darauf,
dass die Aktivitäten eher kurz sind. Eine halbe bis eine ganze Stunde
reicht bereits.

Unterstützung zu Hause

Heute gibt es zahlreiche Möglichkeiten, wie Betroffene und ihre Familie
zu Hause unterstützt werden können. Betroffenen soll nicht zu viel abgenommen werden, sie sollen bei Bedarf aber angeleitet werden. Oft muss
man sie einfach nur daran erinnern, etwas zu tun.

Mit fortschreitender Erkrankung wird die Entlastung der Hauptbetreu-
ungspersonen zum Thema. Sie haben häufig das Gefühl, alles alleine meistern zu müssen. Verantwortung abzugeben mag nicht einfach sein, es ist
aber notwendig, um ein Ausbrennen der Angehörigen zu verhindern.

HILFE VON FACHSTELLEN

Fachstellen wie Alzheimer Schweiz oder Pro Senectute beraten in rechtlichen
und finanziellen Fragen, machen bei Bedarf Hausbesuche und geben Empfehlungen ab, wie eine Wohnung demenzgerecht eingerichtet werden kann. Hier geht
es oft um Details: Es ist zum Beispiel hilfreich, wenn sich der Schlüssel nach
einem Umzug am selben Ort befindet wie in der alten Wohnung.   ■

Alters- und Pflegeheim oder Demenzstation?

Das ist eine Frage, die man sich mit Vorteil frühzeitig stellt, da diese Institutionen oft lange Wartefristen haben. In einer Notfallsituation, zum
Beispiel bei einem Sturz und einem Schenkelhalsbruch, braucht es sofort
eine Lösung – und wenn man nirgends auf einer Warteliste steht, muss
man nehmen, was sich gerade anbietet.

GUT ZU WISSEN *Grundsätzlich gilt: Häufige Wechsel sind*
möglichst zu vermeiden; sie scheinen einen negativen Einfluss
auf die Krankheit zu haben.

Vorteile einer Demenzstation

Demenzstationen haben den Vorteil, dass hier eine fachlich hochstehende spezifische Betreuung möglich ist. Die Teams sind zum Beispiel in Validierung geübt. Es gibt genügend Betreuungspersonen, und die Stationen sind oft auch recht grosszügig eingerichtet. Gespräche finden hier aber vor allem mit Pflegenden statt, weniger mit den Mitbewohnern.

Wenn die Option besteht, in ein Pflegeheim mit Demenzstation einzutreten, kann das eine sinnvolle Lösung sein, weil dann nur noch ein interner Wechsel nötig ist.

Medikamente

Leider sind die medikamentösen Möglichkeiten gering. Eine Weile bestand die Hoffnung, eine Impfung gegen Demenz zu finden; sie ist in weite Ferne gerückt.

Antidementiva

Die spezifischen Medikamente gegen Demenz, die sogenannten Antidementiva, scheinen nur einen moderaten Einfluss zu haben. Betroffene können etwas länger zu Hause bleiben, der Eintritt ins Pflegeheim lässt sich ein wenig aufschieben. Es ist trotzdem sinnvoll, diese Präparate auszuprobieren, da sie eher wenig Nebenwirkungen haben und risikoarm sind. Tatsächlich sprechen einzelne Patienten sehr gut auf sie an, während andere fast keine Wirkung verspüren.

Besser als die Gedächtnisleistung lassen sich die psychiatrischen Teilsymptome der Demenz behandeln. Medikamente helfen zum Beispiel bei depressiven Verstimmungen, bei Angstzuständen oder bei der Tag-Nacht-Umkehr. Demenzbetroffene schlafen vielfach tagsüber und sind nachts wach. Oft zeigt sich auch eine ausgeprägte Verwirrtheit am frühen Abend, wenn die Sonne untergeht.

Antipsychotika

Die hohe Belastung in den Nächten kann ausschlaggebend sein, wenn es um die Frage geht, ob jemand mit einer Demenz noch zu Hause bleiben kann oder in ein Pflegeheim ziehen muss. In dieser Situation werden häufig Antipsychotika eingesetzt, Medikamente, die ursprünglich für die Schizophrenie entwickelt wurden. Sie führen zu einer Beruhigung des Schlafs oder mildern Angstzustände. Hier ist die Dosierung wichtig: Manchmal entscheiden winzige Dosierungsänderungen, ob das Medikament wirkt oder nicht.

 GUT ZU WISSEN *Diese Medikamente erhöhen bei dementen Patienten das Risiko für einen Infarkt oder eine Hirnblutung. Sie sollten deshalb immer nur temporär eingesetzt werden.*

Weitere Medikamente

Untersucht wurden verschiedene Entzündungshemmer, da man bei der Demenz aufgrund der Eiweissknäuel (siehe Seite 225) von einer Entzündung im Gehirn ausgeht. Auch verschiedene Vitamine, Mineralstoffe, cholesterinsenkende Medikamente und pflanzliche Präparate waren auf dem Radar. Bisher konnte aber bei keiner dieser Substanzen ein präventiver Einfluss nachgewiesen werden.

 HINWEIS *Eine fachgerechte medizinische Begleitung ist wichtig, auch weil körperliche Symptome recht häufig vorkommen und nicht ganz einfach zu behandeln sind. Man nimmt hier meistens eine palliative Haltung ein. Palliation heisst, dass die Erhaltung der Lebensqualität und der Schutz der Würde des Patienten oberstes Ziel sind. Sie gewinnt vor allem in der Endphase der Demenz an Bedeutung: Hier braucht es immer wieder Entscheide, ob eine Lebensverlängerung nicht eine Leidensverlängerung darstellt und ob man nicht einen natürlichen Verlauf der Erkrankung zulassen möchte. Es wird jedoch Wert darauf gelegt, dass zum Beispiel Schmerzen behandelt werden.*

Taschenapotheke Demenz

Präventive Massnahmen

- Halten Sie sich mental und körperlich fit. Probieren Sie auch im Alter immer wieder Neues aus.
- Machen Sie sich Gedanken darüber, welche Lebensform oder Art der Behandlung Sie sich wünschen würden, falls Sie später erkranken sollten.

Tipps für Angehörige

- Versuchen Sie, zu akzeptieren, dass Ihr Angehöriger vieles ständig vergisst. Sie regen sich ja auch nicht auf, wenn er schon wieder nicht gehen kann, sondern den Rollstuhl benötigt.
- Lassen Sie Ihre Partnerin nicht ständig das Gleiche erzählen. Demente Menschen sind sehr feinfühlig und merken, wenn Sie gar nicht mehr zuhören. Weisen Sie kurz, aber freundlich darauf hin und stellen Sie eine Frage zu einem anderen Thema.
- Achten Sie auf Ihre Kräfte, suchen Sie Unterstützung. Im Pflegeheim braucht es durchschnittlich drei Pflegende pro Bewohner. Sie brauchen also auch bei sich zu Hause ein kleines Team.
- Arbeiten Sie mit den Stärken, die die Demenz freilegt: mit dem Detailwissen über Dinge von früher, mit dem feineren Gespür für Emotionen und Stimmungen.

Literatur

- Baer, Udo; Schotte-Lange, Gabi: **Das Herz wird nicht dement.** Rat für Pflegende und Angehörige. Beltz, Weinheim 2019
- Boss, Pauline: **Da und doch so fern.** Vom liebevollen Umgang mit Demenzkranken. Rüffer & Rub, Zürich 2014
- Bowlby-Sifton, Carol: **Das Demenz-Buch.** Ein «Wegbegleiter» für Angehörige, Pflegende und Aktivierungstherapeuten. Hogrefe, Bern 2011
- Engel, Sabine: **Alzheimer und Demenzen.** Die Methode der einfühlsamen Kommunikation. Unterstützung und Anleitung für Angehörige – auch auf DVD. Trias, Stuttgart 2011
- Rohra, Helga: **Aus dem Schatten treten.** Warum ich mich für unsere Rechte als Demenzbetroffene einsetze. Mabuse, Frankfurt a.M. 2012
- Swaffer, Kate: **Was zum Teufel geschieht in meinem Hirn?** Ein Leben jenseits der Demenz. Hogrefe, Bern 2017

DVD

- Richard Eyre: **Iris.** Filmbiografie über die Schriftstellerin Iris Murdoch, die im Alter von 74 Jahren an Alzheimer erkrankte. 2001
- LVR-Zentrum für Medien und Bildung: **Demenz-Filmratgeber für Angehörige mit dem Spielfilm «Eines Tages...».** Studio: LVR-Zentrum für Medien und Bildung, Düsseldorf

Diagnostische Leitlinien nach ICD-10

Dementielles Syndrom
- Abnahme des Gedächtnisses und des Denkvermögens
- Beeinträchtigung der Aktivitäten des täglichen Lebens
- Gedächtnisstörung: Beeinträchtigung der Aufnahme, des Speicherns und der Wiedergabe neuer Information. Im späten Verlauf auch Beeinträchtigung des Langzeitgedächtnisses
- Denkvermögen: Vernünftiges Urteilen wird schwierig, der Denkfluss ist gehemmt, die Informationsverarbeitung ist erschwert, Wechsel zwischen Aufgaben wird schwierig, es können nicht mehr zwei Sachen gleichzeitig gemacht werden u.a.
- Das Bewusstsein ist in der Regel ungetrübt.
- Die Beeinträchtigungen bestehen seit mindestens einem halben Jahr.

Demenz bei Alzheimerkrankheit
- Vorliegen eines dementiellen Syndroms (s. oben)
- Schleichender Beginn mit langsamer Verschlechterung
- Andere Erkrankungen, die eine Demenz verursachen, sind ausgeschlossen (Schilddrüsenunterfunktion, Vitaminmangel oder Mineralienabnormalitäten, Blutungen oder ein Hirninfarkt/ Hirnschlag).

- Alzheimer mit frühem Beginn: Beginn vor dem 65. Lebensjahr, eher rascheres Fortschreiten. Neben dem Gedächtnis sind viele andere Hirnfunktionen mitbetroffen (Sprache, Schreiben, Lesen, Handlungssteuerung).
- Alzheimer mit spätem Beginn: Beginn nach dem 65. Lebensjahr. Eher langsam fortschreitend, Gedächtnisstörung lange als Hauptsymptom

Vaskuläre Demenz
- Vorliegen eines dementiellen Syndroms (s. oben)
- Plötzlicher Beginn, schrittweise Verschlechterung
- Neurologische Symptome (lahmer Arm oder Bein, Sprechstörung, schiefer Mundwinkel etc.)
- Eigene Symptomwahrnehmung oft besser als bei Alzheimer
- Zusätzliche mögliche Symptome: hoher Blutdruck, Stimmungslabilität oder Depressivität

Die heute häufige Lewy-Body-Demenz findet sich im ICD-10 noch nicht. Zu finden sind aber zusätzliche Demenzformen (Demenz bei Parkinson, Chorea Huntington, Pick, Creutzfeldt-Jakob und andere Erkrankungen).

Delir

Menschen im Delir sind plötzlich verwirrt und desorientiert.

Die gute Nachricht: Ein Delir hat immer eine spezifische

Ursache. Lässt sie sich beheben, geht es Betroffenen rasch

wieder gut.

Erscheinungsformen, Symptome

Halluzinationen sind typisch für ein Delir; daneben gibt es körperliche Anzeichen. Manche Menschen werden auch ganz still und ziehen sich in sich selber zurück.

Ein Delir ist ein relativ plötzlich auftretender Verwirrtheitszustand. Betroffene sind völlig desorientiert. Das trifft auch auf die Zeitachse zu: Das Datum kann sich mühelos um 10 bis 30 Jahre ändern.

> **HINWEIS** *Die Verwirrung lässt sich über die Wahrnehmung nicht korrigieren: Sie können einen Betroffenen darauf hinweisen, dass es draussen schneit; er wird immer noch überzeugt sein, dass es gerade Juli ist.*

Delir aus der Sicht eines Angehörigen

«Mein Vater hatte sich einer grösseren Herzoperation unterziehen müssen. Im Aufwachraum schaute er mich mit grossen verängstigten Augen an. Er sagte, er könne hier nicht bleiben, es tropfe ja überall. Ich schaute ihn erstaunt an, verstand nicht, was er meinte. Er zeigte mit seiner Hand zur Decke und sagte noch einmal, dass es überall tropfe. Auf dem Gang sprach ich den Assistenzarzt darauf an; er berichtete, er habe gerade noch mit meinem Vater gesprochen, und es sei alles völlig normal gewesen.»

Symptome

Menschen im Delir können nicht mehr einordnen, wo sie sich gerade befinden. Der Vater in Beispiel oben wird vielleicht sagen, er sei hier in einem Schulhaus, und auch wenn Sie ihn darauf hinweisen, dass es in einem Schulhaus meistens keine Infusionsständer und kein Pflegepersonal habe, wird ihm dies nicht unbedingt helfen.

Halluzinationen

Delirante Patienten halluzinieren häufig: Sie sehen Dinge wie die tropfende Decke oder kleine Sachen, die sich bewegen, etwa pelzige Tierchen, die am Boden entlang huschen. Manchmal spüren Patienten diese Dinge auch; sie haben zum Beispiel das Gefühl, es habe kleine Tiere auf ihrer Haut, Käfer oder Läuse.

Wenn sie Dinge hören, die nicht da sind, sind es nicht wie bei der Schizophrenie Stimmen, sondern eher Geräusche. So entstehen ganze Geschichten: Ein deliranter Patient war böse auf seine Ehefrau. Er lag auf der Intensivpflegestation und konnte nicht verstehen, warum sie sich im Pool, der nach seiner Wahrnehmung mitten in der Station stand, mit dem Personal vergnügte. Er habe sie doch gehört und gesehen.

Unruhe und Schlafschwierigkeiten

Menschen im Delir sind innerlich oft sehr unruhig. Sie nesteln mit den Händen herum, zupfen an der Decke, wollen ständig aufstehen.

So wird auch Schlafen schwierig. Delirante Patienten können nicht einschlafen, wachen häufig wieder auf.

 GUT ZU WISSEN *Die Symptome des Delirs verschlimmern sich häufig, wenn es draussen dunkel wird.*

Schliesslich zeigen sich körperliche Auffälligkeiten. Der Puls ist erhöht, die Atemfrequenz schneller und der Blutdruck wechselhaft. Auch Fieber kann auftreten. Die Pupillen sind verändert.

RÜCKZUG IN SICH SELBST

Es gibt auch eine stille Form des Delirs. Hier wirken die Betroffenen zurückgezogen, schlafen viel, antworten kaum, verweigern oder vergessen das Essen und Trinken. ■

Schnelle Wechsel

Zustände im Delir sind sehr wechselhaft. Es ist daher nicht erstaunlich, dass der Assistenzarzt im Eingangsbeispiel mit dem Patienten fünf Minuten zuvor ein völlig normales Gespräch führen konnte.

Ursachen

Man geht davon aus, dass beim Delir eine klare Ursache vorliegt, die den Stoffwechsel des Gehirns und seine Funktionalität beeinträchtigt. Die häufigste Ursache ist eine Infektion. Typische Beispiele sind hier eine Blaseninfektion oder eine Lungenentzündung. Aber auch körperliche Erkrankungen im Allgemeinen können ein Delir auslösen. Bei einem Nieren- oder Leberversagen entgiftet der Körper sich selbst nur noch ungenügend; die Restgiftstoffe führen zur Verwirrtheit. Bei Operationen kann es zu einer ungenügenden Sauerstoffversorgung kommen, auch diese sogenannte Hypoxie (Sauerstoffarmut) äussert sich nach der Operation durch Verwirrtheit.

Sehr häufig wird ein Delir durch eine Art Medikamentenallergie ausgelöst, speziell bei Antibiotika oder Schmerzmitteln. Auch Salzauffälligkeiten im Blut, vor allem ein Natriummangel, können schwere Delire verursachen. Speziell beim Natriummangeldelir ist, dass es auch nach der Salzkorrektur noch über Wochen bestehen bleibt und sich erst allmählich wieder zurückbildet.

Begünstigende Faktoren

Ältere Patienten haben ein stark erhöhtes Risiko, ein Delir zu entwickeln. Ebenso Patienten, die viele verschiedene Medikamente einnehmen müssen und hospitalisiert werden. Schmerz, Schlafentzug, ständiges Licht sind weitere Faktoren. Nach einer Operation etwa liegt man in einem Aufwachraum oder auf einer Intensivpflegestation, die hell ausgeleuchtet sind; es ist relativ laut mit den vielen medizinischen Geräten und Alarmen, und alle 20 Minuten kommt jemand ins Zimmer oder in die Koje – an Schlaf ist nicht zu denken.

Auch Menschen mit einer hirnorganischen Beeinträchtigung oder Alzheimer entwickeln schneller und häufiger ein Delir.

HINWEIS *Eine Hauptursache ist der Alkohol- oder Tablettenentzug. Beim Alkoholentzug spricht man vom Delirium tremens, einer lebensgefährlichen Komplikation (siehe auch Seite 252).*

Ein Delir behandeln

**Als wichtigste Massnahme gilt es, die Ursache zu finden und
zu beheben. Im akuten Delir hilft die Anwesenheit von vertrauten
Personen; das gibt dem Patienten Sicherheit.**

Ein Delir entwickelt sich schnell, innerhalb von Stunden oder Tagen. Dies
im Unterschied zur Demenz oder zur Depression, die langsam, über Monate hinweg entstehen. Ein schweres Delir kann lebensgefährlich sein. Ist
die Ursache gefunden und behoben, klingt es in der Regel aber auch
schnell wieder ab. Ausnahme: das Salzmangeldelir (siehe Seite 240).

Die Ursache beheben – oder
Symptome lindern?

Die Ursache des Delirs zu erkennen ist nicht immer einfach, gerade bei
Betroffenen, die verschiedene Medikamente einnehmen, eine beginnende
Demenz haben oder körperlich schwer krank sind. Oder es gibt ein Dilemma: Vielleicht erkennt man, dass ein Medikament das Delir verursacht,
aber trotzdem notwendig ist, weil die Lungenentzündung sonst nicht behandelt werden kann. In solchen Fällen wird das Delir oft «symptoma-
tisch» behandelt, d.h. man lindert die Symptome, ohne die Ursache zu
beheben. Hier kommen meist Antipsychotika zum Einsatz, Medikamente,
die gegen die Schizophrenie entwickelt wurden. Die Behandlung mit diesen Mitteln sollte zeitlich begrenzt sein, muss aber andererseits über ein
paar Tage hinweg unverändert fortgeführt werden, weil Antipsychotika
nur so ihre Wirkung entfalten können (mehr zu diesen Medikamenten
siehe Seite 81).

Betroffene begleiten

Ein Delir verängstigt sehr: Patienten wissen nicht, wo sie sind, können
nicht einordnen, was rund um sie herum passiert. Angehörige können
helfen, indem sie beim Betroffenen sind und ihm so Sicherheit vermitteln.

Tag und Nacht

Tagsüber ist es wichtig, dass das Zimmer gut ausgeleuchtet ist; nachts sollte es hingegen möglichst dunkel sein. Das hilft den Betroffenen, die Orientierung im Tagesrhythmus wieder zu finden.

Haben Patienten nachts Verwirrtheitszustände, ist es wichtig, dass sie erst einmal richtig wach werden. Hier kann es hilfreich sein, den Betroffenen aufzunehmen und mit ihm einen kurzen Spaziergang zu machen oder, paradoxerweise, seine Hirndurchblutung mit etwas Koffein «anzukurbeln».

Das Delir verarbeiten

Manchmal braucht es eine Nachbesprechung, wenn das Delir abgeklungen ist. Betroffene berichten oft, dass die Trugerinnerungen tief eingebrannt sind und emotional aufwühlen. Es bleibt für sie beispielsweise lange ungewiss, ob mitten auf der Intensivpflegestation nicht doch ein Swimmingpool stand, in dem sich das Personal vergnügte.

Taschenapotheke Delir

Tipps für Betroffene

- Besprechen Sie vor einem Eingriff mit Ihrem Chirurgen, wie hoch das Risiko ist, ein Delir zu entwickeln. Vor allem, wenn Sie schon etwas älter sind, mehr als fünf Medikamente einnehmen und einen Blasenkatheter benötigen werden. Dies sind alles Risikofaktoren.
- Informieren Sie die Ärzte über sämtliche Medikamente, die Sie einnehmen. Auch über diejenigen, die Sie von Angehörigen ab und zu beziehen oder die nicht rezeptpflichtig sind.
- Wurde Ihnen im Spital ein Medikament gegen ein Delir gegeben, fragen Sie den Hausarzt nach vier Wochen, ob Sie es weiterhin einnehmen sollen.

Tipps für Angehörige

- Bringen Sie Gegenstände von zu Hause, Fotos oder noch besser ein getragenes Kleidungsstück mit. Das beruhigt und gibt Sicherheit.
- Tritt ein Delir akut auf, kann es wichtig sein, dass Sie im Spital bleiben. Es reicht, einfach dazusitzen, ab und zu den Arm um Ihren Partner zu legen, mehr braucht es nicht. Übernachten Sie, falls es Ihnen möglich ist, sogar im Spital. Ein Delir dauert oft nur ein paar Tage. Ihre Präsenz vermittelt Sicherheit und Vertrauen, was oft wirksamer ist als Medikamente.

- Achten Sie darauf, dass das Zimmer tagsüber ruhig und gut ausgeleuchtet ist, nachts aber dunkel. Limitieren Sie den Besuch auf den engsten Verwandten- und Freundeskreis.

Literatur

- Hasemann, Wolfgang (Hrsg.): **Akute Verwirrtheit – Delir im Alter.** Praxishandbuch für Pflegende und Mediziner. Hogrefe, Göttingen 2009
- Hewer, Walter; Drach, Lutz Michael; Thomas, Christine: **Delir beim alten Menschen.** Kohlhammer, Stuttgart 2016

Diagnostische Leitlinien nach ICD-10

Delir

- Störung des Bewusstseins und der Aufmerksamkeit (kann zwischen einer leichten Bewusstseinsminderung und einem fast komatösen Zustand liegen)
- Beeinträchtigung fast aller komplexen mentalen Hirnfunktionen (Desorientiertheit, Gedächtnisstörungen, Halluzinationen, Wahngedanken etc.)
- Bewegungsauffälligkeiten: entweder überaktiv, nicht mehr zielgerichtet, oder dann unteraktiv, nur noch passiv daliegend

- Störung des Schlaf-Wach-Rhythmus
- Zustand wechselt häufig
- Zusatzsymptome: Depression, Angst, Furcht, Reizbarkeit, Euphorie
- Plötzlicher Beginn, Dauer meist ein paar Tage bis zu vier Wochen, maximal bis zu sechs Monaten

Sucht-
erkrankungen

Suchterkrankungen gehören zu den wichtigsten und

häufigsten psychischen Erkrankungen in unserer Gesellschaft.

Abgesehen vom persönlichen Leid verursachen sie

auch einen massiven Volksschaden, im sozialen wie im

wirtschaftlichen Bereich.

Erscheinungsformen, Symptome

Nicht alles, was wir umgangssprachlich als Sucht bezeichnen, ist auch eine. Kennzeichnend ist, dass man vom Suchtmittel immer mehr braucht, um die erwünschte Wirkung zu erzielen, und dass es beim Verzicht Entzugserscheinungen gibt.

Eine Suchterkrankung ist eine Serie von kleinen Niederlagen. Der einzelne Schritt, einmal der Sucht nachzugeben, ist vielleicht unbedeutend; geschieht es aber jeden Tag, wird es zu einem Problem – einem riesigen Problem. Neben den Betroffenen selber leiden vor allem die Angehörigen: Ehepartner und Kinder von Suchtkranken sind schwer belastet und nachhaltig beeinträchtigt.

Sucht aus der Sicht eines Betroffenen

«Ich sitze an meinem Bürotisch und bin guter Dinge. Heute werde ich es schaffen. Wenn ich heute nach der Arbeit nach Hause komme, werde ich Nein sagen können. Nicht wie gestern, nicht wie vorgestern, nicht wie letzte Woche. Ich habe es schliesslich meiner Partnerin versprochen. Ich habe es ja eigentlich auch mir selbst versprochen.

So etwas Ähnliches habe ich mir gestern am Morgen zwar auch gesagt … Dann, nach der Sitzung mit dem Chef, war es plötzlich anders. Ich spürte diesen leichten Durst im Mund. Dann kam der Gedanke: nach der Arbeit, endlich, nur ein Glas guten Rotweins. Zur Belohnung, nach diesem Gespräch. Allein der Gedanke hat mich entstresst, hat mich entspannt. Daheim schaltete es wie auf Autopilot. Die guten Vorsätze waren weg, ausradiert. Die Verpflichtung der Partnerin gegenüber auf den nächsten Tag verschoben. Nur noch einmal, dann nicht mehr. Ob es mir heute wohl gelingt, zu verzichten?»

…und aus der Sicht einer Angehörigen

«Ich kann mich noch gut daran erinnern, wie es war. Der Vater war selten zu Hause, aber lieb und nett, man konnte manchmal so schön mit ihm rumtollen. Das war anders, wenn er getrunken hatte. Am Freitag, am Samstag. Meistens schlief ich bereits, da fing das Geschrei an. Der Vater, die Mutter. Streit. Es ging mir durch Mark und Bein. Oft kam dann der kleine Bruder zu mir unter die Bettdecke. Am nächsten Tag war der Vater manchmal schon nicht mehr da. Oder er war dann besonders lieb. Entschuldigt hat er sich aber nie. Ob er wusste, wie sehr wir uns vor ihm fürchteten in der Nacht? Später wurde es dann noch schlimmer. Als 15-Jährige musste ich den Vater häufig abholen gehen, in der Beiz. Heute ist mir bewusst, dass mich dies alles irgendwie beeinflusst hat.»

Das Krankheitsbild

Unterschieden wird zwischen dem sogenannten schädlichen Gebrauch eines Suchtmittels und der Abhängigkeit.

Schädlicher Gebrauch

Das bedeutet, dass man ein Suchtmittel einnimmt, obwohl man um dessen Schädlichkeit weiss. Ein Beispiel ist der jugendliche Trinker, der mit 3,2 Promille auf der Notfallstation eingeliefert wird und dies bereits zum dritten Mal; der aber nur einmal pro Woche trinkt. Ein anderes ist der Linienpilot, der Cannabis raucht, jedoch selten, weil in seinem Job eine Nulltoleranz gilt. Nach dem Streit mit der Ehefrau ist er aber so gestresst, dass es ohne Cannabis nicht geht – trotz des Fluges am nächsten Tag.

Abhängigkeit

Abhängig oder süchtig ist man, wenn weitere Faktoren erfüllt sind. Einer davon ist die Entwicklung einer Toleranz: «Am Anfang wirkten die Schlaftabletten ja gut. Aber nach etwa zwei Wochen liess der Effekt nach. Also nahm ich eben zwei. Heute, drei Monate später, geht unter sechs Stück nichts mehr. Ich merke, dass ich teilweise schon tagsüber zickig werde, und habe auch da schon vereinzelt eine Schlaftablette eingenommen – nicht zum Schlafen, sondern um mich zu beruhigen.»

Ein weiteres Merkmal sind Entzugssymptome: Jemand, der seit Jahrzehnten jeden Abend eine halbe Flasche Wein trinkt, in den letzten paar Jahren jeweils sogar eine ganze, der kann nicht einfach so aufhören. Sein Körper meldet sich: Er zittert, schwitzt, ist sehr unruhig. Die Symptome verschwinden unmittelbar mit dem nächsten Glas Wein.

> **⚠ HINWEIS** *Das ganze Leben, der ganze Alltag eines Suchtkranken reduziert sich auf den Suchtmittelkonsum. Macht der Weintrinker vom Beispiel eine Reise, plant er seinen Weinkonsum mit ein: Für die Zugfahrt nach Spanien mit der Familie benötigt er zwei Flaschen, sonst geht es ihm nicht gut.*

Alkohol, Nikotin, Drogen

Alkohol verursacht in der Schweiz mit Abstand die grössten Probleme. Nikotin führt ebenfalls häufig zu einer Sucht, hier mit dem grössten medizinischen Schaden.

Auch Cannabis, Partydrogen, Beruhigungsmittel oder Schlaftabletten sind oft verwendete Suchtmittel. Harte Drogen wie Heroin, Kokain, Amphetamine oder auch LSD haben dagegen an Bedeutung verloren. Das kann sich allerdings sehr schnell wieder ändern. Zurzeit lässt sich eine rasche Zunahme an Missbrauch von opiathaltigen Schmerzmitteln feststellen. Sehr häufig ist heute auch ein Mischkonsum von Alkohol, Cannabis, Kokain und Partydrogen. Stimmung und Verfügbarkeit bestimmen den Konsum.

Spielsucht

Es gibt Suchterkrankungen, für die es gar kein Suchtmittel braucht: So hat die Spielsucht Eingang gefunden in den offiziellen Diagnosekatalog, während Internet- und Sexsucht diskutiert, aber abgelehnt wurden.

Die Dynamik bei der Spielsucht ist gleich wie bei den stoffgebundenen Süchten. Auch ein Glücksspieler entwickelt Entzugssymptome, wenn er längere Zeit nicht in ein Casino geht. Und er hat ebenfalls einen Toleranzeffekt: Die eingesetzten Geldbeträge müssen laufend erhöht werden, um den gewünschten Kick zu erzielen.

Alkohol

Wie bereits erwähnt, ist Alkohol das Suchtmittel, das in der Schweiz am meisten Probleme verursacht.

Gerade unter Jugendlichen ist Alkohol das Suchtmittel Nummer eins geworden. Weil er heute primär im öffentlichen Raum konsumiert wird, fehlt jegliche soziale Kontrolle. In einem Restaurant oder einer Bar ist die Wahrscheinlichkeit höher, dass man irgendwann keinen Alkohol mehr erhält, weil man bereits zu betrunken ist. Bei der 15. Bierdose mit Freunden im Park wird dagegen niemand «Nein!» sagen.

Bei Jugendlichen und jungen Erwachsenen sieht man heute häufig das sogenannte Koma-Trinken; es handelt sich um schwerste Alkoholvergiftungen, die sich bereits 14-Jährige zuziehen.

Schleichender Beginn

Die Alkoholabhängigkeit bahnt sich über Jahrzehnte an. Zuerst stellt sich eine Toleranz ein; es sind immer grössere Mengen nötig, um den erwünschten Effekt zu erzielen. Entzugserscheinungen dagegen zeigen sich erst nach 10, 20 oder 30 Jahren täglichen Alkoholkonsums.

Körperliche Folgen

Sie treten ebenfalls sehr spät auf: Magen und Bauchspeicheldrüse entzünden sich, die Leber muss Überzeit arbeiten, um den Körper zu entgiften, die Leberwerte sind erhöht. Es kommt zu Vitaminmängeln, weil Alkohol auch den Appetit unterdrückt. Eine Flasche Whisky hat immerhin 2500 Kalorien – da fehlt jeglicher Anreiz, sich zusätzlich zu ernähren. Manche Vitamine werden im Magen-Darm-Trakt gar nicht mehr aufgenommen. Sobald Alkohol zugegen ist, entscheidet sich der Darm für den Alkohol und gegen die Vitamine. Das führt letztlich zu einer Beeinträchtigung der feinen Nervenendungen, sie sterben ab. Betroffene entwickeln ein Kribbeln, ein Brennen an den Fusssohlen und Händen. Sie verlieren den Gleichgewichtssinn, haben vor allem nachts Schwierigkeiten mit dem Gehen, stürzen, auch wenn sie nicht betrunken sind.

Auch das Hirngewebe leidet. Das Gedächtnis verschlechtert sich, es entwickelt sich über die Jahrzehnte eine Alkoholdemenz. Sie ist nicht mehr reversibel; auch wenn Betroffene abstinent werden, bleiben die Schäden bestehen.

Betroffene versuchen immer mal wieder auf eigene Faust einen Alkoholentzug, was mit den Jahren aber gefährlich wird. Ohne medizinische Unterstützung können sich Entzugsanfälle zeigen; das sind epileptische Anfälle, ausgelöst durch den Entzug. Es kann sich auch ein Delir entwickeln,
das sogenannte Delirium tremens: Betroffene schwitzen, sie zittern, der
Blutdruck wird instabil, sie beginnen zu halluzinieren. Ein Delirium tremens ist gefährlich und kann tödlich verlaufen.

Cannabis

Ähnlich wie beim Alkohol gibt es auch Menschen, die Cannabis konsumieren, ohne eine Abhängigkeit und damit medizinische und/oder psychische Probleme zu entwickeln. Dies ist einerseits abhängig von der kon-
sumierten Menge, andererseits auch von der Konstitution.

HINWEIS *Manche Menschen tragen ein gewisses Risiko in*
sich, psychotisch zu werden. Für sie ist Cannabis sehr gefährlich;
es kann einen ersten psychotischen Schub auslösen. Es bringt etwas
ins Rollen, das sonst möglicherweise nie angerollt wäre.

Menschen, die sehr viel Cannabis konsumieren, können ein Lethargiesyn-
drom entwickeln. Sie verlieren jegliche Motivation, etwas zu tun. Sie öffnen die Post nicht mehr, wenden sich trotz finanzieller Schwierigkeiten
nicht ans Arbeitslosenamt. Alles dreht sich nur noch um die Beschaffung
und den Konsum von Cannabis.

Heroin und opiathaltige Schmerzmittel

Es gibt fast kein Suchtmittel, das so schnell zu einer Abhängigkeit führt
wie Heroin. Lange hatte Heroin für gewisse Menschen etwas Verführeri-
sches. Es ermöglichte einen Wechsel aus der alltäglichen bürgerlichen
Welt in eine Gegenkultur, die nach völlig anderen Regeln funktionierte.
Dies machte den Konsum gerade für Jugendliche und junge Erwachsene
so anziehend. Das Suchtmittel selbst, die damals hohen Beschaffungs-
kosten und der Beschaffungsstress führten aber auch zu einem raschen

sozialen Zerfall. Illegales Dealen, kriminelles Verhalten oder Prostitution gingen fast immer einher mit der Heroinabhängigkeit, und gerade die Suchtmittelprostitution hatte einen mindestens ebenso negativen Einfluss auf die Gesundheit wie das Suchtmittel selbst. Die medizinischen Komplikationen beim Heroin waren ebenfalls schwerwiegend: Das Teilen von Spritzen führte zu einer raschen Ausbreitung von Hepatitisviren und HIV.

Heute gibt es nur noch eine begrenzte Zahl von Heroin-Neueinsteigern. Es tönt absurd, aber Heroin hat ein Imageproblem: Es gilt mittlerweile als die Droge der Absteiger. Dafür nimmt die Abhängigkeit von opiathaltigen Schmerzmitteln stark zu. Meist sind diese ärztlich verordnet und gelangen so auf die Gasse oder werden über die Grenze geschmuggelt.

Kokain

Kokain ist ein Suchtmittel, das euphorisiert, also die Stimmung positiv beeinflusst und Energie gibt. Lange wurde es vor allem von der Oberschicht konsumiert, galt als schicke Droge. Dann folgte eine Phase, in der es häufig mit Heroin kombiniert wurde.

Heute ist Kokain eine Partydroge: Es wird vor allem am Wochenende konsumiert, Konsumenten sind meist sozial integriert, möchten einfach etwas mehr Energie, etwas mehr Lebendigkeit in ihrem Dasein. Kokain ist aber nicht harmlos: Regelmässiger Konsum greift die Schleimhäute an und zerfrisst die Nasenscheidewand. Der Stoff führt manchmal auch zu ernsthafteren Schäden, etwa zu Rissen in Blutgefässen. Es kann so zu einer Blutung aus der Aorta oder auch zu Hirnblutungen kommen. Diese können tödlich verlaufen oder zu lebenslanger Invalidität führen.

KOKAIN ALS BERUHIGUNGSMITTEL?

Menschen, die hyperaktiv sind und an einem ADHS leiden, scheinen ein höheres Risiko für eine Kokainabhängigkeit zu haben. Dies hat einerseits mit einem gewissen genetischen Risiko für Sucht bei ADHS-Betroffenen zu tun, andererseits mit einem paradoxen Effekt: Sie erleben das Kokain eher als beruhigend, es steigert ihre Konzentrations- und Leistungsfähigkeit. ■

Weitere Partydrogen

Ritalin® wird heute ebenfalls auf der Gasse gehandelt, wobei es vor allem von jungen Menschen als Partydroge verwendet wird. Das Gleiche gilt für Ecstasy, LSD, GHB, Ketamin und ähnliche Substanzen. Auch hier besteht das Risiko eines psychotischen Schubs.

Ecstasy reduziert die Körperwahrnehmung. Konsumenten merken zum Beispiel nicht, wenn der Körper überhitzt ist und Flüssigkeit braucht. Das hat zu einigen Todesfällen geführt.

GHB kann sehr aggressiv machen; die soziale Kontrolle des Verhaltens fällt weg.

Ketamin bewirkt Halluzinationen und psychotische Zustände.

GUT ZU WISSEN *Das Hauptproblem bei Partydrogen: Konsumenten wissen nicht, was genau sie einnehmen. Die verwendeten Streckmittel sind oft erschreckend und toxisch. Häufig werden Mittel zugefügt, die süchtig machen, wie Opiate oder Kokain. Partydrogen kann man in Zürich im Drogeninformationszentrum (DIZ) vor Ort checken lassen (www.saferparty.ch). Informationen über Drogen, die aktuell im Umlauf sind, sind auf www.eve-rave.ch online abrufbar (mit Abbildungen).*

Sucht und psychische Erkrankungen

Die meisten Menschen mit einer Suchterkrankung zeigen auch Symptome einer psychischen Erkrankung. Meist gehen beide Hand in Hand. Zum Beispiel depressive Störungen: Bei Männern ist die Kombination mit einer Alkoholsucht sehr häufig, wobei dann meist nur die Alkoholproblematik erkannt wird, weil sie die Depressivität überdeckt.

Ein weiteres Beispiel: Frauen mit einer Heroinabhängigkeit sind häufig traumatisiert. Und dies auf zwei verschiedene Arten: Viele hatten bereits eine Traumatisierung, bevor sie abhängig wurden. Das Heroin half, die Gefühle der Traumatisierung zu überdecken. In der Heroinabhängigkeit kamen dann aber neue Traumatisierungen dazu, durch den Beschaffungsdruck, die Prostitution, die Kriminalität.

Ursachen

Suchtmittel und Suchterkrankungen hat es schon immer gegeben. Der Suchtmittelkonsum scheint ein natürliches Bedürfnis des Menschen zu sein; ab und zu der Welt entfliehen, etwas feiern. Suchtmittel haben oft auch einen spirituellen Charakter, das lässt sich noch heute bei Naturvölkern beobachten.

Soziale Belastungen spielen als Auslöser eine Rolle; ein Anstieg von Stress zieht häufig eine Steigerung des Suchtmittelkonsums nach sich.

Dann gibt es kulturelle Faktoren; die Verfügbarkeit von Suchtmitteln ist hier ein zentrales Thema. Dies sieht man auch hierzulande: Die Leberzirrhose ist dort am häufigsten, wo am meisten Wein getrunken wird, im Tessin und in der Welschschweiz. In der Deutschschweiz ist sie seltener, in islamischen Ländern kommt sie fast nicht vor.

 GUT ZU WISSEN *Kulturell beeinflusst ist meist die Wahl des Suchtmittels, nicht aber die Gesamtrate der Suchterkrankungen.*

HÄUFIG GESTELLTE FRAGEN

Wie lässt sich das Suchtpotenzial eines Medikaments erkennen?

Es gibt einen einfachen Test: Ist eine Substanz auf der Gasse erhältlich, hat sie Suchtpotenzial. Quetiapin (Seroquel®) zum Beispiel ist ein Antipsychotikum, das als einziges Mittel aus seiner Gruppe auf der Gasse gehandelt wird. Benzodiazepine wie Valium® oder Dormicum® sind teilweise recht teuer zu haben.

Ein grosser Teil dieser Medikamente wird von Ärzten verordnet, wobei Betroffene dann einen Teil als «Nebenerwerb» abzweigen. Zum Schutz davor können die Tabletten unverpackt durch den Arzt oder die Apotheke abgegeben werden; der Gassenpreis ist dann viel tiefer und damit uninteresssant. ■

Suchterkrankungen behandeln

In der Schweiz haben wir ein sehr dichtes Netz für Suchthilfe. Gruppentherapien helfen gegen das Stigma. Und die Anonymen Alkoholiker sind das Beispiel für Selbsthilfe schlechthin.

Früher wurde klar getrennt zwischen den sogenannten legalen Suchtmitteln wie Alkohol und den illegalen wie Heroin. Heute richten sich die Angebote eher danach, wie alt jemand ist und wie gut seine soziale Integration, weil diese Gegebenheiten sich in völlig unterschiedlichen Bedürfnissen niederschlagen.

Medikamente

Es wird unterschieden zwischen Substitutionsmitteln, zum Beispiel der Verordnung von Methadon anstelle von Heroin, und den sogenannten Anticraving-Medikamenten. Das sind Medikamente, die gegen das «Reissen» helfen, also gegen das Verlangen nach einem Suchtmittel. Schliesslich gibt es aversive Medikamente wie Antabus®; sie verderben Betroffenen den Genuss ihres Suchtmittels.

Substitution

Die Schweiz ist in diesem Bereich ein Pionier; in wenigen anderen Ländern wurde bei Heroinabhängigkeit so freizügig mit Methadon substituiert beziehungsweise sogar Heroin abgegeben. Der Gedanke dahinter ist die Schadensminderung, denn ein Hauptproblem der Heroinabhängigkeit waren lange die Folgen: die soziale Verwahrlosung, zum Beispiel am Platzspitz in Zürich, die Beschaffungskriminalität. Das führte dazu, dass Betroffene am Rand der Gesellschaft vegetierten, ihr Leben wurde völlig durch das Heroin in Beschlag genommen. Die Substitution ermöglichte es ihnen, sich wieder ein Stück weit zu stabilisieren, auch wenn eine wirkliche Reintegration sich als sehr schwierig erwies. Für Schwerstabhängige, die sich selbst mit Methadon nicht stabilisieren konnten, wurde auch ein Heroinprojekt entwickelt; Betroffene konnten sich unter Aufsicht Heroin spritzen oder spritzen lassen.

Im Sinne der Schadensminderung waren beide Projekte erfolgreich, wenn auch international umstritten. Ernüchternd ist, wie wenige Betroffene den vollständigen Ausstieg und die Reintegration schafften. Dies hat auch mit dem Methadon zu tun. Die Absetzphänomene sind sehr ausgeprägt, und beispielsweise die Freud- und Lustlosigkeit hält auch Monate nach vollständigem Absetzen noch an. Neuere Ansätze wie der Naltrexonunterstützte Kurzentzug unter Anästhesie (z.B. Opiostop) beheben diese Probleme, werden aber von der Krankenkasse in der Regel nicht übernommen. In Ländern, in denen es keine oder nur wenige Methadonverschreibungen gab, schafften mehr Leute einen frühen Ausstieg; im Gegenzug ging es jenen Betroffenen schlechter, die es nicht schafften.

Neben dem Methadon gibt es weitere Substitutionsmittel, zum Beispiel Subutex®.

Anticraving-Substanzen

Einzelne profitieren sehr von solchen Medikamenten; insgesamt ist der Effekt aber nicht überwältigend.

Denkt man an sein Suchtmittel, werden Glücksbotenstoffe ausgeschüttet, die sogenannten Endorphine. Im Beispiel ganz zu Beginn dieses Kapitels entspannt sich der Betroffene bereits, wenn er nur daran denkt, wie er nach Feierabend ein Glas Wein trinkt. Er hat schon beim Gedanken an den späteren Alkoholkonsum einen Alkoholeffekt.

Die Freisetzung der Glückshormone wird durch die Anticraving-Substanzen gehemmt. Betroffene werden nicht euphorisch und haben so eine bessere Chance, auf den Konsum zu verzichten. Trinken sie trotzdem, so hat das erste Glas Wein noch keine, das zweite aber die gewohnte Wirkung.

Für Heroinabhängige gibt es ebenfalls Anticraving-Mittel, allerdings haben auch diese bei den meisten Betroffenen lediglich einen mässigen Effekt.

Antabus®

Antabus® (Disulfiram) ist ein aversiv wirkendes Medikament bei Alkoholabhängigkeit; es «bestraft» den Konsumenten. Alkohol wird nicht mehr vollständig abgebaut, es entsteht eine giftige Zwischenstufe. Betroffene haben einen ausgeprägten Juckreiz, ihnen wird schwindlig und übel, sie erbrechen, das Herz schlägt wie wild.

Der Langzeiteffekt von Antabus® ist begrenzt, das Mittel kann aber kurzfristig sehr wirksam sein. Es befreit Betroffene vom Gedankenkreisen um das Thema Alkohol: Soll ich? Soll ich nicht? Sie ist ja heute Abend weg mit den Freundinnen, dann könnte ich doch. Nur ein Glas. – Mit Antabus® ist schon mal klar: Ich kann trinken, bezahle dafür aber einen heftigen Preis.

Antabus® ist bis fünf Tage nach dem Absetzen noch wirksam. 10 Prozent der Bevölkerung sind Antabus®-immun; sie haben keinerlei Reaktion, wenn sie das Mittel einnehmen und Alkohol trinken.

Suchtberatung, Psychotherapie

Themen in der Beratung beziehungsweise Therapie sind unter anderem die Vor- und Nachteile des Konsums: Alkohol entspannt mich bei Stress, am nächsten Morgen bin ich aber nicht fit bei der Arbeit, was wiederum den Stress erhöht. Welche Strategien, welche anderen Möglichkeiten gibt es, um die an sich gesunden Bedürfnisse, die das Suchtmittel abdeckt, zu befriedigen? Wie kann ich mich sonst entspannen?

Eine Sucht entsteht in der Regel über Jahrzehnte. Je früher die Behandlung einsetzt, desto besser die Prognose. Heute wird das Personal auf den Notfallstationen darin geschult, nicht nur die Alkoholabhängigkeit zu erfassen, sondern bereits den problematischen Alkoholkonsum. Menschen, die zu viel trinken, erwarten geradezu, dass der Arzt sie nach ihrem Alkoholkonsum fragt. Bleibt die Frage aus, bedeutet das für sie: Es ist alles noch im grünen Bereich.

Gruppentherapien
Sie scheinen bei Suchterkrankungen sehr wirksam zu sein. Einerseits werden Betroffene stigmatisiert (siehe Seite 22); die Gesellschaft grenzt sich deutlich von ihnen ab. Da wirkt der Austausch mit anderen entlastend. Andererseits können Betroffene profitieren, wenn sie von Strategien erfahren, die andere erfolgreich angewendet haben

Institutionen

Es gibt spezialisierte Tageskliniken und Kliniken für Suchtprobleme. Entscheidend ist hier der Übertritt zurück nach Hause, denn in einer Klinik gelingt es den meisten Menschen, abstinent zu leben. Die Rückkehr in die gewohnte Umgebung sollte eher frühzeitig und langsam, aber begleitet erfolgen. Idealerweise nehmen Betroffene zudem ihre Arbeit bereits während der Behandlung wieder auf.

Selbsthilfe

Sie hat in der Sucht eine lange Tradition. Paradebeispiel: die Anonymen Alkoholiker (AA).

In der Selbsthilfe geht es um den Austausch von Wissen. Was anderen geholfen hat, hilft mir vielleicht auch; und anderen zu helfen, ist manchmal einfacher, als sich selbst zu helfen. Bei anderen sieht man nicht selten klarer, was es braucht. Anschliessend lässt es sich dann vielleicht doch auf die eigene Situation übertragen. Oft braucht es einfach eine Motivationshilfe, damit man an dem einen Tag nicht konsumiert; am nächsten Tag fällt der Verzicht schon wieder leichter.

In der Selbsthilfegruppe kann man ehrlich sein. Viele Süchtige haben bereits Schuldgefühle, wenn sie nur das Reissen haben, und geben deshalb der Familie gegenüber vor, es gehe «prächtig». Vielleicht nehmen die Angehörigen das Reissen aber auch wirklich persönlich und werden wütend, weil sie denken, sie seien nicht wichtig genug.

TIPP *Süchtig oder nicht? Heute gibt es gute Selbstevaluationsinstrumente. Im Internet kann man seinen Alkoholkonsum anonym beurteilen lassen. Trinke ich wirklich noch nicht zu viel (z.B. www.mydrinkcontrol.ch)? Oder aber man macht eine Suchtmittelpause; ist man nicht süchtig, sollte dies relativ einfach möglich sein. Wenn nicht, ist es Zeit für eine Beratung.*

Hilfe für die Angehörigen

Sucht ist, wie das Beispiel auf Seite 249 gezeigt hat, für Angehörige sehr belastend. Sie stehen der Suchtmittelerkrankung hilflos gegenüber, wissen nicht, was tun. Fragen tauchen auf: Wann kann ich eine Grenze setzen? Wann muss ich eine Grenze setzen? Wann sollte ich eher unterstützen? Und wie oft unterstütze ich, vor allem, wenn mein Partner, meine Partnerin das Problem immer noch bagatellisiert?

Oft geraten Angehörige in einen Teufelskreis, in die sogenannte Ko-Abhängigkeit oder Mit-Sucht. Sie sind so eingespannt, dass sie nicht bemerken, dass sie Teil des Suchtsystems geworden sind: «Dann kaufe ich ihm halt heute wieder den Wodka, seinen Tobsuchtsanfall zu Hause möchte ich vermeiden. Morgen hat er dann sicher wieder ein schlechtes Gewissen. Vielleicht entschliesst er sich dann, etwas zu ändern. Meine Schwester rät mir, mich zu trennen. Das kann ich aber nicht. Was würde ich meinen Freundinnen sagen? Die wissen doch von nichts. Ich kann doch nicht sagen, dass mein Mann Alkoholiker ist.»

Verstehen können solche Situationen neben Fachleuten vor allem andere Betroffene. Deshalb ist der Besuch einer Selbsthilfegruppe auch für Angehörige ratsam.

HINWEIS *Einen Angehörigen mit einer Suchterkrankung zu haben ist enorm belastend. Depressive Erkrankungen bei Angehörigen sind häufig. Abgrenzung ist auch hier das A und O. Gesund werden kann nur der Betroffene selbst; der Einfluss der Angehörigen liegt vielleicht bei zehn Prozent. Vielleicht ...*

Taschenapotheke Sucht

Tipps für Betroffene

- Leben Sie nur für heute. Heute werden Sie nicht konsumieren. Was morgen ist, ist morgen.
- In welchen Situationen besteht die grösste Gefahr, dass Sie konsumieren? Wie können Sie sich davor schützen?
- «Ersetzen» Sie das Suchtmittel. Wie schalten Sie jetzt ab nach einem langen Abeitstag? Wie belohnen Sie sich? Wie feiern Sie etwas?
- Besuchen Sie eine Selbsthilfegruppe. Hier lernen Sie zum Beispiel, wie Sie mit Schuldgefühlen umgehen können, die durch die Sucht entstanden sind.

Tipps für Angehörige

- Unterstützen Sie, grenzen Sie sich aber auch ab. Gesund werden kann nur der Betroffene.
- Wie sieht Ihr Rückfallplan aus? Was machen Sie, wenn Ihr Partner wieder konsumiert?
- Gibt es Menschen, mit denen Sie über Ihr Erleben sprechen können, darüber, dass Ihr Partner alkoholabhängig ist?
- «Wenn du noch einmal trinkst, trenne ich mich.» Eine solche Äusserung ist nachvollziehbar, aber nicht hilfreich. Setzen Sie periodisch ein Datum fest, an dem Sie sich überlegen, ob die Beziehung so für Sie stimmt. Wenn nicht, stellt sich die Frage nach einer Paartherapie oder Trennung.

Literatur

- Röhr, H.-P.: **Sucht – Hintergründe und Heilung.** Abhängigkeit verstehen und überwinden. Patmos, Ostfildern 2011
- Schiffer, Eckhard: **Warum Huckleberry Finn nicht süchtig wurde.** Anstiftung gegen Sucht und Selbstzerstörung bei Kindern und Jugendlichen. Beltz, Weinheim 2019
- Schneider, Ralf: **Die Suchtfibel.** Wie Abhängigkeit entsteht und wie man sich daraus befreit. Informationen für Betroffene, Angehörige und Interessierte. Schneider, Baltmannsweiler 2011

Film

- DVD – **Bennys Weg.** Ein biografischer Film über einen erfolgreichen Drogenausstieg (www.medienprojekt-wuppertal.de)

Diagnostische Leitlinien nach ICD-10

Suchterkrankungen

Definition einer Abhängigkeit

- Es liegt ein starker Wunsch oder Zwang vor, eine bestimmte Substanz zu konsumieren.
- Der Konsum kann nicht mehr kontrolliert werden.
- Stoppt man den Konsum, treten körperliche und/oder psychische Entzugssymptome auf.

- Es entwickelt sich eine Toleranz. Es braucht immer mehr Suchtmittel, um den gleichen Effekt zu erzielen.
- Andere Interessen, Beschäftigungen werden vernachlässigt.
- Trotz erfolgter Schädigungen wird der Konsum fortgesetzt.

Essstörungen

Die meisten von uns essen, um dem Körper Energie zuzuführen. Bei Menschen mit Essstörungen steht das nicht mehr im Vordergrund: Sie regulieren über die Nahrung Ängste, Stress und Gefühle.

Erscheinungsformen, Symptome

Magersucht hat etwas Verstörendes. Und während jedermann die Auswirkungen der Anorexie sehen kann, ist Bulimie nicht auf Anhieb zu erkennen.

Die folgenden Beispiele skizzieren die beiden häufigsten Essstörungen, die Magersucht, die sogenannte Anorexia nervosa, und die Bulimie.

Essstörungen aus der Sicht einer Betroffenen

«Seit zwei Stunden sitze ich nun schon mit meinem Vater am Tisch. Vor mir ein Teller Suppe, randvoll. Immer wieder redet mir mein Vater zu, ich solle es doch versuchen, nur einen Löffel Suppe. Ein Löffel? Was weiss der schon. Eigentlich redet er mir auch nicht zu, sondern er redet auf mich ein. Bereits fünfmal bin ich aufgestanden, weggelaufen. Schon nur der Gedanke an diesen einen Löffel Suppe löst bei mir Panik aus. Dann höre ich immer wieder diese Stimme: «Iss nur, so wirst du dick. Dann werden alle auf dich zeigen – sieh da, die Dicke!» Irgendwie weiss ich ja schon, dass dies so nicht stimmt. Aber wenn diese Stimme da ist, dann habe ich einfach Angst. Auch wenn ich mir vorgenommen habe, den halben Teller leer zu essen. Und wenn dann alle so auf mich einreden, dann gerate ich in Stress, und dann geht gar nichts mehr. Das Schlimmste ist, dass mich niemand versteht. Alle tun so, als wäre es total einfach. Für mich ist es aber so, als würde ich im 13. Stock aussen am Balkongeländer hängen und alle sagen: «Lass los.» Würden Sie das tun?

Mein Vater tut mir aber schon auch irgendwie leid. Vielleicht esse ich dann doch ihm zuliebe ein bisschen Suppe. Und sobald ich in meinem Zimmer bin, mache ich 80 Rumpfbeugen. Und das Abendessen, das lasse ich dann aus.»

... und noch ein Beispiel

«Ich bin eine gute Schülerin, auch gut im Sport, ich spiele Tennis. Und in der Klasse bin ich eigentlich sehr beliebt. Von aussen sieht man nichts. Man sieht nicht, wie sehr ich mit meinem Selbstwert kämpfe. Den Gedanken, dass jemand mich kritisieren könnte, halte ich kaum aus. Manchmal wird mir das Ganze zu viel. Dann gehe ich einkaufen. Schokolade, Glace, Kekse, Vanillecreme, M&Ms und andere Süssigkeiten. Ich kann mühelos 50 oder gar 80 Franken ausgeben für eine Mahlzeit. Diese Mahlzeit zelebriere ich dann richtig. Ich schliesse mich in mein Zimmer ein, lasse meine Lieblingsmusik laufen und esse. Eigentlich ist es ja kein richtiges Essen, ich verschlinge die Süssigkeiten förmlich. Keine 20 Minuten – und alles ist weg. Danach kommen gleich die Schuldgefühle: «Nein, nicht schon wieder. Du hast es dir doch so vorgenommen. Es war dir doch so peinlich, dass du sogar deine Grossmutter bestohlen hast, damit du Geld hast für die Essattacken. Jetzt nimmst du wieder zu.» Alles schaltet in solchen Situationen auf Autopilot. Es folgt dann die sogenannte Badezimmerzeit: Alles, was ich eben verschlungen habe, erbreche ich wieder. Nur die Schuldgefühle bleiben, die lassen sich nicht erbrechen. Dagegen hilft nichts. Ausser die nächste Essattacke planen.»

Anorexie

Die Magersucht ist gekennzeichnet durch verschiedene Symptome. Eins davon ist die getrübte Körperwahrnehmung (sogenannte Körperschemastörung): Betroffene sind überzeugt, dass sie übergewichtig sind. Sie können noch so untergewichtig sein, wenn sie sich selbst im Spiegel sehen, sehen sie nur: Fett. Massen an Fett. Dicke Backen, dicke Oberschenkel, dicker Bauch.

🛈 *GUT ZU WISSEN Das Gefühl des Übergewichtigseins ist für Betroffene schwierig auszuhalten. Manche berichten, dass ihnen übel wird, wenn sie sich im Spiegel sehen.*

Das Gefühl ist aber nicht nur da, wenn sie sich im Spiegel sehen. Das Gefühl ist bereits in der Körperwahrnehmung da. Sitzt eine Hose etwas eng, können sich Betroffene nur noch damit beschäftigen, dass sie zugenommen haben. Essen sie ein Stück Fleisch, fühlt es sich an, als habe der Bauchumfang um zehn Zentimeter zugelegt. Diesem Gefühl wird alles untergeordnet; alle Handlungen haben nur zum Ziel, das störende, panikerzeugende Gefühl des Fettseins loszuwerden.

Cola Zero und Sport

Das zweite Hauptsymptom betrifft die Verminderung der Nahrungsaufnahme. Betroffene werden zu Hungerkünstlern. Sie leiden sehr unter dem Hunger, halten ihn aber aus. Wenn sie etwas essen, wählen sie intuitiv etwas, das keine Kalorien hat oder sogar Kalorien reduziert oder Körperwasser ausschwemmt.

 GUT ZU WISSEN Eine typische Mahlzeit einer magersüchtigen jungen Frau besteht aus einem Stück Gurke und einem Glas Cola, natürlich Cola Zero, oder auch etwas Schwarztee.

Magersüchtige versuchen auf jede erdenkliche Art, Kalorien zu reduzieren. Gegessenes wird erbrochen, Kalorien werden durch übermässigen Sport verbrannt. Betroffene bewegen sich ständig: schnell ein paar Klimmzüge, schnell noch diese Treppe hoch und runter. Beim Sitzen zumindest mit den Beinen wippen. Auch greifen sie oft zu chemischen Hilfsmitteln wie Entwässerungstabletten oder durchfallerzeugenden Medikamenten.

Selbstwert in Kilogramm

Das ganze Sein dreht sich nur noch um die Kontrolle des Körpergewichtes. Stimmung und Selbstwert werden in Kilogramm gemessen. Hat man ein halbes Kilogramm abgenommen, fühlt man sich eine halbe Stunde lang gut. Sogar sehr gut. Dann verliert sich der Effekt wieder, die Schuldgefühle kommen zurück, die negativen Gefühle. Das nächste halbe Kilo ist fällig. Sinkt die Waage nicht oder steigt das Gewicht sogar etwas an, ist die Folge katastrophal: reinste Panik.

 GUT ZU WISSEN Perfiderweise hat die Gewichtszunahme einen stärkeren Effekt als die Reduktion. Um den Gefühlseffekt einer Zunahme von 500 Gramm wettzumachen, muss eine Magersüchtige mindestens ein oder eineinhalb Kilogramm abmagern.

Die meisten Betroffenen werden zu Vegetarierinnen. Weil ihr Magen sehr empfindlich reagiert und Fleisch eine relativ lange Passagezeit im Verdauungstrakt hat, spüren sie, wie es über Stunden einfach so im Magen sitzt. Solche Gefühle halten sie nicht aus; der einzige Ausweg ist der Verzicht auf Fleisch.

Da Magersüchtige ihre Bauchmuskulatur langsam verlieren, sehen sie auch deutlicher, ob sie im Bauch Nahrung haben oder nicht. Ohne Bauchmuskulatur fehlt das Stützkorsett des Körpers, und wenn der Bauch auch nur ein bisschen gefüllt ist mit Nahrung, wirkt es so, wie wenn man mindestens eine Hosengrösse zugenommen hätte.

Körperliche Folgen

Die Magersucht führt zu zahlreichen Komplikationen. Bei jungen Frauen bleibt die Regelblutung aus, und sie bekommen eine flauschige Körperbehaarung, wie wir sie alle als Babys hatten (Lanugo genannt).

Betroffene klagen häufig über Schmerzen. Eine wichtige Funktion von Körperfett ist die Polsterung; das Sitzen ohne Polster rund um die Beckenknochen ist höchst unbequem. Auch sind gewisse Organe entzündet, vor allem im Magen-Darm-Bereich.

Schliesslich führt der Mangel an Ernährung, Vitaminen und Mineralien zu gravierenden Folgeerscheinungen. Es entwickelt sich eine Osteoporose, die Knochen verlieren an Substanz und werden brüchig. Als Folge davon entwickeln junge Frauen einen typischen Altersbuckel, wie man ihn früher häufig bei alten Frauen sah.

Die Organe sind ebenfalls gefährdet. Das Herz kollabiert plötzlich, der Herzmuskel ist zu geschwächt. Und auch das Hirn ist in einem Ausnahmezustand; ab einem gewissen Untergewicht können Betroffene kaum noch klar denken. Auf eine einfache Frage wissen sie keine Antwort. Sie starren fünf Minuten ins Leere und sagen dann Ja oder Nein. Sie können manchmal kaum noch den eigenen Namen nennen.

Bulimie

Bei der Bulimie wird Stress nicht über das Hungern oder Nicht-Essen, sondern im Gegenteil über das Essen kompensiert. Essen wird anfänglich als sehr lustvoll erlebt; Betroffene essen bei Kummer, aber auch bei Freude. Doch dann gerät das Essverhalten aus dem Lot, und die Gefühlsregulation ist nur noch über das Essen möglich, genauer: über Essattacken. Wie bei einer anderen Sucht entwickelt sich eine Toleranz; die Mengen, die man verschlingt, müssen immer grösser werden, damit Endorphine, also Glückshormone, freigesetzt werden. Innerhalb kürzester Zeit werden riesige Kalorienmengen verschlungen – und riesige Geldbeträge.

Akribische Vorbereitung

Betroffene können die Essattacke einen ganzen Tag lang planen. Die Vorbereitung ist der schönste Teil; der Effekt des Essens selber ist kurz und wird immer kürzer. Unmittelbar nachher kommen die Schuldgefühle wegen des Kontrollverlusts. Beim Erbrechen danach geht es einerseits um die Regulation der Kalorien – man möchte ja nicht zunehmen –, andererseits aber auch um die Regulation der Schuldgefühle.

> **HINWEIS** *Auch bei der Bulimie richtet sich der Fokus des Daseins hauptsächlich auf die Essstörung. Meistens sind Betroffene aber funktionsfähiger als Magersüchtige.*

Äusserliche Anzeichen

Die Bulimie ist eine stille Erkrankung; man sieht den Betroffenen ihr Leiden in der Regel nicht an. Es gibt aber einige sichtbare Merkmale: Bulimikerinnen haben häufig eine typische Gesichtsform, der Unterkiefer ist wegen der Schwellung der Speicheldrüsen sehr betont. Kaufen Sie sich irgendeine Illustrierte und schauen Sie sich die Gesichter der Models und Schauspielerinnen an – manche sind auffällig. Häufig sieht man auch kleine Vernarbungen auf dem Handrücken, dort, wo die Hand beim Auslösen des Erbrechens auf die Schneidezähne drückt. Diese Vernarbung bleibt, auch wenn die Bulimie bereits Jahre zuvor abgeklungen ist.

Körperliche Folgen

Körperliche Symptome betreffen den Magen-Darm-Bereich. Es wird ständig zu viel Magensäure produziert, und diese gelangt beim Erbrechen in die Speiseröhre und den Mund. Deshalb sind Speiseröhrenentzündungen häufig, ebenso schmerzhafte Zahnschmelzschäden. Insbesondere die Innenseite des Zahnporzellans ist durch die Säure wie weggefressen. Betroffene meiden häufig die Zahnärztin, weil sie die Störung erkennt.

ZÄHNE SCHÜTZEN

Im Sinne einer Schadensminimierung geben Zahnärzte einen Zahnschutz ab, den Betroffene beim Erbrechen einsetzen können, um das Zahnporzellan zu schützen. Zahnarztkosten werden zudem nach einem Gesuch teilweise von der Krankenkasse übernommen.   ■

GUT ZU WISSEN *Gefährlich an der Bulimie sind die Blutsalz-störungen. Kalium etwa kommt durch das häufige Erbrechen aus dem Gleichgewicht, was zu Herzrhythmusstörungen oder epileptischen Anfällen führen kann.*

Anders als bei der Magersucht bleiben die Hormone unverändert. Deshalb kommt es nicht zu einer Knochenverdünnung oder zu einem Ausbleiben der Regelblutung.

Weitere Essstörungen

Neben der Anorexie und der Bulimie gibt es weitere Essstörungen, die jedoch weniger häufig und daher auch kaum bekannt sind. Dazu gehören das sogenannte Binge-Eating, die Orthorexie, die Diabulimie und die Bigorexie.

GUT ZU WISSEN *Essattacken haben immer emotionale Auslöser. Dies im Gegensatz zur «normalen» Adipositas, bei der regelmässig und unbedacht mehr gegessen wird, als der Körper eigentlich benötigen würde.*

Binge-Eating

Die dritthäufigste Essstörung ist Binge-Eating; Binge-Eating ist der englische Begriff für Essattacke. Bei diesem Krankheitsbild handelt es sich um eine Unterform der Bulimie. Der Unterschied besteht darin, dass keine Kompensation erfolgt, dass also beispielsweise die Schuldgefühle nicht durch Erbrechen abgebaut werden. Deshalb sind Binge-Eating-Patientinnen meistens übergewichtig, haben eine sogenannte Adipositas (Fettleibigkeit, BMI[1] > 30). Die Essattacken selber sind meist weniger extrem, dafür häufiger. Typisch ist auch hier das Kummeressen.

Orthorexie

Diese Essstörung hat in den letzten Jahrzehnten zugenommen. Hier besteht die Angst darin, etwas Ungesundes zu essen; die Nahrung könnte Schadstoffe enthalten. Sobald Betroffene irgendwo lesen, dass etwas ungesund sein könnte, essen sie es nicht mehr. Mit der Zeit entsteht eine untypische Magersucht, da praktisch keine Nahrungsaufnahme mehr möglich ist.

Diabulimie

Diese sehr gefährliche Essstörung betrifft junge Menschen mit Diabetes. Wegen des Insulins, das sie sich spritzen müssen, nehmen sie zu; typisch sind etwa 5 bis 10 Kilogramm. Viele Jugendliche möchten aber genauso schlank sein wie alle andern und lassen deshalb ihr Insulin aus. Das kann zu Langzeitschäden führen, etwa zu einer Erblindung oder Blutgefässveränderungen.

Bigorexie

Bisher war bei den Schilderungen immer von Frauen die Rede. Tatsächlich ist eine grosse Mehrheit der Betroffenen weiblich. Dies ist anders bei der Bigorexie; sie tritt bei jungen Männern auf und ist keine Essstörung, aber wie die Anorexie eine Körperschemastörung. Ähnlich wie sich junge Frauen mit einer Magersucht übergewichtig finden, haben manche jungen Männer das Gefühl, zu wenig Muskeln zu besitzen, zu schwächlich auszusehen. Sie verbringen ihre ganze Freizeit im Fitnessclub. Lassen sie einen Tag aus, haben sie die fast wahnhafte Überzeugung, dass ihre Muskulatur förmlich wegschmilzt.

GUT ZU WISSEN *Die Hauptgefahr bei der Bigorexie ist der Missbrauch von Muskelaufbaupräparaten, Anabolika oder Steroiden. Sie sind für Körper und Psyche gleichermassen ungesund, führen zu Gereiztheit und Depressivität und senken die Schwelle zur*

---

[1] BMI = Body-Mass-Index; ein Index, der das Gewicht in Relation zur Körpergrösse misst

*Gewaltbereitschaft. Eine hormonelle Komplikation des Steroidmiss-
brauchs sind Erektionsstörungen.*

HÄUFIG GESTELLTE FRAGEN

Gibt es Mischformen bei den Essstörungen?

Ja. Gerade zwischen der Anorexie, der Bulimie und der Binge-Eating-Störung
gibt es etliche Mischformen. Bei der schweren Anorexie gibt es Unterformen, in
denen die Gewichtsreduktion über Erbrechen erfolgt. Manchmal ist es dann den
Betroffenen wieder möglich, zu essen; das Erbrechen bleibt aber, und die Störung
geht in eine Bulimie über. Teilweise bleiben die Essattacken, aber das Erbrechen
kann kontrolliert werden; dann entsteht eine Binge-Eating-Störung. ■

Krankheitsverlauf

Die Anorexie beginnt meist recht früh. Hier gibt es ein Paradox: Eine
späte Magersucht hat eine schlechtere Prognose als eine, die im Rahmen
der Pubertät beginnt.

Die Anorexie setzt meistens ein mit einer Kombination von Stressbelastung und erster Diät. Im Rahmen der Diät merken die Betroffenen, dass
sich über das Nicht-Essen, über den Erfolg der Gewichtsabnahme auch
Stress und andere Gefühle regulieren lassen. Doch das Ganze verselbständigt sich, ist nicht mehr kontrollierbar.

> **① GUT ZU WISSEN** *Eine schwere Anorexie kann tödlich enden.
> Die Prognose entspricht heute in etwa der bei Leukämie bei
> Jugendlichen: Die Mehrheit wird innert fünf Jahren wieder gesund, für
> fünf Prozent hat die Erkrankung leider tödliche Folgen.*

Erschwerende Faktoren

Während ein Grossteil der Jugendlichen zum Glück wieder gesund wird,
gibt es auch chronische Verläufe. Ein Hauptproblem besteht darin, dass
in der schweren Magersucht die Krankheitswahrnehmung fehlt: Alle andern behaupten, man sei magersüchtig. Für Betroffene fühlt sich das Ganze aber völlig anders an (siehe Seite 266). Das erschwert die Behandlung.

Ungünstig für den Verlauf ist auch die Dynamik. Familienprobleme sind ein Stressfaktor, der schon zu Beginn der Erkrankung da sein kann; zum Beispiel Eltern, die häufig streiten, ein alkoholabhängiger Vater oder eine sehr ängstliche Mutter, die den Kindern kaum Autonomie zugesteht. Die meisten Magersüchtigen haben jedoch eine unauffällige Familiendynamik. Im Krankheitsverlauf verändert sich das: Ein hungerndes Kind ist für Eltern fast nicht auszuhalten; sie verbringen oft Stunden damit, es zum Essen zu bewegen. Alles dreht sich nur noch um das Essen, das Gewicht des Kindes.

> **GUT ZU WISSEN** *Magersüchtige sprechen auffällig wenig über einen Beziehungswunsch. Sie stehen meist noch auf einer vorherigen Entwicklungsstufe, wo die Akzeptanz der Freundinnen viel wichtiger ist.*

Viele Erkrankte befinden sich in der Pubertät, einer Zeit, in der es um Abgrenzung, das Ausüben von Autonomie und Kontrolle geht. Bei Betroffenen erfolgt diese Abgrenzung und Kontrolle einzig über das Essen oder eben Nicht-Essen. Das ist für das Umfeld oft kaum erträglich. Viele Angehörige kennen das Bild der Jugendlichen, die sich ein paar Reiskörner auf die Gabel legt, fünf Minuten mit der Gabel in der Hand am Tisch sitzt, die Eltern gegenüber, und dann ganz langsam die Reiskörner auf den Tisch fallen lässt, mit einem leichten Lächeln auf dem Gesicht. Die Eltern verzweifelt, in Rage. Essen macht Angst, aber rund ums Essen ist auch ein Machtkampf mit den Eltern entstanden; das Lächeln ist Ausdruck des «Ha, ich hab gewonnen!», das alle Eltern von ihren pubertierenden Kindern kennen.

VERHÄNGNISVOLLE WECHSELWIRKUNG

Paradoxerweise steht und fällt der Selbstwert der Eltern ebenfalls mit dem Gewicht des Kindes, aber in umgekehrter Richtung. Dies kann dazu führen, dass Streitereien in den Hintergrund geraten, weil die Essstörung das Familiensystem stabilisiert. Es kann aber auch zu vermehrten Auseinandersetzungen führen. Eltern von anorektischen jungen Frauen haben eine stark erhöhte Scheidungsrate. ■

Ein grosses Thema in der Pubertät ist die Sexualität. Es gilt, zur jungen Frau zu werden; für viele Anorektikerinnen ein angstbesetzter Schritt. Nähe zuzulassen, sich zu öffnen fällt ihnen sehr schwer.

Episodischer Verlauf
Bei der Bulimie und der Binge-Eating-Störung haben Betroffene manchmal nur eine, andere wiederholte Episoden; es gibt allerdings auch hier chronische Verläufe. Insgesamt haben aber beide Störungen eine bessere Prognose als die Anorexie.

Erschwerend ist, dass beide Formen häufig mit Depressivität einhergehen. Auch Wechsel in andere ungesunde Formen der Emotionsregulation kommen vor, etwa in eine Suchterkrankung oder aber in selbstverletzendes Verhalten.

Diagnose

Wie bereits erwähnt, ist die Bulimie meist eine stille Erkrankung. Betroffene leiden, suchen aber selten Hilfe auf. Sie meiden die Zahnärztin, weil sie die Bulimie erkennen könnte. Wenn sie Hilfe suchen, dann meistens für die Depression, die mit der Bulimie einhergehen kann.

Auch Magersüchtige suchen selten Hilfe. In ihrer Wahrnehmung leiden sie ja nicht, sondern das Umfeld hat ein Problem. Die Diagnosestellung per se ist einfach: Entscheidend sind das Gewicht, die Einschränkung des ganzen Lebens auf das Nicht-Essen.

Das Ausbleiben der Regelblutung für drei Monate ist nach den neuen Kriterien des DSM-5 für eine Diagnose nicht mehr nötig. Anorektikerinnen ohne dieses Symptom haben die gleiche Prognose und brauchen die gleiche Behandlung wie solche mit.

HINWEIS *Es ist sehr schwierig für das Umfeld, Betroffene zum Aufsuchen einer Fachperson zu motivieren. Am häufigsten klappt es über den Hausarzt oder auch über die Kinderärztin, weil zu diesen Personen noch am ehesten ein Vertrauensverhältnis besteht.*

Ursachen

Über die Ursachen ist bei allen Essstörungen immer noch recht wenig bekannt. Gerade die Anorexie ist eine der gravierendsten Erkrankungen bei jungen Menschen, die zum Tode führen kann. Umso erstaunlicher ist, wie wenig zu diesem Thema geforscht wird. Daher hat es leider auch in der Behandlung nur mässige Fortschritte gegeben.

GUT ZU WISSEN *Heute geht man bei der Anorexie von einer genetischen Komponente aus. Das Risiko, an einer Magersucht zu erkranken, scheint zumindest teilweise vererbt zu werden.*

Unklarheit besteht auch bei der Frage, inwiefern Kultur und Medien eine Magersucht mitverursachen. Selbstwert und Emotionsregulation sind Triebfedern für viele Erkrankungen. Die Kultur entscheidet dann höchstwahrscheinlich, ob Heroinsucht, Magersucht oder Adipositas entsteht. Junge Euro-Amerikanerinnen sind häufiger magersüchtig, Afro-Amerikanerinnen hingegen häufiger stark übergewichtig oder auch crackabhängig.

Essstörungen behandeln

Für Behandler geht es in erster Linie darum, Vertrauen zu schaffen. Erst danach sind spezifische Massnahmen möglich.

Die Anorexie kann lebensgefährlich werden, wenn sie sich unaufhaltsam entwickelt. Medikamente helfen nur bedingt.

Hilfe bei der Anorexie

Anorektikerinnen stehen einer Behandlung meist sehr ambivalent gegenüber. Am besten beginnt sie bei der Kinderärztin oder beim Hausarzt, bei Personen also, die die Jugendlichen bereits seit langem kennen und denen sie am ehesten vertrauen.

Medikamente

Obwohl der Effekt gering ist, werden immer wieder Medikamente in der Behandlung der Magersucht eingesetzt. Die Anorexie hat gewisse Ähnlichkeiten mit einer schweren Zwangsstörung (siehe Seite 147), die typischen Medikamente gegen Zwänge zeigen aber wenig Wirkung. Auch Antipsychotika kommen häufig zur Anwendung, in der Hoffnung, dass das Denken rund ums Thema Essen etwas weniger rigide wird. Einzelne Antipsychotika steigern zudem den Hunger; dabei gilt es aber zu bedenken, dass Betroffene bereits zu hungrig sind. Sie werden zudem jedes Medikament ablehnen, in dessen Beipackzettel als Nebenwirkung eine Gewichtszunahme erwähnt ist – und wenn erst an 39. Stelle. Teilweise hilfreich sind angstlösende Medikamente 30 Minuten vor dem Essen, zumal sie auch das vegetative Nervensystem entspannen, sodass der Magen etwas weniger verkrampft ist. Gerade bei der schweren Anorexie heisst aber das einzige Mittel, das wirkt: K-A-L-O-R-I-E-N ...

Ernährungsberatung, Bewegungstherapie

An der Behandlung einer Magersucht sind in der Regel Fachleute mehrerer Disziplinen beteiligt: Ärzte, Ernährungsberaterinnen, Bewegungstherapeutinnen und Psychologinnen oder Psychiaterinnen.

Ernährungsberaterinnen begleiten den Essplan; gerade bei der schweren Magersucht darf die Gewichtszunahme nicht zu schnell erfolgen. In der Bewegungstherapie liegt der Schwerpunkt bei der Körperwahrnehmung.

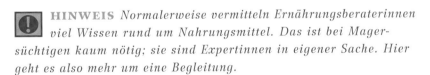 **HINWEIS** *Normalerweise vermitteln Ernährungsberaterinnen viel Wissen rund um Nahrungsmittel. Das ist bei Magersüchtigen kaum nötig; sie sind Expertinnen in eigener Sache. Hier geht es also mehr um eine Begleitung.*

Psychotherapie

In der Psychotherapie geht es primär um Angstbewältigung, denn Gewichtszunahme und Essen sind mit ausserordentlicher Angst verbunden. Oft hilft es, gemeinsam zu essen oder die Therapie in die Küche zu verlegen, sodass dort geholfen werden kann, wo die Angst am grössten ist.

Eine der Entwicklungsaufgaben in der Adoleszenz besteht darin, in verschiedenen Lebensbereichen Kontrolle zu erproben und zu übernehmen. Deshalb ist Kontrolle ein wichtiges Thema. Fällt der Beginn einer Anorexie in die Pubertät, so lautet eine Hypothese, dass diese Kontrollüber-nahme nur im Bereich des Essens bzw. des Nicht-Essens gelingt. Ein the-rapeutischer Ansatz ist demnach, die Kontrolle in anderen Lebensbereichen zu stärken. Dieser Ansatz hat bei Betroffenen auch eine höhere Akzeptanz, da es dabei nicht ausschliesslich ums Essen geht.

Essen und die Gewichtszunahme sind aber natürlich Hauptthemen der Therapie. Man legt gemeinsam Gewichtsziele fest, aber auch Massnah-men, die beim Nichterreichen des Ziels umgesetzt werden.

 HINWEIS *Ab einem gewissen Untergewicht gehört zu den Massnahmen auch die Ernährung über die Magensonde.*
Sie muss therapeutisch gut begleitet werden, damit Betroffene mög-lichst verstehen, dass es nicht um Zwang geht, sondern darum, ihr Überleben zu sichern, während sie lernen, mit der Angst vor der Gewichtszunahme umzugehen. Auch junge Menschen mit einem lebensbedrohlichen Gewicht möchten in der Regel nicht sterben; sie möchten einfach nicht zunehmen und die Angst nicht aushalten müssen.

Bis zu einem gewissen Gewicht kann man ambulant behandeln. Wird dieses unterschritten, braucht es eine intensive Behandlung auf einer Spe-zialstation für Essstörungen oder in einer Tagesklinik. Fällt das Gewicht noch tiefer, erfolgt die Behandlung in einem Kinderspital oder auf der medizinischen Abteilung eines Spitals.

Hilfe für die Angehörigen

Die Angehörigen mit einzubeziehen ist bei jeder psychischen Erkrankung sinnvoll und wichtig, bei der Magersucht aber zentral. Die Krankheit bringt die Eltern zur Verzweiflung, für die Geschwister bleibt kaum Auf-merksamkeit übrig. Es kommt zu einer unheilvollen Wechselwirkung: Fa-milienprobleme können eine Magersucht begünstigen; eine Magersucht begünstigt Familienprobleme.

Im Angehörigencoaching lernen Familienmitglieder, sich besser abzu-grenzen; zu stützen, aber nicht zu übernehmen. Zu Beginn der Therapie sind Angehörige oft wie verschmolzen mit den Betroffenen: «Wir haben heute fast wieder nichts zu Mittag gegessen.» – «Heute gehen wir eine Klinik anschauen.» Dies sind typische Sätze eines Elternteils, dessen Tochter eine Magersucht hat.

Selbsthilfe

Es gibt für Magersüchtige erstaunlich wenige Selbsthilfegruppen. Viele Betroffene haben fast etwas Angst davor, befürchten, dass das Zusammensein mit anderen Magersüchtigen zu einer Verschlimmerung der Krankheit führt, zu einem Wettbewerb, wer am besten hungert, wer das tiefste Gewicht hat. Wenn in einem Nebensatz erwähnt wird, welche Strategie bei der Gewichtsreduktion auch noch geholfen hat, hören Betroffene nur diese eine Bemerkung.

Magersüchtige leben oft recht zurückgezogen, sind scheu. Deshalb ist es nicht erstaunlich, dass es auf dem Markt relativ viele Bücher mit Leidens- und auch Genesungsgeschichten von Betroffenen gibt. Auch hier gilt, dass das Lesen dieser Bücher für die einen Betroffenen produktiv, für die anderen kontraproduktiv ist. Manche berichten, dass ihnen allgemeinere Bücher, die nicht auf das Thema Essen fokussiert sind, mehr helfen; Bücher, in denen es darum geht, wie sich Selbstvertrauen verbessern lässt, wie man lernt, etwas sinnvoll zu kontrollieren und fehlende Kontrolle besser auszuhalten.

HINWEIS *Betroffene berichten häufig, dass sie gewissen Dingen aus dem Weg gehen müssen: Spiegeln, Modegeschäften, gewissen Zeitschriften. Genauso wie Alkoholabhängige den Nachteil haben, dass sie in einer Kultur voller Werbung für Alkohol leben, müssen auch Magersüchtige eine Kultur aushalten, in der Untergewicht als Schönheitsnorm gilt. Blättert man Modezeitschriften durch, sieht man wenige junge Frauen, deren Gewicht mit einer normalen Ernährung und einer gesunden Lebensführung erreichbar oder vereinbar ist. Reality-TV-Shows, die suggerieren, dass wir alle Stars sein können und uns immer präsentieren müssen, verstärken den Effekt noch.*

Bulimie behandeln

Auch bei der Bulimie finden Psychopharmaka nur begrenzt Einsatz. Gewisse Antidepressiva in hoher Dosierung können das Zwanghafte an den Essattacken lindern und den Betroffenen die Chance geben, sich zu entscheiden, ob sie nun einer Essattacke nachgeben wollen oder nicht.

Die Haupttherapie ist auch hier die Psychotherapie. Themen sind die Gefühlsregulation und der Selbstwert, aber auch die Frage, wie man mit anderen Menschen umgeht, welche Erwartungen man an sie hat bzw. sie an einen haben.

Betroffene sind oft sehr perfektionistisch: Alles muss immer rund laufen. Sie setzen sich enormen Belastungen aus, damit auch wirklich jeder mit ihnen zufrieden ist.

HINWEIS *Perfektionisten möchten immer alles zu 120 Prozent richtig machen. Doch Perfektion erreicht man schon mit 90 Prozent. Ja, nur 90 Prozent! Von den restlichen 10 Prozent ist der grösste Teil unwichtig, und den anderen Teil kann man in Ruhe noch im zweiten Durchlauf korrigieren. Dieses Modell der unscharfen Logik – die sogenannte fuzzy logic – stammt ursprünglich aus der Informatik. Früher waren Computer perfekt; sie machten keine Fehler, waren aber sehr, sehr langsam. Heute lösen Rechner alle Aufgaben nur noch zu 90 Prozent und die restlichen 10 Prozent ... siehe oben. Im Leben bewährt sich diese Strategie ebenfalls – und nicht nur bei der Bulimie.*

Selbsthilfe, Hilfe für Angehörige

Selbsthilfegruppen scheinen bei der Bulimie hilfreicher zu sein als bei der Anorexie. Weil Bulimie eine stille Erkrankung ist, bietet das Internet überdies viele Ressourcen.

Auch der Angehörigeneinbezug ist hier sehr wichtig. Bulimikerinnen sind meistens etwas älter als die typische Magersüchtige, deshalb betrifft es oft den Partner oder Ehemann, weniger die Eltern. Für Bulimikerinnen ist zum Beispiel das Zusammenziehen mit dem Partner oft ein riesiges Problem. Vorher liess sich die Störung noch einigermassen geheim halten, weil der Partner ja nicht immer da war.

Andere Essstörungen behandeln

Die Orthorexie hat viel Magersuchtähnliches, deshalb gleichen sich auch die Behandlungen. Betroffene sind allerdings meist älter. Ein Problem ist hier das sogenannte Doctor-Shopping: Auf der Suche nach Hilfe konsultieren Betroffene zig verschiedene Komplementärmediziner. Sie erhalten dann oft eine Diagnose und eine Empfehlung in Bezug auf Ernährung. So fallen nach jedem Arztbesuch wieder vier weitere Nahrungsmittel weg.

Diabulimie wird in der Regel vom Stoffwechselspezialisten behandelt, der auch für den Diabetes zuständig ist, unter Beizug einer Psychologin.

Bei der Bigorexie muss vor allem die Steroidsucht behandelt werden. Auch hier geht es darum, den Selbstwert auf andere Art und Weise zu stärken.

Taschenapotheke Essstörungen

Tipps für Betroffene

- Eigentlich haben Sie keine «Essstörung». Sie haben Mühe mit Angst und Kontrolle (Anorexie) oder mit der Stress- und Gefühlsregulation (Bulimie/Binge eating).
- Fragen Sie sich: Wie gehe ich mit Ängsten um? Was, wenn ich keine Kontrolle habe? Wenn ich von meiner besten Freundin enttäuscht bin? Ist Überessen oder Hungern wirklich meine einzige Strategie?
- Versuchen Sie, Essen wieder als das zu sehen, was es ist, nämlich Energie für Ihre Muskeln, für Ihre Organe und am wichtigsten: Energie für Ihr Gehirn – und eigentlich auch Energie für Ihr Herz und Ihre Seele.
- Was macht Sie aus als Person? Wodurch beziehen Sie Selbstwert? Befragen Sie Ihre Freundinnen und Ihre Familie, was sie an Ihnen schätzen.

Tipps für Angehörige

- Wenn Sie sich sorgen, dass Ihre Tochter eine Anorexie entwickeln könnte, machen Sie einen Routinetermin bei der Kinderärztin ab. Nicht zu lange zuwarten.
- Versuchen Sie, beim Essen keinen Druck zu machen. Denn dann schnürt sich der Magen nur noch mehr zu … Lassen Sie sich von den Behandlern beraten, wie Sie sich verhalten sollen und was Ihre Rolle ist.
- Gerade bei Jugendlichen mit schweren Essstörungen sind ein Elterncoaching und Familiengespräche unabdingbar.
- Auch bei Bulimie braucht es vor allem Fürsorge und Unterstützung. Druck und Schuldgefühle sind ja bereits die Triebfedern der Erkrankung.

Literatur

- De Rossi, Portia: **Das schwere Los der Leichtigkeit.** Vom Kampf mit dem eigenen Körper. mvg, München 2011
- PMS Aktuell: **Essstörungen.** Pro Mente Sana Aktuell, Heft 10-2 (www.promentesana.ch)
- Taitz, Jennifer: **Wenn Essen nicht satt macht.** Emotionales Essverhalten erkennen und überwinden. BALANCE Buch + Medien, Köln 2013

DVDs

- Ana Ex. **Wie die Magersucht siegt und wie sie scheitert.** Institut für Systemische Therapie Wien (www.ist.or.at). Studio: Carl-Auer-Systeme Verlag GmbH

Diagnostische Leitlinien nach ICD-10

Essstörungen

Anorexia nervosa (Magersucht)

■ Untergewicht (entweder 15 Prozent unter erwartetem Normgewicht oder BMI unter 17,5)

■ Der Gewichtsverlust ist selbst herbeigeführt durch Vermeidung hochkalorischer Speisen durch Erbrechen, Abführen, übertriebene körperliche Aktivität oder durch den Gebrauch von Appetitzüglern oder Entwässerungstabletten.

■ Ausgeprägte Angst, dick zu werden, Fehlwahrnehmung des eigenen Körpers (Körperschemastörung)

■ Hormonelle Störungen mit Ausbleiben der Regelblutung für mindestens drei Monate (Kriterium wurde im neuen DSM-5 gestrichen)

■ Tritt die Erkrankung schon vor der Pubertät auf, sind Entwicklungsschritte verzögert oder gehemmt (Wachstumshemmung, Brustentwicklung und Regelblutung fehlend).

Bulimia nervosa (Ess-Brech-Sucht)

■ Essattacken, bei denen riesige Mengen an Nahrungsmitteln verschlungen werden

■ Ständige Beschäftigung mit Essen und eine Gier nach Nahrungsmitteln

■ Gewichtszunahme wird verhindert durch Erbrechen, Hungern, exzessiven Sport, Missbrauch von Appetitzüglern, Abführ- und Entwässerungsmittel

■ Diabetiker lassen Insulin aus, um eine Gewichtszunahme zu verhindern.

■ Krankhafte Furcht, «dick» zu werden, mit einem unrealistischen oder ungesunden Zielgewicht

Binge-Eating-Störung (nach DSM-5, da noch nicht im ICD-10)

■ Essattacken, in denen sehr grosse Mengen von Lebensmitteln verschlungen werden und ein Kontrollverlust vorliegt

■ Essen wird sehr rasch verschlungen.

■ Betroffene essen so viel, dass sie sich anschliessend sehr unwohl fühlen.

■ Die Essattacke erfolgt alleine aus Scham, nach der Essattacke tritt Depressivität oder Selbsthass auf.

■ Die Essattacken treten mindestens einmal pro Woche während drei Monaten auf.

■ Es fehlen Kompensation wie Erbrechen oder Hungern, um nicht an Gewicht zuzunehmen.

Chronischer Schmerz

12

Er legt Betroffene lahm und behindert ihre Teilnahme am gesellschaftlichen Leben. Bis sich Besserung einstellt, braucht es viel Geduld, aber eine vollständige Genesung ist möglich.

Erscheinungsformen, Symptome

Es gibt verschiedene Erklärungsmodelle für die Entstehung von chronischem Schmerz. Sie bewegen sich alle an der Schnittlinie zwischen körperlicher und psychischer Empfindung.

Die meisten chronischen Schmerzen basieren auf einer Mischung von körperlichen und psychischen Faktoren. Häufig gibt es zu Beginn einen körperlichen Grund für die Schmerzen. Danach folgt aber nicht die Genesung, wie dies normalerweise der Fall wäre, sondern die Schmerzen halten an, chronifizieren sich, verschlimmern sich sogar.

> **GUT ZU WISSEN** *Unser Instinkt sagt uns, dass wir uns bei akuten Schmerzen schonen sollen. Doch genau diese Schonung führt bei chronischem Schmerz zu einer Schmerzausweitung. Soziale Isolation, depressiv-gereizte Verstimmungen und Verlust des Selbstwertes sind häufige Folgeerscheinungen.*

Chronischer Schmerz aus der Sicht eines Betroffenen

«Ich hatte so gehofft, dass es heute anders wird. Dass ich heute ohne Schmerz aufwache. Wieder nicht. In der linken Leiste ist er da, dieser Schmerz. Mal mehr, mal weniger. Aber eben, weniger heisst, dass er bei 8 Punkten ist, nicht bei 10, auf der Schmerzskala, die ich regelmässig ausfüllen soll. Eigentlich ist er meist bei 15, auf einer Skala von 0 bis 10, dieser Schmerz.

Begonnen hat alles mit einem banalen Arbeitsunfall. Einfach gestürzt bin ich damals, wie schon ein paar Mal zuvor; nichts Schlimmes. Die Ärzte gingen alle davon aus, dass es mir nach zwei, drei Monaten wieder gut gehen würde. Das war vor über drei Jahren. Heute habe ich ständig Schmerzen, und nicht nur dort, wo es anfangs weh getan hat. Heute schmerzt jedes Gelenk. Der Arzt sagt immer wieder, ich schone mich zu sehr. Das ist einfach gesagt, er hat nicht diesen Schmerz von 15 auf einer Skala von 0 bis 10!

Ich habe fast alles verloren. Als meine neunjährige Tochter nach dem letzten Urlaub den Koffer für mich die Treppe hochschleppte, da habe ich nur noch geweint. Ich weine sonst nicht. Und dann der Kampf mit den Versicherungen. Ständig werde ich so hingestellt, als wäre ich ein Simulant. Der Begutachter war verständnisvoll; geschrieben hat er dann, dass ich zu 90 Prozent arbeitsfähig sei. Wie, um Himmels willen?»

... und aus der Sicht einer Angehörigen

«Er hat sich sehr verändert. Alles ist anders geworden. Früher, da war er immer unter Leuten, gesellig, machte gerne Witze. Heute hat er sich völlig zurückgezogen, meidet alle, seine Kollegen, die Familie, die Kinder. Alles sei zu viel. Insbesondere die Kinder bringen ihn zum Explodieren; er vertrage den Lärm nicht wegen seiner Schmerzen. Ein Stück weit kann ich es ja verstehen. Aber es ist nun schon drei Jahre her, und nichts hat sich verändert. Am schlimmsten sind seine Wutdurchbrüche. Etwas temperamentvoll war er schon immer, aber heute kann er bei Kleinigkeiten völlig explodieren. Wer hilft? Alle haben uns im Stich gelassen. Und an mich denkt sowieso niemand. Der Hausarzt weiss nicht weiter; was mein Mann beim Psychiater soll, habe ich nie verstanden, und Schmerzmittel hat er nun in den letzten drei Jahren schon tonnenweise geschluckt. Ich habe den Eindruck, die helfen gar nicht mehr.»

Ursachen und Erklärungsmodelle

Man weiss wenig über die Ursachen und die Natur chronischer Schmerzen – noch weniger als bei den meisten anderen psychischen Erkrankungen. Es scheint aber auch hier verschiedene Unterformen und Erklärungsmodelle zu geben.

Phantomschmerz

Ein Modell des chronischen Schmerzes beruht auf dem sogenannten Phantomschmerz: Ein Diabetiker hat einen Fuss, der nicht mehr durchblutet wird; dies ist sehr schmerzhaft. Der Fuss wird amputiert, doch zwei Jahre nach der Amputation klagt der Betroffene immer noch über starke Schmerzen in der Region des Fusses – obwohl der Fuss gar nicht mehr da ist. Man spricht hier von einer Fehlleitung des Schmerzgedächtnisses; es wird fälschlicherweise aktiviert.

Man geht davon aus, dass sich auch bei anderen Schmerzarten eine Art Phantomschmerz bilden kann. Dieses Geschehen wird durch verschiedene Faktoren begünstigt, zum Beispiel durch Traumatisierung. Menschen, die früh im Leben oder wiederholt traumatisiert wurden, haben ein erhöhtes Risiko, einen psychischen Phantomschmerz zu erleben. Das trifft auch auf Menschen zu, die viele Kränkungen erdulden mussten und gelernt haben, die Traumatisierung und die Kränkungen zu überspielen, zu kompensieren. Dies gelingt vielleicht über mehrere Jahrzehnte, dann passiert ein Bagatellunfall – und das ganze Kartenhaus fällt in sich zusammen.

! **GUT ZU WISSEN** *Neuere Forschung zeigt, dass körperlicher Schmerz und sogenannter sozialer Schmerz einen gemeinsamen Pfad entlang wandern und sich gegenseitig verstärken können. Sozialen Schmerz erlebt man, wenn man abgelehnt, enttäuscht oder gekränkt wird. Vielleicht kennen Sie das: Wenn Sie starke Schmerzen haben, fühlen Sie sich rascher von anderen abgelehnt, sind sensibel. Und wenn Sie sich abgelehnt fühlen, werden Sie beispielsweise Zahnschmerzen stärker spüren.*

Depression

Ein weiterer begünstigender Faktor ist die Depression. Depressive Symptome sind teilweise kulturabhängig. Bei uns Westeuropäern treten in einer Depression häufig Schwierigkeiten mit dem Denken auf, wir grübeln, sorgen uns, katastrophieren. Bei anderen Kulturgruppen, zum Beispiel bei Mexikanern, stehen eher die Gefühle im Vordergrund.

Weltweit am häufigsten sind jedoch körperliche Symptome, und sie stehen vor allem dort im Vordergrund, wo die Depression nach wie vor stark stigmatisiert ist. Zum Beispiel in China: Dort zeigen sich die meisten Symptome im Bereich Kraft und Energie oder eben Schmerz. Rechnet man in solchen Ländern die Raten an Depressionen und Schmerzerkrankungen zusammen, ist die Gesamtzahl gleich wie bei uns. Bei uns ist einfach das Verhältnis zwischen den beiden Störungen umgekehrt.

HINWEIS *Es stellt sich immer wieder die Frage, ob sich Depressivität und chronischer Schmerz überschneiden. Tatsache ist, dass eine depressive Episode während eines Unfalls die Entwicklung eines chronischen Schmerzsyndroms begünstigt.*

Migration

Migranten aus Südosteuropa, die nach Westeuropa emigriert sind, haben eine höhere Rate an chronischen Schmerzen als Menschen, die in Südosteuropa geblieben sind. Sie haben ebenfalls eine höhere Erkrankungsrate als ihre Kinder, die bereits in der Schweiz aufwachsen. Man vermutet, dass dies Ausdruck des Stresses ist, der mit der Migration verbunden ist.

Chronische Schmerzen behandeln

Zu akzeptieren, dass die Schmerzen da sind, sich von ihnen aber möglichst wenig einschränken zu lassen: Das ist ein wichtiges Therapieziel. Medikamente können unterstützend wirken.

Bevor eine Behandlung erfolgen kann, braucht es eine fundierte Abklärung. Die meisten Betroffenen gehen davon aus, dass der chronische Schmerz rein körperlicher Natur ist. Für sie ist es besonders enttäuschend, dass die Medizin kaum helfen kann.

Noch schwieriger ist es, wenn die Ärzte keine Ursache für den Schmerz finden. Betroffene fühlen sich dann meist als Simulanten hingestellt, und sie grübeln immer wieder darüber nach, ob sie nicht einen weiteren Spezialisten aufsuchen sollten, der dann die Ursache doch noch findet.

Interdisziplinäre Abklärung

An einer fundierten Abklärung können eine Schmerzärztin, eine Rheumatologin, ein Physiotherapeut und jemand mit psychologischem Hintergrund beteiligt sein. Der Psychologe oder die Psychiaterin untersucht, welche psychologischen Faktoren das Schmerzgeschehen mitbeeinflussen: Welche Stressmomente lagen vor, als der Schmerz begann? Welche gibt es heute? Wie geht die Familie mit der chronischen Schmerzkrankheit um? Ist es zu einer depressiven Verstimmung gekommen? Wie erklärt sich der Betroffene selbst den Schmerz? Hat er Vorstellungen, die eine aktive Teilnahme an der Therapie erschweren? (Arzt vor fünf Jahren: «Mit diesem Rücken müssen Sie aufpassen, ein Wirbelkörper ist instabil.» – Arbeitgeber: «Schonen Sie sich, dann werden Sie wieder gesund.») Wie sieht es mit sozialem Schmerz aus?

Gemeinsam entwickeln die verschiedenen Fachleute dann einen Behandlungsplan.

HÄUFIG GESTELLTE FRAGEN

Bei mir wurde eine somatoforme Schmerzstörung diagnostiziert. Was ist das?
Ursprünglich ging man bei dieser Diagnose davon aus, dass ein innerseelischer Konflikt vorliegt, der über Schmerz ausgedrückt und auch gelöst wird. Hier ein typisches Beispiel: Ich merke, dass ich körperlich bei der Arbeit nicht mehr mithalten kann, ich bin mittlerweile zu langsam. Die Jüngeren sind alle viel leistungsfähiger. Das macht mir Angst. Wie soll das weitergehen? Ich war doch immer der Beste, ein guter Arbeiter. – Dieser Konflikt wird durch die Erkrankung gelöst: Wer krank ist, muss nicht die gleiche Leistung bieten wie die Jüngeren. Zugleich geht der Betreffende aber einem natürlichen Prozess aus dem Weg: der Anpassung an das Älterwerden, der Tatsache, dass man zurückstecken muss, dabei aber nicht den Selbstwert zu verlieren braucht. Dieses Vermeiden geschieht unbewusst.

Heute wird die psychiatrische Diagnose «somatoforme Schmerzstörung» aber häufig gestellt, wenn keine körperliche Ursache für den Schmerz vorhanden ist oder wenn das Schmerzausmass nicht den körperlichen Befunden entspricht. Sie wird vor allem auch verwendet, wenn sich der Schmerz von der ursprünglichen körperlichen Ursache verselbständigt hat. Der Schmerz ist wie im Eingangsbeispiel immer im obersten Bereich, pendelt etwas hin und her, aber schmerzarme Phasen gibt es nicht mehr. Betroffene werden Schmerzen gegenüber hypersensibel. Leiden sie etwa an Hämorrhoiden, was zwar schmerzhaft, aber aushaltbar ist, werden sie diesen Schmerz ebenfalls als unerträglich erleben. ■

Interdisziplinäre Behandlung

Die Behandlung ist mit Vorteil multimodal, setzt also in verschiedenen Bereichen an: Körperliche Aspekte, Beweglichkeitsaspekte, psychische und soziale Aspekte sollten von den Fachpersonen adressiert werden.

GUT ZU WISSEN *Regelmässige ärztliche Kontrollen gehören dazu. Sonst zweifeln Betroffene immer wieder, ob sie wirklich die richtige Diagnose bekommen haben.*

Besonders wichtig in der Behandlung sind diese Punkte:

- **Aufklärung.** Wenn Patienten den eigenen Schmerz erklären, zeigt sich oft, dass sie unzutreffende Vorstellungen der Anatomie und der Schmerzbahnen haben und daraus falsche Schlüsse ziehen. Manchmal bleiben Sätze hängen, die ein Arzt während einer Abklärung zwar ausgesprochen hat, aber in ganz anderem Zusammenhang.
- **Schmerzakzeptanz.** Es geht darum, Lebensqualität zurückzuerlangen, obwohl der Schmerz da ist; die Schonhaltung und das Vermeideverhalten anzugehen und aufzugeben. Wieder wie früher einen Fussballmatch zu besuchen – trotz der Schmerzen.
- **Austausch.** Chronischer Schmerz ist immer noch sehr tabuisiert, vermutlich weil er mit der Angst verbunden ist, als Simulant zu gelten. Hier kann der Austausch mit anderen Betroffenen, zum Beispiel in einer Gruppentherapie, wirkungsvoll sein. Es kann entlasten, mal wirklich darüber sprechen zu können, wie es ist mit dem Schmerz, mit der Familie, mit den Ängsten.

DIE FAMILIE INVOLVIEREN

Familiengespräche sind ein Muss. Ein häufiges Dilemma ist beispielsweise, dass Betroffene nicht möchten, dass die Familie den Schmerz «sieht». Er wird unterdrückt. Die Kinder spüren dann nur die Gereiztheit, aber nicht den Schmerz, der sie verursacht. Dies verschlechtert die Beziehung eher, als dass es sie verbessert. Oft trägt die Familie das Schonverhalten mit. Dies macht aber nur bei akutem Schmerz Sinn, nicht beim chronischen Schmerz. Solche Themen anzusprechen und einen guten Umgang mit den Schwierigkeiten zu finden ist zentral. ■

Wie schnell kann man eine Besserung erwarten?

Bei chronischen Schmerzen verläuft der Genesungsprozess sehr langsam. Trotzdem werden viele Patientinnen und Patienten wieder völlig gesund. Auch nach jahrelangen Schmerzen ist eine Verbesserung der Lebensqualität möglich.

Medikamente

Schmerzmittel sind wirksam in der Behandlung akuter Schmerzen, haben aber bei chronischem Schmerz nur einen begrenzten Einfluss. Hingegen werden häufig Antidepressiva eingesetzt, etwa Duloxetin (Cymbalta®), Venlafaxin (Efexor®) oder Amitriptylin (Tryptizol®/Saroten®). Das bedeutet nicht, dass Betroffene eine Depression haben. Zwar gibt es grosse Überschneidungen zwischen chronischem Schmerz und Depression, aber die Medikamente helfen bei chronischen Schmerzen aus einem anderen Grund: Sie erlauben es Betroffenen, Schmerzreize besser auszufiltern. Das bedeutet, dass der Schmerz nicht verschwindet, dass sich Betroffene aber während eines Fussballspiels auf den Match konzentrieren können, auch wenn sie anschliessend merken, dass der Schmerz wieder da ist.

Antiepileptika wie Pregabalin (Lyrica®) oder Gabapentin (Neurontin®) kommen ebenfalls zum Einsatz. Auch hier nicht, weil Betroffene eine Epilepsie haben, sondern weil die Medikamente die Schmerzleitung in den Nervenfasern und die Schmerzwahrnehmung beeinflussen.

Alltagsphysiotherapie

Den Schmerzpatienten ist es oft wichtig, gewisse Aktivitäten aufrechtzuerhalten. So «muss» eine Patientin mit starken chronischen Schmerzen jede Woche den Boden feucht wischen; sonst plagen sie Schuldgefühle. In der Alltagsphysiotherapie schaut die Therapeutin mit der Betroffenen, wie sie den Boden fegen kann, ohne den Rücken zu stark zu belasten.

Krank – oder doch arbeitsfähig?

Es kommt vor, dass Ärzte Betroffene zu 100 Prozent krankschreiben, doch wenn die Invalidenversicherung ins Spiel kommt, werden dieselben Menschen als vollständig arbeitsfähig eingestuft. Wie kann das sein?

Kein Thema wurde in der Vergangenheit so kontrovers diskutiert – aber auch gerichtlich entschieden – wie die längerfristige Arbeitsunfähigkeit bei chronischem Schmerz, der körperlich nicht (oder nicht vollständig) erklärbar ist. Nach einer Zunahme von Berentungen aufgrund solcher Erkrankungen wurden sie als «medizinisch-theoretisch überwindbar im Sinne der Arbeitsfähigkeit» erklärt und Berentungsanträge wurden in der Regel abgelehnt. Das Motto war, salopp ausgedrückt: Auf die Zähne beissen und weiterarbeiten. Dies war umso kontroverser, als das Krankheitsbild überdurchschnittlich oft Menschen mit Migrationshintergrund betraf und diese häufig eigentlich oder zusätzlich unter depressiven Erkrankungen oder Traumatisierungen litten, die sie aufgrund der Selbststigmatisierung und aus Angst, als Simulanten zu gelten, selbst gar nicht wahrnahmen oder dann verheimlichten. Seit neuestem gilt nun ein sogenanntes Indikatorenverfahren, in dem jeder Fall spezifisch anhand eines Registers an Fragen beurteilt wird. Bereits der Fragenkatalog zeigt aber, dass es eher darum geht, eine Ablehnung einer Berentung zu begründen, als die meist hochkomplexe Krankheits- und Arbeitssituation differenziert, neutral und objektiv zu beurteilen.

> **TIPP** *Es ist empfehlenswert, sich in einer solchen Situation von einem Experten für Sozialversicherungen juristisch beraten zu lassen. Idealerweise wird die Familie mit beraten; so versteht sie, dass der negative Entscheid der Invalidenversicherung nicht bedeutet, dass der Betroffene simuliert, sondern dass die gesetzlichen Rahmenbedingungen für eine Berentung nicht erfüllt sind.*

Taschenapotheke chronischer Schmerz

Tipps für Betroffene

- Chronischer Schmerz verschwindet nicht über Nacht. Machen Sie sich klar, dass der Schmerz auch morgen da sein wird. So vermeiden Sie ständige Enttäuschungen.
- Schonung verschlimmert chronischen Schmerz. Bewegen Sie sich. Finden Sie heraus, welche Art von Bewegung am besten möglich ist. Probieren Sie neue Sportarten oder Bewegungsformen aus. Fragen Sie Ihre Physiotherapeutin.
- Sozialer Rückzug verstärkt den chronischen Schmerz. Vermehren Sie Ihre sozialen Kontakte, halten Sie diese aber eher kurz. Ein ganzer Tag mit den Enkeln überfordert. Planen Sie von Beginn weg, dass Sie eine halbe Stunde mit ihnen spielen, sich dann eine Stunde zurückziehen und sich anschliessend gemeinsam einen kurzen Film ansehen.
- Ziehen Sie Ihre Angehörigen in die Behandlung mit ein. So erfahren sie, wie sie mit Ihren Schmerzen besser umgehen und Sie unterstützen können. Dies hilft auch mit der Angst, dass Ihre Familie Sie für einen Simulanten halten könnte.
- Finden Sie heraus, wie Sie sich vom Schmerz am besten ablenken können. Mit Fussball schauen, online Poker spielen, Musik hören?
- Gestatten Sie sich Rückzugszeiten während des Tages. Legen Sie hier aber von vornherein eine zeitliche Begrenzung fest.

Tipps für Angehörige

- Unterstützen Sie den Betroffenen in körperlichen und sozialen Aktivitäten. Helfen Sie mit, dass er sich nicht überfordert mit zu langen Aktivitäten.
- Sprechen Sie über die Ängste des Betroffenen: über die Angst, dass der Schmerz nicht mehr verschwindet. Dass andere ihm nicht glauben, dass er Schmerzen hat.

Literatur

- Hartl, Thomas: **Geheilt vom Schmerz.** Erfolgsgeschichten chronisch Kranker. Ueberreuter, Berlin 2010
- Higman, Patience; Hönicke, Margaret: **Chronische Schmerzen.** Wie Sie lernen, damit umzugehen. Ein Ratgeber für Betroffene, Angehörige und Fachleute. Schulz-Kirchner, Idstein 2011

Diagnostische Leitlinien nach ICD-10

Chronischer Schmerz

Anhaltende Schmerzstörung/Chronische Schmerzstörung mit körperlichen und psychischen Faktoren

- Andauernder, schwerer und quälender Schmerz
- Ärzte können Schmerz nicht durch körperliche Ursache erklären (anhaltende Schmerzstörung)
- Ärzte können Schmerz durch körperliche Ursache nur ungenügend erklären (chronischer Schmerz mit körperlichen und psychischen Faktoren)

- Schmerz tritt in Verbindung mit Konflikten und psychosozialen Belastungen auf.
- Folge des Schmerzes ist eine Entlastung in der Familie und medizinische Zuwendung.

Trauma und Traumafolge- störungen

Was ein Trauma ist und was nicht, entscheidet sich im Erleben der einzelnen Person. Der gleiche Vorfall kann für manche Beteiligten traumatisch sein, während ihn andere ohne Weiteres wegstecken.

Erscheinungsformen, Symptome

In einer bedrohlichen Situation werden manche Menschen aktiv, andere erstarren, wieder andere benehmen sich, als sei nichts geschehen. Das sind alles normale Reaktionen auf erschütternde Ereignisse.

Traumata sind aussergewöhnliche Erlebnisse, bei denen wir uns in unserer Existenz bedroht fühlen: etwa ein Autounfall, bei dem wir Todesangst verspüren, oder ein Naturereignis wie eine Schneelawine oder Hochwasser. Auch die Diagnose einer Krankheit kann traumatisch sein: Betroffene erleben oft akribisch, wie die Ärztin ihnen eröffnete, dass sie Brustkrebs haben.

Zu den traumatischen Erlebnissen in der Extremform gehören Vergewaltigungen, andere Formen von sexueller Gewalt, eine Geiselnahme oder Entführung oder auch Kriegserlebnisse.

HINWEIS *Entscheidend ist nicht, wie gravierend ein Ereignis objektiv gesehen ist; entscheidend ist, wie man es selbst erlebt und eingeschätzt hat. Bleibt eine Gondel stecken, ist das für manche eine Bagatelle, für andere ein dramatisches Erlebnis, verbunden mit Todesangst.*

Von einer sekundären Traumatisierung spricht man, wenn man Traumatisches nicht selbst erlebt, sondern Zeuge eines Unfalls oder von Kriegsverbrechen wird.

Trauma aus der Sicht von Betroffenen

«Seit dem Hausbrand schlafe ich schlecht. Immer wieder träume ich davon. Die Flammen, der Geruch, meine Katze, die ich nicht mehr fand. Mitten in der Nacht wache ich mit pochendem Herzen auf, bin völlig verschwitzt, kann mich lange nicht beruhigen. Oft weiss ich zuerst gar nicht, ob ich träume oder ob das Ganze effektiv passiert. Auch tagsüber bin ich wie auf Nadeln, ich bin sehr schreckhaft geworden. Neulich verbrannte ein Nachbar Gartenabfälle, es entwickelte sich starker Rauch. Auch da konnte ich mich fast nicht mehr beruhigen. Zu Hause habe ich dann die Kinder angeschrien, wegen nichts.

Alle andern sagen mir immer wieder, seit dem Brand seien doch schon drei Jahre vergangen, das neue Haus sei doch schön. Aber für mich ist die Zeit seither wie eingefroren. Ich habe immer noch das Gefühl, der Hausbrand sei kaum zwei Wochen her. Das neue Haus fühlt sich nicht wie ein Zuhause an. Es kommt mir vor, wie wenn es aus Plastik wäre, nur ein Modell.»

... und noch ein Beispiel

«Ich weiss, ich bin speziell. Ich brauche lange, bis ich Menschen vertraue. Und in die Karten lasse ich mir schon gar nicht blicken. So kann ich es vermeiden, Gefühle zu zeigen, Schwächen. Das wird nur ausgenutzt, das weiss ich. Manchmal möchte ich mich mehr öffnen. Es ist schwierig, jemanden kennenzulernen mit meiner Art. Oft werde ich als arrogant erlebt, als abweisend. Dabei bin ich nur vorsichtig. Ob dies etwas mit meiner Kindheit und Jugend zu tun hat? Es war schwierig, ich habe viel erlebt. Meine Mutter lief einfach weg, als ich neun war. Sie liess uns im Stich, mich und meine vier kleinen Geschwister. Die musste ich immer beschützen, vor ihm, meinem Vater. Nein, über ihn möchte ich nicht sprechen, ich kann das nicht, das müssen Sie verstehen.»

> **HINWEIS** *Wie wir auf ein Trauma reagieren, wird durch mehrere Faktoren beeinflusst. Kinder verarbeiten ein Trauma anders als Erwachsene und erleben andere Ereignisse als traumatisch. Bei der ersten Traumatisierung reagieren wir anders als bei der siebten.*

Was passiert bei einem Trauma?

Obwohl traumatische Erlebnisse für die meisten von uns glücklicherweise selten sind, scheinen sie doch so wichtig zu sein, dass unser Hirn über vorprogrammierte Mechanismen für solche Situationen verfügt. Sie sorgen dafür, dass wir in die Gesundheit zurückfinden.

Unmittelbare Reaktionen

Das System, das für lebensbedrohliche Situationen zuständig ist, kann prinzipiell drei Arten von Reaktion auslösen: Kampf, Flucht oder Totstellreflex. Bei manchen hält die Reaktion ein paar Minuten an, dann können sie sich wieder auf das konzentrieren, was zu tun ist. Bei anderen hält die Reaktion einen halben, den ganzen oder gar mehrere Tage lang an.

HÄUFIG GESTELLTE FRAGEN

Was kann ich als Angehöriger in einer solchen Situation tun?

Am besten gar nicht viel; einfach da sein, stützen, Stabilität und Wärme geben. Einen Tee offerieren, eine Decke organisieren, zusammen ein paar Schritte gehen. Reden und trösten macht nicht viel Sinn, denn Betroffene sind in einer solchen Situation nicht sehr empfänglich – und wenn, nehmen sie eher die emotionale Färbung Ihrer Stimme wahr als den Inhalt des Gesagten. ■

Nehmen wir das Eingangsbeispiel mit dem Hausbrand: Ihr Haus steht in Flammen. Sie stehen vor dem Haus, die Feuerwehr ist da, die Sirenen gehen, das Feuer lodert. Manche Menschen erstarren, sie stehen nur noch da, sagen kein Wort, blicken einfach nur in die Flammen. Andere werden hyperaktiv; sie rennen hin und her, sprechen sehr laut, schreien die Feuerwehrleute an. Sie spüren sich kaum noch. Ihre Aktivitäten sind nicht mehr zielgerichtet, sondern wirr. Dritte wiederum reagieren, als wäre nichts geschehen. Sie bringen den Feuerwehrleuten Tee, als wäre es das Normalste der Welt. Und schliesslich gibt es Menschen, die eine Mischung dieser Reaktionen zeigen.

HINWEIS *Jedes geschilderte Verhalten ist eine normale Reaktionsform auf ein abnormales Ereignis, das uns völlig überfordert; eine Art Schutzmechanismus.*

Katastrophenkater

Nach einem gravierenden Ereignis braucht es oft ein paar Tage oder auch Wochen, bis sich das Leben wieder normalisiert. Betroffene schlafen anfänglich schlecht, haben keinen Appetit, ihnen ist übel, sie sind müde und erschöpft. Ihr Denken kreist immer wieder um das traumatische Erlebnis.

Nachts träumen sie davon, tagsüber haben sie teilweise Flashbacks, Erinnerungsfetzen, die blitzartig auftauchen und sie die Situation wieder und wieder durchleben lassen. Sie sind Lärm und Geräuschen gegenüber sehr empfindlich, und auch auf Menschen reagieren sie manchmal gereizt.

GUT ZU WISSEN *Die Symptomatik klingt in der Regel recht schnell ab: Nach einer Woche geht es besser, nach zwei Wochen wesentlich besser, nach vier bis sechs Wochen geht es den Betroffenen im Allgemeinen wieder gut. Kurzfristig können die Symptome aber wieder aufflackern, vor allem, wenn etwas an den traumatischen Vorfall erinnert.*

Posttraumatische Belastungsstörung

Bei manchen Menschen hinterlässt ein Trauma tiefere Spuren. Sie sind wie gefangen darin, es scheint nicht zu heilen. Fast jede Nacht haben sie Albträume, wachen schweissgebadet auf, mit pochendem Herzen, wissen nicht, ob sie jetzt wirklich in der dramatischen Situation sind oder zu Hause im Bett; sie sind wie benommen. Tagsüber haben sie Flashbacks: Der Soldat hört den Rettungshelikopter, wähnt sich wieder mitten im Kriegsgeschehen. Die junge Frau hat bei Dunkelheit immer das Gefühl, jemand stehe direkt hinter ihr. Das führt zu Vermeideverhalten: Unfallopfer steigen nicht mehr ins Auto; jemand, der vergewaltigt wurde, kann nicht mehr allein sein.

Betroffene sind häufig gereizt, niedergeschlagen, verängstigt, fühlen sich innerlich leer. Sie reagieren hypersensibel. Bei einem unerwarteten Geräusch schrecken sie zusammen, bei einer kleinen Irritation haben sie Wutdurchbrüche. Das macht das Familienleben schwierig. Oft vertragen Betroffene Kinder schlecht; sie sind ihnen zu laut, zu unruhig.

Risiken

Je gravierender das Trauma, umso grösser die Gefahr, eine posttraumatische Belastungsstörung zu entwickeln. Entscheidend ist hier wiederum das eigene Erleben. Dennoch gibt es ein paar Gemeinsamkeiten: So scheinen Naturkatastrophen ein geringeres Risiko mit sich zu bringen als durch Menschen verursachte Traumatisierungen. Besonders heikel scheinen Situationen zu sein, in denen sich die Grenzen zwischen schlecht und gut vermischen oder auflösen: Gewalt in der Familie, und spezifisch sexuelle Gewalt, hinterlässt immer tiefe Spuren. Der Vater wird einerseits geliebt, er spielt mit einem; andererseits übt er sexuelle Gewalt aus.

Menschen, die während einer Depression Traumatisches erleben, haben ebenfalls ein stark erhöhtes Risiko, eine posttraumatische Belastungsstörung zu entwickeln.

HÄUFIG GESTELLTE FRAGEN

Was ist eine komplexe posttraumatische Belastungsstörung?

Erlebt jemand in jungen Jahren wiederholt Traumatisierendes, insbesondere als Kind, entwickelt er oder sie Schutzmechanismen. Das Mädchen, das immer wieder von einem Verwandten sexuell missbraucht wird, dissoziiert: Während des Missbrauchs stellt es sich vor, es sei eine Fliege an der Wand, es blendet die Geschehnisse aus. Am nächsten Tag merkt man dem Kind nichts an. Solche Bewältigungsstrategien, die in der Kindheit überlebenswichtig sind, wirken sich im Erwachsenenleben nachteilig aus. Betroffene können zum Beispiel keine Nähe zulassen, oder jemand will dem Partner immer alles recht machen, damit dieser ja nicht wütend wird wie der Vater, der jeweils geschlagen hat. ∎

Miterleben, wie andere traumatisiert werden

Polizisten, Rettungssanitäter, Feuerwehrleute oder auch Kriegsjournalisten haben ein stark erhöhtes Risiko für posttraumatische Belastungsstörungen. Diese Berufsgruppen erleben entweder selber Traumatisches oder aber sie sind mehrfach Zeuge tragischer Ereignisse. Polizisten in manchen Fernsehserien zeigen dies besonders anschaulich: Sie leben für die Arbeit, vernachlässigen Privates. In privaten Beziehungen sind sie eher gereizt, haben Wutdurchbrüche; auch Alkoholprobleme sind häufig.

Auch Angehörige können Traumafolgestörungen zeigen. Eine junge Frau ist dabei, als ihrer Mutter die Diagnose «Brustkrebs» eröffnet wird. Die Mutter stirbt einige Zeit später; die Tochter vermeidet seither sämtliche Arzttermine. Bereits beim Geruch von Desinfektionsmitteln, der sie ans Spital erinnert, wird ihr schlecht.

Traumata und Folgestörungen behandeln

Der Faktor Zeit spielt bei der Überwindung eines Traumas eine grosse Rolle. Es dauert, bis Stabilität und Sicherheit sich wieder einstellen. Manchmal ist therapeutische Hilfe notwendig.

Die Behandlung eines Traumas erfolgt schrittweise. Ziel ist, dass das Geschehene nicht mehr das ganze Leben überschattet und als Teil der eigenen Lebensgeschichte akzeptiert werden kann.

Behandlungsphasen

In der ersten Behandlungsphase geht es vor allem um Stabilität und Sicherheit. Hier braucht es Trost, Wärme, Kontakt zu einem lieben Menschen. Ressourcen, die Stabilität vermitteln, müssen aktiviert werden. Betroffene vermeiden oft alles, sodass auch diejenigen Tätigkeiten wegfallen, die unterstützend wirken könnten.

In der zweiten Behandlungsphase wird das effektive Trauma behandelt. Es gilt, zu verstehen, dass man eine normale Reaktion auf ein nichtnormales Ereignis zeigt; die Angst zuzulassen und mit ihr zu arbeiten, sodass sie langsam abnimmt und mit ihr das Vermeideverhalten.

Ziel der dritten Therapiephase ist es, die Geschehnisse zu integrieren, dem traumatischen Erlebnis einen Platz in der eigenen Biografie zuzuweisen. Fast alle Menschen erleben irgendwann in ihrem Leben Traumatisches. Manchmal sind es kleine Traumata, manchmal leider sehr grosse. Ziel ist, dass der Alltag vom Trauma nicht mehr völlig überschattet wird. Es gilt aber auch, zu akzeptieren, dass das Leben nicht mehr ganz so ist, wie es vorher war. Wer bei einer Überschwemmung sein ganzes Hab und Gut verloren hat, wird bei starkem Regen immer etwas nervös sein.

Care Teams

In manchen Berufen besteht ein erhöhtes Risiko, mit traumatischen Ereignissen konfrontiert zu werden. Hier kann es sinnvoll sein, solche Situationen gezielt vorzubesprechen.

Kommt es zum Beispiel in einem Juweliergeschäft oder an einer Tankstelle zu einem Raubüberfall, so geht es nach dem Vorfall zuerst darum, wieder Stabilität herzustellen. Betroffene sollen sich setzen und ausruhen können, man kann ihnen Tee anbieten, eine Decke – Symbole für Wärme und Geborgenheit, die wir alle aus der Kindheit kennen.

Häufig ist es sinnvoll, ein sogenanntes Care Team mit einzubeziehen; es kann über die Polizei aktiviert werden. Dazu gehören Psychologinnen oder auch Seelsorger mit einer spezifischen Ausbildung für die Begleitung in Krisen.

HÄUFIG GESTELLTE FRAGEN

Meine beste Freundin ruft mich nachts an. Sie ist Opfer einer Vergewaltigung geworden. Was kann ich tun?

Stabilisierung ist das Wichtigste: da sein, Wärme geben, Trost spenden, zumindest etwas Sicherheit vermitteln. Begleiten Sie sie auf die medizinische Notfallstation, wo erste Untersuchungen erfolgen, aber auch eine Beratung zu möglichen rechtlichen Schritten.

Vielleicht wird sie auch an eine Opferhilfestelle weiterverwiesen. Diese Gespräche sind für Betroffene sehr belastend; da hilft es, jemanden dabei zu haben, dem man vertraut. Vielleicht möchte die Freundin auch für ein paar Tage bei Ihnen einziehen. Alleinsein ist zuerst oft schwierig. Akzeptieren Sie, dass die Gefühle sehr instabil sein werden. Weinkrämpfe können sich abwechseln mit Wutdurchbrüchen, gefolgt von Phasen, in denen die Freundin wirkt, als wäre nichts geschehen. Jemanden einfach in den Arm nehmen hilft oft besser als lange Gespräche. ∎

HINWEIS *Früher führte man sogenannte Debriefings durch: Die Betroffenen sprachen in der Gruppe darüber, wie sie den Vorfall erlebt hatten. Davon ist man mittlerweile abgekommen. Zu hören, wie es anderen emotional geht und was sie alles durch-*

gemacht haben, scheint einerseits zwar zu entlasten, anderseits aber auch zu belasten. Heute erfolgt eine solche Nachbesprechung meist in einem 1:1-Setting. Abgeklärt wird, was dem Einzelnen hilft, was er braucht: ein Gespräch mit Freunden, einen Spaziergang, Ablenkung durch Musik und Ähnliches. Wer ein paar Wochen später immer noch sehr unter dem Trauma leidet, sollte sich Hilfe holen.

Zurück in den Alltag

Betroffene müssen wieder Boden unter den Füssen finden und die Gewissheit haben, dass dieser Boden hält. Dafür braucht es eine Ruhephase, in einem gewissen Sinn auch eine Vermeidephase. Idealerweise umgeben sie sich mit Menschen und Dingen, die ihnen Sicherheit vermitteln können. Auch Haustiere helfen. So kann wieder Ruhe einkehren, das Nervengerüst stabiler werden.

Danach kann man die Aktivitäten, die einem guttun, wieder aufnehmen: mit lieben Menschen zusammensein, Hobbys pflegen, mit dem Hund spazierengehen, Musik hören oder spielen. Auch in dieser Phase ist es völlig o.k., Dinge zu vermeiden, die direkt mit dem Trauma verbunden sind.

Wenn es besser geht, kann man sich langsam an das Trauma herantasten. War ein schwerer Autounfall die Ursache, beginnt man mit kurzen Strecken als Beifahrer, dann mit kurzen Strecken als Fahrer. Im letzten Schritt fährt man auch die Strecke, auf der der Unfall passiert ist.

TIPP *Lösen diese Schritte grosse Ängste aus, ist es wichtig, Menschen dabeizuhaben, die Sicherheit vermitteln können, und Strategien zu haben, mit denen sich die Angst reduzieren lässt. Wenn man die Schritte häufig wiederholt, nimmt die Angst jedes Mal ein bisschen ab, man gewöhnt sich daran. Gelingt dies nicht, ist es essenziell, einen Therapeuten miteinzubeziehen. Es gibt Therapeuten, die Betroffene bei solchen Konfrontationen vor Ort begleiten.*

Medikamente

In der akuten Belastung werden vor allem leichte Beruhigungsmittel und Schlafmittel eingesetzt. Auch sogenannte Betablocker kommen zur Anwendung. Eher ungünstig sind Benzodiazepine, da sie das Gedächtnis beeinträchtigen. Die Traumaverarbeitung scheint dadurch erschwert zu sein.

Längerfristig werden vor allem bestimmte Antidepressiva eingesetzt, die bei der posttraumatischen Belastungsstörung helfen. Die Ängste sind dann nicht ganz so ausgeprägt, die Flashbacks und Albträume seltener und weniger intensiv. Gegen die Albträume werden oft Medikamente eingesetzt, die spezifisch den REM-Schlaf unterdrücken – jene Schlafphasen also, in denen wir träumen. Allerdings verschieben sich diese einfach, und die Albträume treten dann in der zweiten Nachthälfte auf.

HINWEIS *Die Einnahme von Medikamenten bei der posttraumatischen Belastungsstörung sollte immer mit Psychotherapie verbunden werden.*

Prognose

Sie ist bei der posttraumatischen Belastungsstörung gut; ein Grossteil der Betroffenen wird wieder gesund.

Es gibt leider auch chronische Verlaufsformen. Hier besteht das Ziel der Behandlung darin, die Lebensqualität zu verbessern und die gesunden Anteile möglichst zu stützen.

Taschenapotheke Trauma

Tipps für Betroffene

- Menschen ziehen sich nach einer Traumatisierung zurück. Kurzfristig ist dies sinnvoll, aber nur kurzfristig. Pflegen Sie also wieder Kontakt mit den Menschen, die Ihnen guttun.
- Finden Sie wieder Boden unter Ihren Füssen. Kleine Übungen helfen, im Hier und Jetzt präsent zu sein: Setzen Sie sich auf einen Stuhl, die Füsse auf dem Boden. Suchen Sie je drei Gegenstände, die rot oder blau sind. Achten Sie darauf, wie Ihr Atem ruhiger und tiefer wird.
- Vielen helfen Aufenthalte in der freien Natur.
- Routine hilft ebenfalls, wieder Boden unter den Füssen zu finden: im Tagesablauf, mit kleinen Aufgaben und kurzen Kontakten.
- Trauma führt zu Hilflosigkeit. Die Erfahrung zeigt, dass es hier hilft, etwas für andere zu tun. Helfen Sie stundenweise in einem Altersheim, schauen Sie zu einem Haustier.
- Wiederstehen Sie der Versuchung, den Schmerz mit Alkohol, Cannabis oder Tabletten zu überdecken.

Tipps für Angehörige

- Seien Sie geduldig. Gesundung nach einem Trauma kann lange dauern.
- Zeigen Sie Bereitschaft für Gespräche, drängen Sie aber nicht. Gerade bei Männern dauert es oft lange, bis sie über das Vorgefallene reden.
- Helfen Sie, den Tag wieder zu strukturieren. Gehen Sie zusammen einkaufen etc.
- Helfen Sie den Betroffenen, Auslöser für Flashbacks zu meiden.

Literatur

- Dehner-Rau, Cornelia; Reddemann, Luise: **Trauma verstehen, bearbeiten, überwinden.** Ein Übungsbuch für Körper und Seele. Trias, Stuttgart 2020
- Ehlers, Anke; Ehring, Thomas: **Ratgeber Trauma und Posttraumatische Belastungsstörung.** Hogrefe, Göttingen 2018
- Huber, Nicole: **Kopf-Sprung.** Vom Leben nach dem Trauma. Shaker Media GmbH, Aachen 2012
- Levine, Peter: **Sprache ohne Worte.** Wie unser Körper Trauma verarbeitet und uns in die innere Balance zurückführt. Kösel, München 2011
- PMS Aktuell: **Trauma.** Pro Mente Sana Aktuell, Heft 08-1 (www.promentesana.ch)
- Van Der Kolk, Bessel: **Verkörperter Schrecken.** Traumaspuren in Gehirn, Geist und Körper und wie man sie heilen kann. G.P. Probst, Lichtenau 2018

Filme

- www.e-dietrich-stiftung.de
  → Das-Filmprojekt

Diagnostische Leitlinien nach ICD-10

Akute Belastungsreaktion

- Auftreten einer unmittelbaren Reaktion nach einer ungewöhnlichen Belastung. Der Beginn der Symptome muss klar im zeitlichen Zusammenhang mit der Belastung stehen.
- Es tritt ein gemischtes und gewöhnlich wechselndes Bild auf. Anfänglich zeigt sich vor allem eine «Betäubung», dann Depression, Angst, Ärger, Verzweiflung, Überaktivität oder Rückzug.
- Die Symptome sind rasch rückläufig, normalerweise innerhalb von wenigen Stunden. Auch in Situationen, in denen die Belastung weiterbesteht, klingen die Symptome innerhalb von einem bis drei Tagen ab beziehungsweise sind nur noch minimal vorhanden.

Posttraumatische Belastungsreaktion

- Auftreten von Symptomen innerhalb von sechs Monaten nach einem traumatisierenden Ereignis von aussergewöhnlicher Schwere. Vorhandensein eines belastenden Ereignisses oder einer Situation aussergewöhnlicher Bedrohung oder katastrophenartigen Ausmasses, die bei fast jedem eine tiefe Verzweiflung hervorrufen würde.
- Unausweichliche Erinnerung oder Wiederinszenierung des Ereignisses im Gedächtnis, in Tagträumen oder Träumen (Flashbacks)
- Emotionaler Rückzug und Gefühlsabstumpfung
- Vermeidung von Reizen, die eine Wiedererinnerung an das Trauma hervorrufen könnte (häufig, aber für die Diagnose nicht unbedingt nötig)
- Übermässige Schreckhaftigkeit und Schlaflosigkeit (häufig, aber für die Diagnose nicht nötig), Angst, Depression, Suizidgedanken (ebenfalls nicht selten, aber für die Diagnose nicht nötig)
- Sind die Symptome typisch, kann die Diagnose auch gestellt werden, wenn zwischen Traumatisierung und Symptombeginn mehr als sechs Monate verstrichen sind.

Reaktion auf schwere Belastung, nicht näher bezeichnet

- Diese Diagnose wird verwendet, wenn eine komplexe Traumatisierung vorliegt. ICD-10 definiert hier aber keine Diagnosekriterien.

Andauernde Persönlichkeitsveränderung nach Extrembelastung

- Vorhandensein einer extremen Belastung wie Aufenthalt in einem Konzentrationslager, Folter, Katastrophen, andauernde lebensbedrohliche Situationen
- Feindliche oder misstrauische Haltung der Welt gegenüber
- Sozialer Rückzug
- Gefühl der Leere oder Hoffnungslosigkeit
- Chronisches Gefühl von Nervosität wie bei ständigem Bedrohtsein
- Entfremdung
- Die Symptome müssen mindestens für zwei Jahre vorhanden sein.
- Der andauernden Persönlichkeitsveränderung nach Extrembelastungen kann eine posttraumatische Belastungsstörung vorangegangen sein, dies ist aber nicht zwingend notwendig.

Autismus und Autismusspektrumstörungen

Seit dem Film «Rain Man» kann man sich ein bisschen besser vorstellen, was es bedeutet, mit jemandem zu leben, der von Autismus betroffen ist. Kennzeichnend sind eine starke Abhängigkeit von festen Strukturen, aber auch besondere Begabungen in Einzelbereichen.

Erscheinungsformen, Symptome

Autismus hat es schon immer gegeben, aber anders als früher erscheinen heute auch leichte Autismusstörungen auf dem Radar. Insbesondere Asperger ist zu einem Phänomen unserer Zeit geworden.

Autistische Störungen und vor allem das Aspergersyndrom sind ein grosses Medienthema und gelten als Modediagnosen. Und wie bei allen Modediagnosen ist unklar, ob das Störungsbild bis anhin übersehen wurde, ob es heute fälschlicherweise zu häufig diagnostiziert wird oder ob man ein altbekanntes Phänomen mit anderen Augen anschaut.

Autismus aus der Sicht eines Betroffenen

«Eigentlich ist mir ja ganz wohl. Solange ich alleine bin. Solange andere nichts von mir wollen oder ich nichts von ihnen brauche. Dann wird es manchmal schwierig. Warum? Das weiss ich nicht. Aber ich verbringe deshalb meine Zeit am liebsten alleine. Das ist einfach. Am Samstag wandere ich oft auf unseren Hausberg. Eigentlich jeden Samstag, immer um neun, auch bei Regen. Ich habs gerne geregelt, da weiss man, was einen erwartet. Das braucht man doch im Leben.

Schwierigkeiten habe ich schon auch. Zum Beispiel damals in der Lehre; da bin ich einfach nicht zur Abschlussprüfung erschienen, bin dann durchgefallen. Ich weiss auch nicht, warum; ich konnte mir einfach nicht vorstellen, da hinzugehen. So blieb ich ohne Abschluss, aber das ist ja auch schon 20 Jahre her. Ich bin gerne alleine, weil die Leute so laut sind. Mehrere Leute, die gleichzeitig sprechen: Da kriege ich Kopfweh, da muss ich rennen. Dann kann ich meist auch nicht schlafen. Früher kam dazu noch der Zigarettenrauch. Das hat mich immer furchtbar wütend gemacht. Warum, weiss ich eigentlich gar nicht.

Mein Bruder sagt mir immer wieder, dass ich die Leute nicht verstehe. Zum Beispiel unsere Nachbarin, die hat so einen Blick, da läuft es mir kalt den Rücken hinunter. Sie hat etwas Böses an sich. Deshalb grüsse ich sie nie und gehe ihr immer aus dem Weg. Mein Bruder sagt immer wieder, das sei falsch. Sie sei nett. – Einmal hat mich eine Mitarbeiterin gemobbt, so sagt man doch heute. Sie hat häufig bei mir zu Hause angerufen. Das macht man doch nicht. Wir arbeiten zusammen – bei der Arbeit, nicht zu Hause. Sie hat mich immer Dinge gefragt, die sie auch bei der Arbeit hätte fragen können. Mein Bruder erklärte mir, sie suche nur einen Grund, mich anzurufen, sie würde gerne etwas mit mir unternehmen, sie sei vielleicht verliebt in mich. Ich fand das komisch. Aber eben, sonst geht es mir gut. Nur ohne meinen Bruder, das wäre schwierig.»

... und aus der Sicht eines Angehörigen

«Ja, mein Bruder, er ist speziell. Ich habe ihn sehr gern, aber speziell ist er schon. Schon als Kind hat er immer alleine gespielt, immer dasselbe gemacht. Stundenlang. Am liebsten hat er Loks und Wagen aus dem Märklin-Katalog ausgeschnitten, ohne Ende. Dann hat er sie aneinandergeklebt, sieben Meter lange Züge. Wenn er fertig war, hat er mit dem nächsten begonnen... Als wir Kinder waren, musste ich ihn oft beschützen. Er wurde geplagt, er hat aber selber auch andere Kinder geplagt. Er hat sie meist einfach nicht verstanden. Ich habe immer wieder versucht, ihm so einiges zu erklären. Wie ein Motor funktioniert, das hingegen hat er mir erklärt, da weiss er alles. Gefühle versteht er im Allgemeinen nicht. Seltsam ist aber, dass er gewisse Gefühle sehr fein wahrnimmt. Er merkt zum Beispiel ganz genau, wenn ich wütend auf ihn bin. Das kann ich ihm gegenüber nicht verstecken. Bei anderen geht das gut.»

Eine eigene Welt

Autistische Erkrankungen hat es immer gegeben, und auch die Diagnose ist nicht neu. Diagnostiziert wurden aber vor allem die schwerwiegenden Fälle. Leichtgradige Störungen wurden nicht diagnostiziert, kommen aber häufig vor. In jeder Schulklasse hat es ein bis zwei Kinder, auf die die Beschreibung zutrifft. Wenn Sie sich an Ihre Schulzeit zurückerinnern, wird auch Ihnen das eine oder andere Gspänli in den Sinn kommen, das tendenziell eher scheu und intelligent war, aber ungeschickt im sozialen Verhalten – Sonderlinge eben, die nicht so recht in den Klassenverband passten.

Schwerer Autismus

Traditionell wird unterschieden zwischen dem klassischen schwergradigen Autismus und dem Aspergersyndrom.

Kinder mit schwerem Autismus sind stark beeinträchtigt. Sie treten mit der Aussenwelt ganz wenig in Beziehung, haben keinen Augenkontakt, lächeln nicht, wenn die Mutter ihnen in die Augen schaut; auf Berührungen reagieren sie negativ, sie schreien.

Oft sind sie auch psychomotorisch auffällig. Gewisse Bewegungsabläufe fallen ihnen schwer, insbesondere in der Feinmotorik. Auch der Spracherwerb gestaltet sich schwierig. Viele Menschen mit schwerem Autismus kommunizieren nicht mit Worten, sondern allenfalls mit Gesten.

GUT ZU WISSEN *Für die Form des schweren Autismus gibt es heute intensive spezifische Behandlungen. Eine gewisse Förderung ist möglich, eine Heilung jedoch nicht.*

HÄUFIG GESTELLTE FRAGEN

Was hat es mit den Inselbegabungen auf sich?

Betroffene zeigen oft sehr unausgeglichene Leistungen und Interessen. Manche Phänomene finden sie äusserst interessant; darüber wissen sie alles. In einzelnen Gebieten sind sie hochbegabt, in anderen wiederum gar nicht. Weil die Fähigkeiten so unausgeglichen und isoliert sind, ist es schwierig, dieses Inselwissen im Alltag einzusetzen. Ein Beispiel: Ein Betroffener interessiert sich sehr für das Wetter, weiss auswendig, wie heiss es vor einer Woche war, mit akribischer Angabe aller Details inklusive Luftfeuchtigkeit und Windrichtung. Ob er nun aber bei einer Temperatur von 23 Grad ein T-Shirt oder eine Jacke anziehen muss, kann er nicht beurteilen. Denn dazu würde es eine Verbindung zwischen verschiedenen Inseln von Wissen brauchen – und das fällt schwer.

Aspergersyndrom

Sehr viel häufiger als der schwere Autismus ist die leichtere Form, die Aspergerstörung. In der neuen Ausgabe des DSM-5 wird nur noch unterschieden zwischen schweren, mittelgradigen und leichten Autismusspektrumstörungen, der Begriff Asperger wurde gestrichen. Asperger gilt als leichte Form im Autismusspektrum. «Leicht» ist hier allerdings in Anführungszeichen zu sehen.

Hauptsymptome

Auch bei Aspergerbetroffenen stehen soziale Schwierigkeiten im Vordergrund. Sie haben Mühe, andere Menschen zu «lesen». Schauen wir eine Person an, erhalten wir eine Menge Informationen: Was sagt die Mimik? Ist sie freundlich, neutral oder gar feindselig? Aus den Augen lesen wir, ob jemand gut gelaunt ist, Freude oder Angst hat oder uns gar droht. Die Tonlage teilt uns mit, ob ein Satz eine Feststellung oder eine Frage ist.

All diese Punkte sind für Betroffene wie eine Fremdsprache, sie machen häufig Lese- und Interpretationsfehler. Jemand, der freundlich blickt, wird von ihnen als kritisch erlebt. Ein Satz, der von der Tonlage klar als Bitte eingeordnet werden kann, ist für sie – einfach ein Satz. Wenn am Frühstückstisch jemand sagt: «Hat es noch Milch?», antworten sie mit einem simplen «Ja» – sie verstehen nicht, dass gemeint ist: «Wenn es noch Milch hat, könntest du sie mir weiterreichen?»

Tonlage und Körperhaltung anderer Menschen teilen ihnen ebenfalls nichts mit. Daher fühlen sie sich häufig bedroht, auch wenn gar keine Bedrohung da ist. Oder umgekehrt: Sie nehmen die Bedrohung nicht wahr, auch wenn sie vorhanden ist.

> **HINWEIS** *Asperger- und andere Autismusbetroffene haben nicht nur Mühe, das Gegenüber in Bezug auf Mimik etc. zu lesen. Auch die eigene Mimik, Körperhaltung und Gesprächsmelodie sind oft nicht situationsgerecht. Betroffene wirken hölzern, sprunghaft; sie sind für andere ebenfalls schwierig zu lesen.*

Ein weiteres Hauptmerkmal von Autismus ist, dass Betroffene sich nicht in andere hineinversetzen können. Der Perspektivenwechsel gelingt nicht (sogenannte Theory-of-mind-Schwierigkeiten).

HINWEIS *Wenn Autismusbetroffene von jemandem nicht gegrüsst werden, sind sie erbost. Dass sie selber andere nicht grüssen, nehmen sie dagegen nicht wahr bzw. können nicht verstehen, warum dies andere verärgert.*

Betroffene wirken sehr egozentrisch, das macht das Zusammenleben mit ihnen nicht ganz einfach. Überhaupt haben sie Mühe mit den sozialen Regeln. Sie verstehen sie nicht, finden sie unnötig oder lästig. Sie vergessen, andere zu begrüssen; Händeschütteln widerstrebt ihnen, ebenso sozialer Beziehungsaufbau und Höflichkeitsrituale.

Ein Beispiel: Wenn sie in der Bäckerei einkaufen und die Verkäuferin gerade einen anderen Kunden bedient, unterbrechen sie einfach und sagen: «Ich will zwei Brote.» Es ist klar, dass sie damit anecken. Um das zu verhindern, müssen sie die einzelnen Teilschritte sozialer Regeln erlernen, so wie andere Schritt für Schritt lernen müssen, den Computer zu bedienen.

Veränderungen und Aussenreize

Betroffene haben häufig etwas Zwanghaftes, Rigides. Ihnen fehlt die mentale Flexibilität, sie brauchen Routine, geregelte Abläufe, Vorhersehbarkeit. Auf Unvorhergesehenes reagieren sie sehr emotional; sie blockieren, und es geht gar nichts mehr; sie haben Tobsuchtsanfälle, in denen sie kaum beruhigt werden können. Es wirkt, als wäre die Sicherung im Stromnetz draussen. Und dies wegen einer scheinbaren Bagatelle, etwa weil sie ein anderes T-Shirt hätten anziehen müssen – wo sie doch nur ein T-Shirt haben, das sie jeden Tag tragen.

EXTREMFORM DES GEHIRNS

Gilt Asperger wirklich als Krankheit? Ja und nein. Es ist eine Krankheit in dem Sinne, dass ein Leidensdruck der Betroffenen oder des Umfelds da ist und es eine krankheitsbedingte Einschränkung der Leistung in fast allen Bereichen gibt. Man könnte Asperger aber auch als eine extreme Persönlichkeitsvariante betrachten. Eine Persönlichkeit, die sich rein auf der Sachebene definiert, nicht über die emotionale Ebene. Experten sprechen hier von der Extremform des «männlichen» Gehirns, auch wenn es viele betroffene Frauen gibt. ∎

Autisten reagieren auch sehr sensibel auf Aussenreize, können diese schlecht regulieren. Körpergeruch zum Beispiel regt sie auf, er stört sie enorm. Ebenso Lärm, auch bei normalem Lärmpegel. Gewisse Farben können stören oder auch Stoffe auf der Haut. Sie tragen dann zum Beispiel nur gewisse weiche Stoffe wie Polyester, oder eben immer das gleiche T-Shirt.

Ursachen

Autismus gilt als neurobiologische Erkrankung. Man geht von einer anders gearteten Entwicklung des Gehirn aus, bei der die Vernetzung sozial wichtiger Strukturen im Gehirn verzögert ist oder gar nicht eintritt. Die genetische Komponente ist recht bedeutsam; viele Betroffene haben einen ebenfalls betroffenen Elternteil. Oft findet sich auch eine Steigerung: Der Vater ist leicht betroffen, der Sohn stark.

SONDERFALL FRANKREICH

In Frankreich als einzigem Land geht man davon aus, dass Autismus durch die Eltern verursacht wird, insbesondere durch die Mutter. Die Franzosen sprechen hier von der sogenannten Kühlschrankmutter, die eine Ambivalenz dem Kind gegenüber hat, ihm insgeheim den Tod wünscht. Dies ist ein psychoanalytisches Modell, und auch die Behandlung des Autismus ist analytisch orientiert.

Kinder mit Autismus haben in Frankreich kein Bildungsrecht; sie dürfen den Schulunterricht einzig aus sozialen Gründen besuchen. Dies hat dazu geführt, dass viele französische Eltern mit ihren Kindern nach Belgien oder in die Westschweiz ziehen. Traurig, aber wahr! Oder wohl eher schockierend ... Wäre Bill Gates in Frankreich aufgewachsen, gäbe es Microsoft heute wohl nicht.

Auch die Schweiz ist in diesem Bereich kein Vorzeigeland. Viele Betroffene können immer noch nicht adäquat gefördert werden, und es gibt immer noch viele betroffene Kinder, für die es keine Schullösung gibt und die einfach zu Hause sind. ■

Autismus behandeln

Grüssen, Dankesagen: Autistische Menschen müssen gängiges soziales Verhalten erlernen wie andere das ABC. Dazu brauchen sie die Unterstützung der Familie.

Bei der Behandlung von Autismus stecken wir in der Schweiz noch weitgehend in den Kinderschuhen. Am weitesten fortgeschritten weltweit ist Australien.

Soziale Regeln erlernen

Wie Blinde lernen müssen, sich mit Hilfsmitteln in der Welt zu orientieren, so müssen auch Autismusbetroffene lernen, sich in der Welt zurechtzufinden. Sie müssen lernen, wie das Leben funktioniert, wie Emotionen zu lesen sind und was gewisse soziale Handlungen bedeuten. Ein Beispiel: Es gibt gute Manuale, die Schritt für Schritt erklären, wie man jemanden begrüsst. Es ist, wie wenn man in ein fremdes Land reist: In Arabien etwa läuft das Begrüssungsritual auch völlig anders ab als bei uns. Da sind wir ebenfalls auf Tipps aus einem Reiseführer angewiesen.

Wissensinseln verbinden

Die Verbindungen zwischen Wissensinseln müssen ebenfalls trainiert werden, damit sie besser koordiniert funktionieren. Deshalb ist es wichtig, Betroffene aus ihrer Isolation und Reserve herauszulocken. Während es sich sonst bewährt, mit den Stärken von Betroffenen zu arbeiten, ist dies bei autistischen Kindern nur begrenzt sinnvoll. Und in den Inselbereichen ist meist auch gar keine Steigerung mehr möglich.

HINWEIS *Besonderes Augenmerk sollte dem Selbstwert gelten, denn dieser ist recht fragil. Betroffene Kinder nehmen viele Defizite zwar gar nicht wahr; werden sie ihnen aber bewusst, bricht das ganze Kartenhaus zusammen.*

Medikamente

In den USA ist man generell recht freizügig im Umgang mit Psychopharmaka. Eingesetzt bei Autismus werden vor allem Antidepressiva, die sogenannten Selektiven Serotonin-Wiederaufnahmehemmer (siehe Seite
71). Sie sollen beim Sozialisieren helfen. Gleichzeitig wirken sie angstlösend, Zwänge werden etwas gemildert.

Bei Blockaden werden häufig Antipsychotika verabreicht; Risperidon
(Risperdal®) und Aripiprazol (Abilify®) sind in den USA hierfür zugelassen. Ein Beispiel: Simon trägt nur eine bestimmte Polyester-Unterhose und
hat deshalb mehrere davon. Nun kamen die Eltern nicht dazu, zu waschen; Simon müsste eine andere Unterhose tragen. Er blockiert, liegt
am Boden, schreit und lässt sich nicht beruhigen. Hier können Medikamente bewirken, dass die Schwelle für eine Blockade steigt, dass Simon
ruhiger bleiben kann und sich nur kurz auf den Boden legt oder sogar sagt:
«Dann halt, egal», was das Zusammenleben sehr erleichtern kann.

Die Engländer, ebenfalls führend im Bereich Autismus, machen die Aus-
sage, dass zu wenige Daten vorliegen, die zeigen würden, dass eine Medikation tatsächlich wirksam ist.

 *HINWEIS Medikamente ja oder nein: Wie immer ist das eine
individuelle Entscheidung. Familien können schwerstbelastet
sein mit einem autistischen Kind. Da lohnt sich ein Versuch mit einer
Medikation. Bei manchen ist der Effekt sehr gut, bei anderen zeigen
sich nur Nebenwirkungen.*

Wichtiges Elterncoaching

Es ist sehr anspruchsvoll, mit einem autistischen Kind zu leben. Normale
Erziehungsmassnahmen wirken nicht, oft sind sie sogar kontraproduktiv.
Gleichzeitig bekommen die Eltern häufig den Vorwurf zu hören, sie hätten
ihr Kind einfach nicht erzogen. Denn betroffene Kinder wirken egozentrisch, können nicht mit anderen Kindern spielen, haben aggressive Durch-
brüche.

Im Coaching lernen Eltern, wie sie ihre Kinder unterstützen können, wie
sie am besten mit ihnen kommunizieren. Sie lernen, ihren Kindern vieles

explizit und immer wieder zu erklären, etwa warum man grüsst. Und sie lernen, dass man zum Beispiel auf Ironie besser verzichtet, da betroffene Kinder alles wörtlich nehmen.

Schwierige Regelschulstrukturen

Im Klassenverband sind alle Beteiligten gefordert: die Kinder mit Asperger, die Klassenkameraden, die Lehrpersonen. Die modernen Unterrichtsstrukturen mit fliessenden Unterrichtszeiten, Projektarbeiten im Team, der Betonung auf Kreativität, Eigeninitiative und Sozialkompetenz sind für Kinder mit Autismus ungeeignet; sie brauchen feste Strukturen. Auch das Sachwissen, über das sie verfügen würden, ist heute weniger gefragt. Vielleicht ist ja gerade das der Grund, weshalb Autismus heute so auffällt, so stört. Tatsache ist: Auffällig viele betroffene Kinder gehen in Privatschulen.

Betroffene Jugendliche und junge Erwachsene

Hier gibt es zwei Hauptthemen: Beruf und Liebe. Die Berufswahl ist entscheidend: In der richtigen Nische sind Betroffene vollumfänglich arbeitsfähig, eventuell mit etwas Unterstützung durch einen Job-Coach. Im falschen Job dagegen droht eine völlige Arbeitsunfähigkeit. Wichtig ist, einen Beruf zu finden, indem die aspergerspezifischen Stärken wirklich Stärken sind – und die Schwächen nicht so ins Gewicht fallen.

INFO *Viele Buchhalter oder Informatiker sind autismusbetroffen. Bill Gates ist wohl der berühmteste und erfolgreichste betroffene Informatiker. Autistische Seelsorger oder Werber hingegen wird es vermutlich eher weniger geben.*

Das schwierigere Thema ist die Liebe. Die meisten Betroffenen haben einen Beziehungswunsch; ihn umzusetzen ist aber anspruchsvoll. Oft ist es Autisten wohler in einer Beziehung mit jemandem, der auch betroffen ist.

Gelten Autismus und Asperger als Geburtsgebrechen?

In der Invalidenversicherung sind Geburtsgebrechen definiert; Autismus gehört dazu, sofern Defizite vor dem fünften Lebensjahr beschrieben werden. Hier liegt nicht für Kinder mit klassischem Autismus, aber für Aspergerbetroffene das Problem: Asperger zeigt sich in all seinen Facetten meist erst bei Kindergarten- oder Schuleinritt. Nicht selten werden Kinder sogar noch später wirklich auffällig, zum Beispiel bei einem Schulwechsel.

Wichtig zu wissen: Nicht die Diagnosestellung an sich ist ausschlaggebend, sondern die Beschreibung von Auffälligkeiten vor dem fünften Lebensjahr. Oft hat der Kinderarzt in seinen Unterlagen zum Beispiel Inselphänomene beschrieben. Bei einem Vierjährigen steht dann beispielsweise «Kennt alle Hauptstädte von ganz Europa». Gleichzeitig sind vielleicht psychomotorische Auffälligkeiten festgehalten: «Ein-Bein-Stand schwierig.»

Über die Invalidenversicherung können in diesem Fall gewisse Therapien abgerechnet werden. Dies ist heutzutage umso wichtiger, als die Kapazitäten der Kinder- und Jugendpsychiatrischen Dienste und der Heilpädagogik in der Schule begrenzt sind.

Taschenapotheke Autismus

Tipps für Erwachsene

- Plan B bereithalten: Morgen ist eine Schifffahrt geplant. Was ist der Plan B, wenn es regnet? Sie fahren immer um 07.13 h mit dem 8er-Tram zur Arbeit. Was ist Ihr Plan B, falls dieses Tram mal ausfällt?
- Bei welchen Situationen blockieren Sie? Gibt es Frühwarnzeichen?
- Was hilft, wenn Sie dabei sind, zu blockieren oder bereits blockiert sind? Musik hören? Einen Stressball kneten? Zehnmal tief durchatmen? Auf dem Smartphone ein Spiel spielen?
- Benutzen Sie Romane oder Fernsehserien, um zu lernen, wie man mit andern umgeht, welche sozialen Regeln gelten.
- Finden Sie eine berufliche Nische, in der autistische Fähigkeiten ein Vorteil sind.

Tipps für Eltern von autistischen Kindern

- Versuchen Sie, nicht wütend zu werden. Autisten reagieren Emotionen gegenüber sehr sensibel. Sie sind dann so überfordert, dass sie nichts mehr hören. Erklären Sie möglichst ruhig immer wieder, welche soziale Regel gerade missachtet wurde und wie andere auf so etwas reagieren.
- Halten Sie einen Plan B bereit (siehe oben). Wenn Ihr Sohn ein bestimmtes Kleidungsstück bevorzugt: Was ist der Plan B, falls mal etwas mit diesem Kleidungsstück ist?

Literatur

- Girsberger, Thomas: **Die vielen Farben des Autismus.** Spektrum, Ursachen, Diagnose, Therapie und Beratung. Kohlhammer, Stuttgart 2018
- Gittens, T.; Aarons, M.: **Das Handbuch des Autismus.** Ein Ratgeber für Eltern und Fachleute. Beltz, Weinheim 2017

DVDs

- **Mozart and the Whale.** Spielfilm. Regie: Peter Naess. 2005
- **Rain Man.** Spielfilm. Regie: Barry Levinson. 1988
- **Extrem laut und unglaublich nah.** Spielfilm. Regie: Stephen Daldry. 2012

Diagnostische Leitlinien nach ICD-10

Autismus

Das angloamerikanische neue DSM-5 unterscheidet autistische Störungen anhand des Schweregrades in leichten, mittelgradigen und schweren Autismus. Das bei uns gebräuchliche ICD-10 kennt den frühkindlichen Autismus, das Aspergersyndrom und den atypischen Autismus.

Frühkindlicher Autismus
(entspricht meist dem mittelgradigen oder eher schweren Autismus)

- Erste Symptome zeigen sich früh, in der Regel vor dem dritten Lebensjahr.
- Schwere Beeinträchtigung der sozialen Interaktion und Kommunikation (braucht Sprache und Mimik wenig, um sich mitzuteilen; Schwierigkeit, Gesten, Mimik und Sprache richtig zu lesen; wenig Gegenseitigkeit in der Interaktion)
- Fast keine Rollenspiele als Kind («so tun, als ob»)
- Starre, sich wiederholende, stark detailorientierte Verhaltensmuster, -abläufe und Interessen
- Widerstand gegen jede Art von Veränderung
- Mögliche Zusatzsymptome: Wutdurchbrüche, Befürchtungen und Ängste, Schlaf- oder Essstörungen

Aspergersyndrom
(entspricht in der Regel dem leichten bis mittelgradigen Autismus)

- Etwas leichtere Beeinträchtigung der sozialen Interaktion (Nichtverstehen sozialer Rituale wie das Begrüssen, Mimik schlecht lesen können, nicht zwischen den Zeilen lesen können u. a.)
- Inselwissen und Inselbegabungen (jedes Detail kennen über ein ganz spezifisches Fachgebiet)
- Häufig ungeschickt in den Bewegungen
- Normale Sprachentwicklung, meist mindestens durchschnittliche Intelligenz

Atypischer Autismus
Schwerer Autismus, der sich entweder erst nach dem dritten Lebensjahr zeigt oder bei dem nicht alle drei Hauptbeeinträchtigungen des Autismus (mangelnde gegenseitige Interaktion, Kommunikation und rigides, repetitives Verhalten) vorhanden sind

ADHS

Nicht jedes Kind, das den Erwachsenen chaotisch erscheint oder immer auf dem Sprung ist, hat gleich ein ADHS. Es braucht ein mehrstündiges Verfahren mit aufwendigen Tests, um die Diagnose stellen zu können.

Erscheinungsformen, Symptome

ADHS-Kinder sind immer in Bewegung. Was man vielleicht nicht denken würde: Sie können sich auch ausserordentlich gut konzentrieren, wenn etwas sie interessiert und sie in Ruhe dranbleiben können.

ADHS – das Aufmerksamkeitsdefizit- und Hyperaktivitäts-Syndrom – ist eine typische psychiatrische Erkrankung des Kinder- und Jugendalters. Es gibt die Störung in unterschiedlichen Formen: Manche Kinder sind hyperaktiv, andere sind impulsiv, dritte haben Mühe mit Gefühlen und wieder andere haben Schwierigkeiten mit der Aufmerksamkeit, sind Tagträumer.

ADHS aus der Sicht von Betroffenen und Angehörigen

Der sechsjährige Philipp konnte anstrengend sein, sehr anstrengend. Das Schlimmste war das Abendritual: Es konnte gut und gern zwei Stunden dauern, bis Philipp endlich schlief. Es war jeden Abend das Gleiche: Warum auch ins Bett gehen? Er spielte doch gerade so schön und wollte nur noch schnell die Burg aufbauen. Warum verstanden die Erwachsenen das nicht? Es hätte keine zehn, vielleicht zwanzig Minuten gedauert. War Philipp dann mal im Bett, gab es sechzehn Gründe, warum er wieder aufstehen musste. Wasser trinken, zur Burg schauen, Wasser trinken … Schlief er aber endlich, schlief er wie ein Stein. Und so war es auch am Morgen. Da begann der ganze Kampf von vorn, aber in umgekehrter Richtung: Philipp wollte nicht aufstehen. Und dann wollte er unbedingt zuerst frühstücken, sich erst anschliessend anziehen. Dann, während des Anziehens, musste er natürlich noch fertig spielen. Die Burg – es ging ja nur zehn, vielleicht zwanzig Minuten. Natürlich fand Philipp seine Kleider nicht, und es war sowieso schon zu spät, um pünktlich zur Schule zu gelangen. Jetzt waren alle gestresst, die Mutter, der Vater, der kleine Bruder, der Hund … Da musste Philipp ja explodieren.

Überhaupt krachte es viel. Mit den Geschwistern und Schulkameraden hatte Philipp häufig Streit. Er hatte aber auch ein grosses Herz. Fünf Minuten nach einer heftigen Auseinandersetzung war es für ihn, als wäre nichts gewesen. Und er war feinfühlig andern gegenüber, spürte es, wenn die Mutter eine Umarmung brauchte. Zu seinen Hasen schaute er ebenfalls gut. Es sei denn, er wollte gerade zehn, vielleicht zwanzig Minuten spielen.

... und noch ein Beispiel

«Ich bin erschöpft, völlig erschöpft. Gleich kommt mein Mann nach Hause und wird wieder nicht verstehen, warum überall ein Chaos herrscht. Ich verstehe es selbst nicht! Chaos umgibt mich, seit ich denken kann; in der Schule musste ich sogar zur Heilpädagogin deswegen. Bei der Arbeit auf der Bank hatte ich aber nie Probleme. Ich brauchte einfach jemanden, der mir genau erklärte, was zu tun ist. Aber ich langweilte mich auch rasch und wechselte alle paar Jahre die Abteilung oder den Arbeitsort. Am Schalter gefiel es mir sehr gut, ich schätzte den Kontakt mit den Kunden. Da war klar, was man tun musste. Ausgelacht wurde ich nur wegen meiner Checklisten; für alles hatte ich eine.

Jetzt, zu Hause mit zwei kleinen Kindern, geht nichts mehr. Ich bin völlig überfordert, kann mich nicht mehr organisieren. Da hilft auch keine Checkliste. Jeder Plan wird von den Kleinen durchkreuzt. Wenn ich den Schoppen gemacht und die Windeln gewechselt habe, weiss ich meistens nicht mehr, woran ich vorher gerade gewesen bin, was ich geplant habe. So habe ich mir das nicht vorgestellt! Am schlimmsten sind meine Wutanfälle. Gestern auf dem Spaziergang mit meinem Mann haben wir gesehen, dass Vandalen beim Altersheim eine Scheibe eingeschlagen haben. Das hat mich so wütend gemacht, so rasend, es gab mir einen Stich ins Herz. Mein Mann hat nur mit den Schultern gezuckt.»

ADHS im Erwachsenenalter – gibt es das?

Früher ging man davon aus, dass sich die Symptome auswachsen. Heute weiss man, dass die Schwierigkeiten im Erwachsenenalter meist bestehen bleiben. Das zweite Beispiel oben zeigt eine typische Situation.

Das Krankheitsbild

Manche Betroffenen zeigen bereits im Kleinkindalter Auffälligkeiten. Sie sind unruhig, weinen oder schreien viel, sind nicht so einfach zu beruhigen. Sie haben es eilig; gewisse Entwicklungsschritte überspringen sie kurzerhand. Sie lernen nicht zuerst zu kriechen und zu sitzen, sie stehen direkt auf. Auch mit der Sprache machen sie vorwärts: Bereits mit drei Jahren sind sie kaum noch zu bremsen, sprechen ohne Ende, wissen viel zu erzählen, haben eine lebendige Fantasie und einen grossen Wortschatz. Andere Betroffene sind unauffällig im Kleinkindalter, sind aber in der Entwicklung verzögert, insbesondere in der Sprache und in der Feinkoordination.

Hyperaktivität

Bis zu einem gewissen Alter ist die Hyperaktivität, eines der Hauptsymptome, durchaus normal. Ein Dreijähriger kann in der Spielgruppe noch nicht lange stillsitzen. Die Erwartungen steigen aber im Kindergartenalter; jetzt werden betroffene Kinder erstmals auffällig. Sie reagieren paradox: Liest die Lehrerin eine spannende Geschichte vor, werden alle anderen Kinder ruhig und still. Die Beine des ADHS-Kindes aber zappeln unentwegt. Die Unruhe kommt auch, wenn sie sich langweilen.

Betroffene Kinder können nicht warten. Deshalb ist Spielen mit anderen schwierig, denn die möchten auch mal an die Reihe kommen.

ADHS-Kinder haben zudem Mühe mit ihren Gefühlen, diese explodieren förmlich. Sie können rasend schnell wütend werden, beruhigen sich Minuten später wieder und können sich nicht mehr daran erinnern, dass es je ein Problem gab. Freunde finden sie schnell, verlieren sie aber immer wieder, denn Freundschaft braucht Geduld. Man muss teilen können.

Fragiler Selbstwert

Das Hauptproblem der ADHS-Kinder: Den ganzen Tag lang passen sie nicht ins System. Sie hören pro Tag etwa 365-mal ein Nein. 412-mal ein «Noch nicht». Und 203-mal ein «Doch nicht so». Und zum Schluss nochmals 23-mal ein Nein. Das schlägt auf den Selbstwert, macht niedergeschlagen, auch wütend.

ADHS-Kinder hören auch immer wieder, dass sie sich zu wenig anstrengen. Intelligent wären sie doch; eigentlich könnten sie mehr. Am Potenzial liegt es nicht, das ADHS-Gehirn macht aber die Umsetzung schwierig.

ADHS im Jugendalter

Die Pubertät ist eine Art natürliches ADHS; die Hormone bewirken in dieser Lebensphase eine Verhaltensweise, die für einen ADHS-Betroffenen Alltag ist. Statt dass sich die Effekte aber neutralisieren, summieren sie sich, sodass die Pubertät für diese Jugendlichen noch schwieriger ist.

Auch der Übertritt in die Lehre oder in eine weiterführende Schule kann Probleme machen. In der regulären Schule ist alles strukturiert; alle 45 Minuten steht ein neues Schulfach auf dem Stundenplan. In der Lehre aber müssen sie vielleicht von morgens um acht bis abends um fünf immer das Gleiche machen, Rechnung nach Rechnung bearbeiten beispielsweise. Da sinkt die Motivation rasch.

❗ HINWEIS *ADHS-Kinder sind stark motivationsabhängig. Nichtbetroffene können auch funktionieren, wenn sie mal etwas weniger motiviert sind. ADHSler haben nur zwei Motivations- und Leistungsstufen: On und Off. Die Feinstufen gingen vergessen.*

Betroffene im Erwachsenenalter

Bei Erwachsenen zeigt sich das Krankheitsbild etwas anders. Die Hyperaktivität ist subtiler geworden: Sie spielen vielleicht mit einem Bleistift, um sich zu beschäftigen, oder wippen mit den Füssen.

Auch mit der Konzentration haben sie meistens einen Weg gefunden. Mit ihr ist es wie mit der Motivation: Es gibt nur zwei Stufen. Ist etwas langweilig, dann ist die Konzentration schlecht. Ist etwas aber spannend, dann ist die Konzentration sehr gut, besser als bei Nichtbetroffenen. Also Off und Super-On. Man spricht hier davon, dass sie hyperfokussieren können. Deshalb findet man bei gewissen Berufsgruppen sehr viele ADHS-ler, etwa unter Fernsehmoderatoren, Rettungssanitätern, Werbefachleuten. Sie funktionieren im beruflichen Alltag, sind abends aber völlig erschöpft. Dann geht nichts mehr, der Haushalt wird zum Chaos. Deshalb melden sich Betroffene im Erwachsenenalter meistens wegen Erschöpfung beim Arzt, nicht wegen des ADHS. Sie berichten typischerweise über kurzfristige, immer wiederkehrende Erschöpfungszustände, die ihnen unerklärlich sind.

GUT ZU WISSEN *ADHS ist auch mit Vorteilen verbunden: Betroffene sind kreativ, phantasievoll, haben ein hohes Gerechtigkeitsempfinden. Viele sind sehr intuitiv; manche beschreiben sich als hellsichtig.*

Diagnosestellung

Kinder werden meistens auf Initiative einer Lehrkraft, einer Heilpädagogin oder der Kinderärztin hin abgeklärt. Die Abklärung erfolgt auf einer Erziehungsberatung oder beim Kinder- und Jugendpsychiatrischen Dienst.

Die Abklärungen sind standardisiert. Sie beinhalten unter anderem sogenannte neuropsychologische Tests, wobei viele ADHS-Betroffene hier unauffällig sind, da sie hyperfokussieren können. In einer 1:1-Situation in

SORGFÄLTIGE ABKLÄRUNG

Wird die Diagnose ADHS heute wirklich so freigiebig gestellt, wie es Laien oder auch Medien befürchten? Nein. Eine durchschnittliche Abklärung bei Kindern dauert fünf bis acht Stunden. Abgeklärt werden alle möglichen Störungsbilder: Angsterkrankungen, Autismus, körperliche Erkrankungen, aber auch Faktoren wie Elternbelastung und Erziehungsdefizite. ∎

einem ruhigen Raum können sie sich recht gut konzentrieren. Käme aber ständig jemand ins Zimmer, liesse den Radio und die Kaffeemaschine laufen und führte noch ein Gespräch mit einer Drittperson – die Testresultate wären sehr anders.

 GUT ZU WISSEN *ADHS hat eine starke erbliche Komponente, daher haben viele Eltern bei der Abklärung ein Aha-Erlebnis. Sie müssen standardisierte Fragen über das Verhalten des Kindes beantworten und stellen fest: Wenn ich diese Frage nicht für mein Kind, sondern für mich selbst beantworten würde, müsste ich bei fast allen ein Häkchen setzen.*

HÄUFIG GESTELLTE FRAGEN

Was ist ein POS?

POS bedeutet Psychoorganisches Syndrom und ist ein alter Begriff. Man verstand darunter die Folgen einer Komplikation bei der Geburt, etwa eines Sauerstoffmangels. Betroffene Kinder waren meist hyperaktiv, unaufmerksam und hatten Mühe mit der Feinmotorik und Koordination. Das deckt sich weitgehend mit dem, was wir heute ADHS nennen. Die Kriterien sind allerdings nicht genau die gleichen: Etwa die Hälfte aller ADHS-Kinder erfüllt die POS-Diagnose nicht, weil ihre Wahrnehmung oder eben ihre Konzentrationsfähigkeit in der 1:1-Situation normal wirkt.

In der IV-Rechtsprechung ist POS nach wie vor wichtig: Wenn ein Kind die Kriterien für ein POS erfüllt und dies der IV vor dem neunten Lebensjahr gemeldet wird, hat es Anspruch auf Leistungen für ein Geburtsgebrechen. Medizinisch gesehen ist aber das ADHS (und eigentlich auch das POS) kein Geburtsgebrechen. Es wird in der Regel nicht durch eine Komplikation bei der Geburt verursacht. ■

Unterschiedliche Diagnosesysteme

Das bei uns gültige ICD-10 unterscheidet das einfache Aufmerksamkeitsdefizit- und Hyperaktivitäts-Syndrom und einen Subtyp mit Hyperaktivität und einer Störung des Sozialverhaltens. Das angloamerikanische DSM-5 unterscheidet einen hyperaktiv-impulsiven Typ (ADHS) von einem Typ, der vor allem durch Unaufmerksamkeit und Konzentrationsschwierigkeiten geprägt ist (ADS), plus einen Mischtyp.

Ursachen

Darüber wurde schon viel spekuliert. Ursprünglich ging man in der Schweiz von einem Konzept aus, das auf einer Schädigung im Geburtskanal basierte: Während der Geburt erhält das Kind zu wenig Sauerstoff, oder es hat Mühe mit dem Übergang vom Leben innerhalb der Gebärmutter zum Leben ausserhalb (siehe POS, Seite 331). Auf einzelne ADHS-Kinder trifft dies zu; die meisten erlebten aber eine unauffällige Schwangerschaft und Geburt.

Biologische Faktoren

Sie scheinen einen Einfluss zu haben, insbesondere das Gehirn scheint sich anders zu entwickeln, nämlich sehr ausgeprägt von hinten nach vorne. Hirnzentren, die zum Beispiel für die Muskeln zuständig sind, sind bereits sehr früh entwickelt. Zentren, in denen die Bewegung gesteuert und kontrolliert wird, sind hingegen im Altersvergleich unterentwickelt.

Bei wichtigen Hirnbotenstoffen zeigen sich ebenfalls Unterschiede: Einzelne Botenstoffe sind vermindert, oder sie wirken weniger stark an den Rezeptoren. Die Signalübertragung gewisser Informationen funktioniert schlechter.

Eine Frage der Erziehung …

Was Eltern immer wieder zu hören bekommen – und teilweise auch selbst denken –, ist, dass ein ADHS anerzogen worden ist oder Ausdruck einer mangelnden Erziehung ist. Das trifft nicht zu. Oft wirkt es aber so, weil die üblichen Erziehungsmethoden bei betroffenen Kindern nicht greifen und darum von den Eltern auch nicht mehr angewendet werden. Eltern mit mehreren Kinder sehen die Unterschiede sehr deutlich: Was beim älteren Bruder wunderbar funktioniert, ist bei der betroffenen Schwester völlig kontraproduktiv.

HINWEIS *Ein autoritärer Erziehungsstil, der mit vielen Disziplinarmassnahmen arbeitet, führt bei betroffenen Kindern eher zu einer Verschlechterung des Selbstwertes. Das wirkt sich kontraproduktiv aus. Zudem lernen betroffene Kinder aus ihren «Fehlern» nicht – genau das wäre aber der Zweck von Disziplinarmassnahmen.*

... oder der gesellschaftlichen Verhältnisse?

ADHS-Betroffene waren die perfekten Jäger. Als Jäger ist man auf der Lauer, jede Muskelfaser angespannt, fokussiert auf die Bewegung des Tieres – eben hyperfokussiert. Dann muss man sich sehr rasch bewegen. Jagen. Schnell.

Heute sitzt dieser Jäger im Klassenzimmer, Geschichtsunterricht. Was wird er tun? Sehr unruhig sein, sich schlecht konzentrieren können auf etwas, das für ihn schlicht nicht relevant ist.

HINWEIS *Im modernen Informationszeitalter sind wir nicht mit Jagen beschäftigt, sondern mit Sammeln beziehungsweise mit Aussortieren. Ständig werden wir vor 100 Optionen gestellt, müssen innerhalb weniger Sekunden die beste auswählen. Auch ADHS-Betroffene verbringen heute viel Zeit vor dem Bildschirm. Sie sind überdurchschnittlich langsam im Auswählen, sehen schlecht, wo man klicken muss. Mit dem ständigen Selektionieren sind sie überfordert.*

Die Welt ist komplexer geworden, auch für Kinder. Ein modernes Videospiel für 10-Jährige etwa lässt sich kaum mit einem Legobausatz von vor 30 Jahren vergleichen. Die Hirnzentren, die für das Videospiel benötigt werden, entsprechen genau denjenigen, die bei ADHS-Betroffenen geschwächt sind. Deshalb trifft das Grunddefizit eines ADHS die Kinder heute wesentlich stärker als noch vor 20 Jahren.

ADHS GIBTS ÜBERALL

ADHS-Betroffene kommen in jeder Kultur vor, auch bei sogenannten Naturvölkern. Dort gibt es aber mehr Nischen, wo ihre Stärken zum Zug kommen; wo genau das wichtig ist, was sie gut können. Ein betroffener Landwirt leidet weniger als ein betroffener Buchhalter. ■

ADHS behandeln

ADHS-Kinder halten alle auf Trab: Eltern, Lehrkräfte, Heilpädogen. Deshalb ist es auch so wichtig, dass alle in der Umgebung in die Behandlung involviert werden. Ob Medikamente sinnvoll sind, entscheidet sich im Einzelfall.

Die heutigen Behandlungansätze sind sogenannt multimodal; das heisst, dass verschiedene Ansätze kombiniert werden. Die Medikation ist ein möglicher Teil der Behandlung.

Elterncoaching

Ein Elterncoaching kann sehr entlasten. Hier lernen die Eltern beispielsweise, wie sie ihr Kind besser erreichen. ADHS-Kinder sind Meister im Diskutieren; die kleinste Anforderung kann in eine einstündige Debatte ausufern. Eltern erfahren im Coaching, wie sie es schaffen, sich nicht auf solche Auseinandersetzungen einzulassen. Sie lernen beispielsweise, auf das Kind zuzugehen, sich halb abzudrehen und kurz und sec zu erklären: «Könntest du noch den Abfall rausbringen, danke.» Bereits nach dem halben Satz hat sich die Mutter wieder abgewandt und geht zurück in die Küche; das Kind hat also gar keine Chance, eine Diskussion zu beginnen. Das Danke am Schluss unterstützt die Aufforderung; es ist bereits die Belohnung.

Solche kleinen Tricks vereinfachen das Leben betroffener Eltern sehr. Auch der Austausch mit anderen Eltern ist hilfreich.

HINWEIS *Elternsein ist in der heutigen Zeit professionalisiert worden; es gilt, als Eltern perfekt zu sein. «Gelungene» Kinder zu haben ist ein Leistungsausweis wie die Ferien im Ausland, die Beförderung im Job. Dieser Leistungsausweis fehlt Eltern von betroffenen Kindern – in den Augen der anderen.*

Medikamente

Medikation ja oder nein? Das ist eine schwierige Entscheidung. Die Antwort ist aber einfach: möglichst kindzentriert, also so, wie es für das Kind am besten ist.

Das Internet hilft nicht; die Meinungen sind recht polarisiert und vor allem dogmatisch. Gewisse Sekten haben sich aus unerklärlichen Gründen auf das Thema spezialisiert. Auf vielen Internetseiten liest man nur Schlimmes. Daneben gibt es auch wahre Wunderberichte. Die meisten Betroffenen, die Ritalin® (oder ein anderes ADHS-Medikament) einnehmen, äussern sich eher positiv. Ein Wundermittel ist Ritalin® aber nicht. Es kann jedoch helfen, dass es in der Regelschule klappt, dass ein Kind Erfolgserlebnisse haben kann, dass es zum Beispiel auch einmal an einen Kindergeburtstag eingeladen wird.

! *GUT ZU WISSEN Die Wirkung der Medikamente fällt sehr unterschiedlich aus. Von «kaum wiederzuerkennen im positiven Sinne» bis zu «gar kein Effekt» ist alles möglich. Und leider lässt sich nicht voraussagen, welche Kinder ansprechen und welche nicht.*

Es kann sinnvoll sein, eine Medikation auszuprobieren. Vielleicht hilft ein Gespräch mit anderen betroffenen Eltern, um von ihnen direkt zu hören, wie ihre Erfahrung mit Medikamenten war, ihnen direkt Fragen stellen zu können.

Nicht nur Ritalin®

Bis vor ein paar Jahren waren hierzulande nur Stimulanzien aus der Methylphenidatgruppe zur ADHS-Behandlung zugelassen, weshalb in der Schweiz Ritalin immer noch als Überbegriff für alle ADHS-Medikamente verwendet wird. Nun kann aber auch ein amphetaminbasiertes Medikament eingesetzt werden, Elvanse®; allerdings nur, wenn jemand auf Methylphenidat nicht angesprochen hat oder dieses nicht eingesetzt werden kann. Dafür kann es fast nicht missbraucht werden, da das Medikament zuerst in der Leber verstoffwechselt werden muss, um aktiv zu sein, und so als Suchtmittel viel zu langsam wirken würde.

Grosse Hoffnungen setzte man auf Strattera® (Atomoxetin), der ersten Nicht-Stimulanz in der ADHS-Behandlung. Strattera® wurde ursprünglich als Antidepressivum entwickelt. Es hilft spezifisch jungen Menschen mit einem ADHS, die zusätzlich unter Ängsten oder Depressionen leiden. Manche Kinder reagieren sehr gut darauf, gerade auch Betroffene, die Stimulanzien schlecht vertragen, den Appetit völlig verlieren oder Tics entwickeln.

> **GUT ZU WISSEN** *Fachleute setzen grosse Hoffnungen in das neue Medikament; es konnte die Behandlung mit Stimulanzien aber bisher nicht ersetzen.*

Erwachsene behandeln

Bei Erwachsenen hilft oft bereits die Abklärung, weil sie mit einem Mal verstehen, dass manche ihrer Schwierigkeiten mit dem ADHS zu tun haben. Das erleichtert, hilft zu verstehen und einzuordnen.

Auch bei Erwachsenen kann eine Medikation hilfreich sein. Neben den Stimulanzien werden hier auch gewisse Antidepressiva angewendet, die ähnlich wie Ritalin® den Botenstoff Dopamin erhöhen, dies aber viel langsamer. Bupropion (Wellbutrin®) ist ein Beispiel für einen häufig eingesetzten Wirkstoff.

Empfehlenswert ist ferner ein ADHS-Coaching. Hier lernen Betroffene Techniken, wie sie sich besser organisieren, wie sie ihr Leben ADHS-gerechter einrichten können. Eine spezifische Berufsberatung kann ebenfalls sinnvoll sein. Es verhält sich hier ähnlich wie beim Autismus: In gewissen Berufen kann ADHS sogar ein Vorteil sein, in anderen ist es ein riesiger Nachteil.

Taschenapotheke ADHS

Tipps für Eltern betroffener Kinder

- Besuchen Sie einen Elterncoaching-Kurs. Sie stehen auch Grosseltern offen.
- Halten Sie den Tagesablauf möglichst einfach und regelmässig. Ihr Kind braucht genügend Freiraum mit Aktivitäten, die ihm Spass machen und seinen Selbstwert stützen.
- Seien Sie pragmatisch im Umgang mit andern. Versuchen Sie, Ihrem Freundeskreis die Problematik zu erklären. Meiden Sie Menschen, die Ihnen vermitteln, dass Sie als Eltern einfach zu wenig durchgreifen.

Tipps für betroffene Erwachsene

- Lassen Sie sich durch einen ADHS-Coach beraten, wie Sie Ihr Leben Ihrem Handicap anpassen können. Delegieren Sie Aufgaben, bei denen Sie wegen des ADHS sehr viel Energie verpuffen.
- Achten Sie auf Kompensation in der Partnerschaft. Ihr Partner, Ihre Partnerin muss gewisse Aufgaben für Sie übernehmen, damit zu Hause alles funktioniert. Was übernehmen Sie im Gegenzug?
- Meiden Sie Suchtmittel; diese sind für Sie höchstwahrscheinlich gefährlicher als für andere.
- Finden Sie Ihre berufliche Nische. Es gibt Tätigkeiten, da ist eine ADHS-Struktur von Vorteil, bei anderen ein grosser Nachteil.

Literatur

- Alfred, A.; Eiden, S.; Heuschen, K.W.; Neuy-Bartmann, A.; Rothfelder, U.: **AD/HS Praxishandbuch.** Die Aufmerksamkeitsdefizit-/Hyperaktivitätsstörung und ihre Begleiterkrankungen. Ein praktischer Leitfaden für Kinder, Jugendliche und ihre Eltern, Erwachsene, Lehrer und Therapeuten. Books on Demand, 2013
- Bonney, Helmut; Hüther, Gerald: **Neues vom Zappelphilipp.** ADS verstehen, vorbeugen und behandeln. Beltz, Weinheim 2019
- Reimann-Höhn, Uta: **AD(H)S – So stärken Sie Ihr Kind.** Was Eltern wissen müssen und wie sie helfen können. Herder, Freiburg 2018

DVD/Film

- **«Lieber einen Sommer auf der Alm als ein Leben lang auf Ritalin».** Edition Hüther – Das Geheimnis des Gelingens. Folge 1
- **Zappelphilipp und Traumsuse.** Leben mit ADHS (www.spiegel.tv/filme/thema-adhs)

Diagnostische Leitlinien nach ICD-10

ADHS
(Aufmerksamkeitsdefizit- und Hyperaktivitäts-Syndrom)

Beim ADHS bestehen grössere Unterschiede zwischen dem bei uns gebräuchli-
chen ICD-10 und dem angloamerikanischen DSM-5. Da bei uns das ICD-10 zur
Diagnosestellung verwendet werden muss,
wird an dieser Stelle nur darauf einge-
gangen.

Einfache Aktivitäts- und Aufmerk-
samkeitsstörung
- Hauptsymptome sind Aufmerksamkeitsdefizite und Überaktivität.
- Die Hauptsymptome müssen sich
  an verschiedenen Orten zeigen (z. B.
  zu Hause und in der Schule).
- Aufmerksamkeitsdefizite: Aufgaben
  werden häufig abgebrochen und
  nicht beendet, Betroffene verlieren
  schnell das Interesse an etwas. Diese
  Defizite müssen für das Alter und
  Intelligenzniveau aussergewöhnlich
  sein.
- Überaktivität: Ruhelosigkeit in Situationen, in denen Ruhe gefordert
  wird. Nicht still sitzen können, zappeln
  etc. Das Verhalten muss sehr auffällig
  sein im Vergleich zur Altersgruppe.

- Zusatzsymptome, die zur Diagnose-
  stellung nicht nötig sind:
  – Unbekümmertheit in gefährlichen
    Situationen
  – Impulsive Missachtung sozialer
    Regeln
  – Distanzlosigkeit in sozialen Situa-
    tionen

Hyperkinetische Störung des
Sozialverhaltens
- Zusätzlich zu den oben erwähnten
  Symptomen der einfachen Aktivitäts-
  und Aufmerksamkeitsstörung finden
  sich Störungen des Sozialverhaltens.
- Das Sozialverhalten muss im Vergleich
  zur Altersgruppe stark auffällig sein,
  und die Auffälligkeiten müssen sich
  während mindestens sechs Monaten
  zeigen.
- Extremes Mass an Streiten, Vandalis-
  mus, häufiges Lügen, Schuleschwänzen,
  Weglaufen, Wutdurchbrüche, Unge-
  horsam. Bei sehr schweren Fällen auch
  Tierquälerei, Diebstahl, Feuerlegen
  etc.

Anhang

Adressen und Links

Stichwortverzeichnis

Adressen und Links

Die folgenden Angaben dienen der Information über psychische Beeinträchtigungen und Angebote für professionelle Hilfe sowie Selbsthilfe. Die Zusammenstellung erhebt nicht den Anspruch auf Vollständigkeit und wird bei der Pro Mente Sana laufend aktualisiert. Für Informationen über spezifische Angebote in Ihrer Nähe wenden Sie sich an das Beratungstelefon der Pro Mente Sana.

Allgemein

www.beobachter.ch/gesundheit
Das Gesundheitsportal des Beobachters bietet eine Fülle an Informationen zu verschiedensten Gesundheitsthemen. Sie finden alles Wissenswerte zu Krankheiten und Symptomen, ferner Ratschläge und Tipps zu Prävention und Wohlbefinden.

www.promentesana.ch
Schweizerische Stiftung
Pro Mente Sana
Hardturmstrasse 261
8005 Zürich
Tel. 044 563 86 00

Seit 1978 setzt sich die Schweizerische Stiftung Pro Mente Sana für die Interessen psychisch beeinträchtigter Menschen ein. Die Stiftung wirbt in der Öffentlichkeit um Verständnis für psychisch beeinträchtigte Menschen und kämpft für deren Entstigmatisierung. Auf der Website finden sich viele nützliche Informationen zu Selbsthilfe, Recovery und Publikationen, des Weiteren umfangreiche Verzeichnisse von Arbeits-, Wohn-, Freizeit-und Ferienangeboten für psychisch beeinträchtigte Menschen.

Beratungstelefon 0848 800 858
zu juristischen und psychosozialen Fragen Mo, Di, Do 9–12 h / Do 14–17 h. Psychosoziale Beratung zusätzlich Di und Mi 16.30–19.30 h.
Für psychisch beeinträchtigte Menschen, Angehörige und Fachpersonen aus der Deutschschweiz. Beratung zu rechtlichen Fragen (insbesondere Sozialversicherungen und Erwachsenenschutzrecht) sowie rund um psychische Gesundheit und Beeinträchtigung, Behandlungsmöglichkeiten, soziale und berufliche Integration, Vermittlung von Adressen von Hilfsangeboten. Alle Beraterinnen und Berater sind Fachpersonen aus dem jeweiligen Bereich mit praktischer Berufs- und Beratungserfahrung. Sie unterstehen der Schweigepflicht und wahren die Anonymität.
Kosten (Gebühren gehen zu 100 Prozent an den Telefonanbieter): CHF 0.08 pro Minute aus dem Festnetz; mindestens CHF 0.38 pro Minute bei Anrufen von mobilen Geräten.

e-Beratung der Pro Mente Sana
(www.promentesana.ch/de/beratung.html)
Die e-Beratung ermöglicht es, Anliegen zum Thema psychische Gesundheit und Krankheit zu jeder Zeit über die entsprechende Website zu versenden. Die Verbindung ist gesichert und die Mitteilun-

gen werden verschlüsselt. Eine Antwort erfolgt in der Regel innert spätestens drei Arbeitstagen.

ensa.swiss

Laien sollen besser helfen können, wenn bei nahestehenden Personen psychische Schwierigkeiten oder gar Krisen auftreten. Im ensa-Erste-Hilfe-Kurs wird in vier Modulen Grundwissen zu psychischen Störungen vermittelt, und es werden konkrete Erste-Hilfe-Massnahmen bei Problemen und Krisen erlernt und geübt.

Professionelle Hilfe finden

Wenn psychische Symptome wie erhöhte Spannung, Aufregung, Unsicherheit, Ängstlichkeit, Irritation, Aggressivität, Niedergeschlagenheit, Verwirrtheit, Gefühle der Unwirklichkeit, Wahn- und Verfolgungsideen regelmässig oder anhaltend auftreten, gilt es, möglichst rasch professionelle Hilfe aufzusuchen. Falls Ihr Hausarzt Ihnen keine geeignete Adresse angeben kann, helfen folgende Organisationen und Websites bei der Suche nach einem Therapeuten oder einer Fachärztin:

www.doctorfmh.ch

FMH Generalsekretariat
Elfenstrasse 18
Postfach 300
3000 Bern 15
Tel. 031 359 11 11
Website des Berufsverbandes der Schweizer Ärztinnen und Ärzte FMH. Suche von Psychiaterinnen und Psychiatern nach Gebiet mit einer Kartenfunktion.

www.psychologie.ch

Föderation der Schweizer Psychologinnen und Psychologen (FSP)
Effingerstr. 15
3008 Bern
Tel. 031 388 88 00
Website des Verbandes, mit Suchmaske für Behandlungsplätze

www.psychotherapie.ch

Assoziation Schweizer Psychotherapeutinnen und Psychotherapeuten ASP
Riedtlistr. 8
8006 Zürich
Tel. 043 268 93 00
Website des Verbandes mit Therapieplatzvermittlung (online und telefonisch).
Therapieplatzvermittlung:
Tel. 043 268 93 75

Hinweis zur Finanzierung: Die obligatorische Krankenversicherung übernimmt nur Behandlungskosten von Psychiatern (Ärzten) und von delegiert arbeitenden Psychotherapeuten. Deshalb ist es wichtig, die Finanzierung mit der Krankenversicherung vorgängig abzuklären.

Vorgehen in psychiatrischen Notfallsituationen oder Krisen

- Die behandelnde Psychiaterin, den behandelnden Psychotherapeuten anrufen
- Wenn nicht vorhanden: den Hausarzt anrufen
- Anruf bei der Dargebotenen Hand: Tel. 143
- Anruf beim ärztlichen Notfalldienst der Region, Weisungen entgegennehmen

343

- Den psychiatrischen Notfalldienst anrufen (wenn in der Region vorhanden)
- Anruf oder Eintritt in ein KIZ (Kriseninterventionszentrum; Städte Basel, Bern, St. Gallen, Winterthur, Zürich)
- Anruf bei der psychiatrischen Klinik, die für die Region zuständig ist
- Sich zum Notfalldienst des nächstgelegenen Spitals begeben
- Notfallnummer für Jugendliche: Tel. 147
- Notfallnummer für alle medizinischen Notfälle: Tel. 144
- Notfallnummer der Polizei: Tel. 117

www.143.ch
Die Dargebotene Hand – Sorgentelefon 143
Tel. 143 (CHF 0.20, unabhängig von der Gesprächsdauer)
E-Mail/Chat: Formulare auf Website
Tel. 143 ist rund um die Uhr eine erste Anlaufstelle für Menschen in Krisensituationen oder schwierigen Lebenslagen, aber auch für solche mit alltäglichen Sorgen – unabhängig von Alter oder kultureller und konfessioneller Zugehörigkeit.

www.elternnotruf.ch
24-h-Notruf: Hilfe und Beratung für Eltern, Familien und Bezugspersonen. Telefonische und E-Mail-Beratung und Hilfe bei Erziehungsfragen, Krisen oder Konflikten in der Familie.
Telefonberatung: 0848 35 45 55 (Festnetztarif)
E-Mail: Mailformular auf der Website

www.frauenhaus-schweiz.ch
Dachorganisation der Frauenhäuser der Schweiz und von Liechtenstein DAO. Kernaufgabe der DAO ist es, als Kriseninterventionsbetriebe gewaltbetroffenen Frauen und deren Kindern Notunterkunft, Schutz und psychosoziale Beratung zukommen zu lassen. Auf der Website finden sich die Telefonnummern der Frauenhäuser.

www.kriseninterventionschweiz.ch
Stiftung Krisenintervention Schweiz
Neumarkt 4
8400 Winterthur
Tel. 052 208 03 20
Schulungsangebote für Schulen, Unternehmen, Heime und Verbände zu Krisenintervention. Kriseneinsätze (Notfälle) und Beratungen für Privatpersonen. Ein Team von Notfallpsychologinnen und Notfallpsychologen führt Telefonberatungen durch und, wenn nötig, weitergehende Beratungen vor Ort. Die ersten Beratungsstunden (in der Regel 3 bis 5 Stunden) sind für Privatpersonen kostenlos.

www.seelsorge.net
Auf dem Hintergrund des christlichen Glaubens bieten erfahrene Seelsorgerinnen und Seelsorger allen Menschen in schwierigen Situationen Sinn stiftende Beratung. Beratung per E-Mail: Formular auf der Website oder direkt (seelsorge@seelsorge.net).

Kriseninterventionszentren (KIZ)

Ein Kriseninterventionszentrum KIZ bietet Menschen in seelischer Not rund um die Uhr professionelle Hilfe an (ambulant und stationär) und ist als Ergänzung zu notfall-psychiatrischen Diensten zu verstehen.
An die folgenden Kriseninterventionszentren (KIZ) kann man sich rund um die Uhr telefonisch wenden. Ambulante und kurzzeitige stationäre Beratung (einige Tage) sind möglich.

www.ipwin.ch
KIZ Winterthur
Bleichestrasse 9
8408 Winterthur
Tel. 052 264 37 00

www.psychiatrie-nord.sg.ch
KIZ St. Gallen
Krisenintervention am Psychiatrischen Zentrum St. Gallen
Teufenerstrasse 26
9000 St. Gallen
Tel. 071 914 44 44

www.pukzh.ch
KIZ Zürich
Militärstrasse 8
8021 Zürich
Tel. 044 296 73 10

www.upd.gef.be.ch
KIZ Bern
Murtenstrasse 21 (Inselspital)
3008 Bern
Tel. 031 632 88 11

www.upkbs.ch
Universitäre Psychiatrische Kliniken Basel
Zentrum für Diagnostik und Kriseninter-vention
Akutambulanz
c/o Universitätsspital Basel
Schanzenstr. 55
4031 Basel
Tel. 061 325 51 00

Beratung für Angehörige

www.angehoerige.ch
Verein Netzwerk Angehörigenarbeit Psychiatrie
Kontakt über Website
Verzeichnis von Beratungsstellen für Angehörige. Der Verein bezweckt die Vernetzung von Fachleuten und die Professionalisierung der Angehörigen-arbeit in psychiatrischen Institutionen.

www.vask.ch
VASK Schweiz
Dachverband der Vereinigungen von Angehörigen psychisch Kranker
Langstrasse 149
8004 Zürich
Tel. 044 240 12 00
Informationen, Beratung und Selbsthilfe-angebote für den Umgang mit psychisch beeinträchtigten Angehörigen. Adress-verzeichnis von kantonalen Hilfsangeboten.

Kinder psychisch kranker Eltern

www.kinderseele.ch
institut kinderseele schweiz iks
Schweizerische Stiftung zur Förderung der psychischen Gesundheit von Kindern und Jugendlichen
Albanistr. 24/233
8400 Winterthur
Tel. 052 266 20 45
Das iks setzt sich dafür ein, dass sich Kinder psychisch erkrankter Eltern gesund entwickeln. Die Stiftung berät Betroffene, ihr soziales Umfeld und Fachpersonen und vermittelt Hilfe.

Psychisch beeinträchtigte Menschen mit IV-Leistungen

www.proinfirmis.ch
Pro Infirmis Schweiz
Feldeggstrasse 71
Postfach 1332
8032 Zürich
Tel. 058 775 20 00
Pro Infirmis leistet und vermittelt Beratung und Unterstützung für Menschen mit geistiger, körperlicher und psychischer Behinderung und ihre Angehörigen. Vielfältige Hilfsangebote für die Gestaltung des Lebensalltags, auch bei finanziellen Schwierigkeiten, sowie Rechtsberatung. Auf der Website finden sich die Adressen der kantonalen Sozialberatungsstellen sowie die Möglichkeit der E-Mail-Beratung.

Informationen zu psychischen Störungen und Selbsthilfe

www.neurologen-und-psychiater-im-netz.org
Neurologen und Psychiater im Netz
Website von internationalen Verbänden für Neurologie, Psychiatrie und Psychotherapie. Umfangreiche Informationen zu den Themenbereichen

www.promentesana.ch
Unter der Rubrik Angebote/Trialog Schweiz finden sich Angaben mit Adressen, wo trialogische Psychose-Seminare stattfinden. Das sind Veranstaltungsreihen, in denen sich Betroffene, Angehörige und Fachleute aus der Psychiatrie treffen. Sie tauschen sich auf neutralem Boden partnerschaftlich über ihre Erfahrungen mit Psychosen aus.

www.psychiatrie.de
Deutsches Internetportal, getragen von verschiedenen Verbänden aus professionel-len und Betroffenenkreisen, mit vielseitigen Informationen zu Psychiatrie und Selbst-hilfe

www.selbsthilfeschweiz.ch
Selbsthilfe Schweiz (ehemals KOSCH)
Laufenstrasse 12
4053 Basel
Tel. 061 333 86 01
(Mo: 9.30–11.30 h; Di: 8.30–10 h; Do: 9–12 h; Fr 9–12 h/14–16 h)
Die Stiftung Selbsthilfe Schweiz ist der nationale Dachverband der 19 regionalen Selbsthilfezentren und zweier schweizerischer Selbsthilfeorganisationen. Verzeichnis auf der Website

Adressen zu einzelnen psychischen Erkrankungen

Die Erkrankungen sind alphabetisch aufgeführt.

ADHS

www.adhs20plus.ch
Schweizerische Info- und Beratungsstelle
für Erwachsene mit ADHS
Bahnhofstrasse 15
5600 Lenzburg
Anlaufstelle für Erwachsene mit ADHS mit
breitgefächerten Informationen zu Un-
ter-stützungsmöglichkeiten. Beratung per
Telefon und E-Mail (info@adhs20plus.ch)
Telefonberatung: 0900 04 04 04
(1.20 CHF/Min.)
Mo 13.30–15.30 h / Mi 17–19 h
Do 15–17 h / Fr 12.30–13.30 h

www.adhs-organisation.ch
Verein für Eltern und Bezugspersonen
von Kindern sowie für Erwachsene mit
POS/AD(H)S
elpos Schweiz
Parkstrasse 6
3084 Wabern
Tel. 031 352 00 15
Website des Vereins elpos Schweiz mit
vielen Informationen zu ADHS. Verzeichnis von kantonalen Beratungsstellen

Angststörungen

www.aphs.ch
Angst- und Panikhilfe Schweiz
APhS Anlaufstelle
Ahornweg 8
6074 Giswil
Nationale Anlaufstelle zum Thema Angst-
und Panikstörungen. Die APhS bietet
Beratung, vielfältige Informationen sowie
eine Ärztevermittlung an und fördert die
Selbsthilfe. Die Beratung erfolgt von
Menschen, die selbst mit diesen Störungen
leben. Es ist keine professionelle psycholo-
gische Beratung.
Telefonberatung: 0848 801 109
(Normaltarif). Bitte Zeitplan auf der
Website beachten

www.angstselbsthilfe.de
Website der Münchner Angst-Selbsthilfe
mit Informationen zu Angststörungen und
kostenloser Online-Beratung von ehemals
Betroffenen

Siehe auch **www.sgad.ch**
unter Depressive Erkrankungen

Autismus und Autismus-spektrumstörungen

www.autismuslink.ch
Stiftung autismuslink
Galgenfeldweg 18
3006 Bern
Tel. 031 911 91 07
Dienstleistungen rund um die berufliche
Integration von Jugendlichen und
Erwachsenen mit einer Diagnose aus dem
Autismusspektrum. Das Angebot kann aus
der ganzen Schweiz beansprucht werden.

www.autismusschweiz.ch
Autismus Schweiz
Informationsseite der Dachorganisation
und übergeordnete Schnittstelle, auf
der die Adressen der Beratungsstellen vor
Ort zu finden sind

Bipolare Störung

www.bipolar-forum.de
Selbsthilfeforum für Menschen mit einer
bipolaren Störung. Ein Angebot der DGBS
(siehe unten)

www.dgbs.de
Deutsche Gesellschaft für Bipolare
Störungen DGBS
Die DGBS ist ein unabhängiger, tria-
logisch aufgestellter Verband, der den
Erfahrungsaustausch zwischen allen
Beteiligten fördert. Auf der Website finden
sich vielfältige Informationen und
Angebote für Betroffene und Angehörige

Borderline-Persönlichkeitsstörung

www.borderline-plattform.de
Borderline-Plattform für Deutschland,
Österreich und die Schweiz.
Internetportal mit Informationen zum
Thema Borderline und Online-Selbst-
hilfemöglichkeiten (Forum, Chat), auch
für Angehörige

www.dbt-schweiz.ch
DBT Netzwerk Schweiz
Kontakt über Website.
Informationen über die Borderline-
Persönlichkeitsstörung sowie Adressen
zu verschiedenen Hilfsangeboten
und Therapiemöglichkeiten

Burn-out

www.burnout-info.ch
Eine Internetseite aus der Schweiz mit
wertvollen Informationen zu Burn-out und
Behandlungsmöglichkeiten bzw. Selbsthilfe sowie einem Literaturverzeichnis. Die
Website finanziert sich durch Werbung,
was als störend empfunden werden kann.

www.hilfe-bei-burnout.de
Internetseite mit umfangreichen Informatio-
nen, zwei Online-Selbsttests und einem
Forum

www.stressnostress.ch
Verein stressnostress.ch
Effingerstr. 15
3008 Bern
Tel. 079 455 37 66
Ein Programm zu Stressabbau und
-prävention am Arbeitsplatz, für
Mitarbeitende, Führungs- und Personal-
verantwortliche in Arbeitsorganisationen
jeder Grösse. Umfangreiche Informationen
zu Stress und Gegenmassnahmen sowie
Listen von spezialisierten Fachpersonen.

www.swiss-burnout.ch

Wissenschaftlich orientierte Dialog-Plattform für Gesundheitsfachleute, Organisationen und Individuen mit Informationen zu allen Fragen bezüglich des Burnout-Syndroms. Mit Informationen und Selbsttest.

Chronischer Schmerz

www.pain.ch

Schweizerische Gesellschaft zum Studium des Schmerzes (Swiss Pain Society SPS)
Zentralsekretariat Frau Anne Ayingol
c/o Pomcany's Marketing AG
Aargauerstrasse 250
8048 Zürich
Tel. 044 496 10 16
Website für Fachpersonen und Patienten mit Informationen zu verschiedensten Formen von Schmerz, einer Liste von ambulanten Scherzpsychotherapeuten sowie weiterführenden Links zum Thema

www.rheumaliga.ch

Rheumaliga Schweiz
Josefstrasse 92
8005 Zürich
Tel. 044 487 40 00
Website der Rheumaliga Schweiz. Informationen und Beratung zu den über 200 Erkrankungen von Rheumatismus und ein Verzeichnis der Beratungsstellen in den Kantonen sowie einigen speziellen Selbsthilfegruppen

www.schmerzliga.de

Website der Deutschen Schmerzliga. Informationen zum Thema Schmerz, Hilfe und Tipps, Diskussionsforum, Links und Literatur

Delir

Je nach Ursache siehe auch unter Demenz oder Sucht

www.delirimalter.info

Deutsche Website, erstellt von einer Fachperson aus Psychiatrie, Psychotherapie und Psychosomatik. Vielfältige Informationen zu Delir

Demenz

www.alz.ch

Schweizerische Alzheimervereinigung
Gurtenstr. 3
3011 Bern
Tel. 058 058 80 20
Informationen und Beratung per Telefon oder per E-Mail zum Leben mit Demenz für Betroffene, Angehörige und Fachpersonen

www.pro-senectute.ch

Pro Senectute Schweiz
Geschäfts- und Fachstelle
Lavaterstr. 60
Postfach
8027 Zürich
Tel. 044 283 89 89
Dachorganisation der kantonalen Beratungsstellen für sämtliche Altersfragen. Verzeichnis der kantonalen Stellen. Teilweise bestehen Demenz-Fachstellen (z. B. Kanton ZH).

www.sonnweid.ch

Kompetenzzentrum der Stiftung Sonnweid
für Menschen mit Demenz.
Bildungsangebote für Fachpersonen zum
Umgang mit veränderten Verhaltensweisen.
Eine Hotline beantwortet alle Fragen zum
Thema Demenz (Tel. 044 931 59 31,
Bürozeiten).

Depressive Erkrankungen

www.depressionen.ch

Equilibrium – Verein zur Bewältigung
von Depressionen
6300 Zug
Tel. 0848 143 144
Der Verein begleitet und baut in der
ganzen Schweiz Selbsthilfegruppen auf.
Sie vermitteln Informationen über
Entstehung, Verlauf und Therapiemöglichkeiten von Depressionen.

www.deutsche-depressionshilfe.de

Stiftung Deutsche Depressionshilfe
(ehemals Kompetenznetz Depression/
Suizidalität)
Umfangreiche Informationen und
Online-Foren zum Thema Depressionen
und Suizidalität

www.npg-rsp.ch

Koordinationsstelle
Netzwerk Psychische Gesundheit Schweiz
c/o Gesundheitsförderung Schweiz
Wankdorfallee 5
3014 Bern
Tel. 031 350 04 04
Hinter dem Logo des Bündnisses gegen
Depression finden sich die Links zu den
kantonalen Bündnissen gegen Depression.
Sie bieten Informationen zu Prävention
und Behandlung von Depressionen.

www.postnatale-depression.ch

Verein Postnatale Depression Schweiz
Geschäftsstelle:
Mühlebachstr. 30a
8800 Thalwil
Tel. 044 720 25 55
Umfangreiche Informationen zu post-
partaler Depression («Wochenbett-
Depression»), Verzeichnis von Fach-
personen, Forum für Betroffene

www.sgad.ch

Schweizerische Gesellschaft für Angst
und Depression
Ringstr. 70
8057 Zürich
Informationen über Depressionen,
bipolare Störung, Angststörung, Burn-out.
Hinweise zu Hilfsangeboten

Essstörungen

www.adipositas-stiftung.ch
Schweizerische Adipositas-Stiftung SAPS
Geschäftsstelle
Gubelstr. 41
8050 Zürich
Tel. 044 251 54 13
Website mit Informationen zu Adipositas
und einer breiten Sammlung von Links
zum Thema sowie Behandlungsangeboten.
Diskussionsforum, telefonische Helpline

www.aes.ch
Arbeitsgemeinschaft Ess-Störungen AES
Feldeggstrasse 69
8008 Zürich
Tel. 043 488 63 73
Die AES informiert und unterstützt
Menschen mit Essstörungen und Ess-
problemen, ihre Angehörigen und
Bezugspersonen sowie Fachleute.
Beratungen per Telefon, E-Mail (kosten-
los) und nach Vereinbarung vor Ort
Telefonberatung: 043 488 63 73
Di, Do 10–12 h / 14–17 h

www.netzwerk-essstoerungen.ch
ENES – Expertennetzwerk Essstörungen
Schweiz
Kontakt über Website.
Vielfältige Informationen zum Thema,
Adressen und Verzeichnis von Behand-
lungsangeboten (ambulant und stationär),
Ratgeber- und Literaturliste, Veranstal-
tungskalender. Für Betroffene, Angehörige
und Fachpersonen

Schizophrenie

**www.kns.kompetenznetz-schizophre-
nie.info**
Kompetenznetz-Schizophrenie. Vernetzte
Forschung für den Menschen
Deutsche Website mit umfangreichen
Informationen zum Thema Schizophrenie,
Psychosen und Früherkennung

www.lebenmitschizophrenie.ch
Informationsplattform für Angehörige und
Bezugspersonen
Projekt der Guido-Fluri-Stiftung

www.swepp.ch
Swiss early psychosis project
Website mit Informationen zur Früherkennung von Psychosen. Über
eine Suchfunktion können Experten in
der Region gefunden werden. Links
zu Adressen von Früherkennungszentren

Sucht

www.infodrog.ch
Schweizerische Koordinations- und
Fachstelle Sucht
Vielfältige Informationen rund um das
Thema Sucht. Infodrog führt auf ihrer
Website auch die folgenden beiden
Verzeichnisse:

www.infoset.ch
Das Schweizer Suchtportal. Umfangreiche
Informationen über Sucht, Drogen,
Prävention und Hilfe. Verzeichnis von
Hilfsangeboten in den Kantonen und
Online-Beratungsmöglichkeiten

www.suchtindex.ch
Umfassende Datenbank zur gesamtschweizerischen Suche von ambulanten, (teil-)stationären und niederschwelligen Angeboten in den Bereichen Alkohol, illegale Drogen, Medikamente und substanzungebundene Süchte

www.suchtschweiz.ch
Prävention, Hilfe, Forschung
Av. Louis-Ruchonnet 14
1003 Lausanne
Website mit vielen Informationen rund um die Prävention. Unter der Rubrik «Rat und Hilfe» finden sich verschiedene Hilfsangebote (Telefonberatung, E-Mail-Beratung, Fragen/Antworten, per Post) von Sucht Schweiz.
Telefonberatung: 021 321 29 76
Postadresse: Sucht Schweiz, Abteilung Prävention, Postfach 870, 1001 Lausanne

Trauma

www.cns-cas.ch
Internetportal der Notfallseelsorge Schweiz. Personen, die Hilfe suchen nach einem belastenden Ereignis wie Unfall (Verkehrs- oder Betriebsunfall), Suizid, Elementarereignissen wie z.B. Brand, Gewaltverbrechen, plötzlicher Tod oder einem schlimmen Ereignis an der Schule, finden über eine Suchmaske die Angebote vor Ort.

www.psychotraumatologie-aktuell.de
Website des Deutschen Instituts für Psychotraumatologie. Unter der Rubrik Selbsthilfe finden sich grundlegende Informationen zu Trauma und dessen Bewältigung.

www.dissoziation-und-trauma.de
Dissoziation und Trauma ist die Website eines Projekts, das von Ehrenamtlichen geführt wird, mit detaillierten Informationen zu Trauma und dessen Folgen. Umfangreiche Sammlung von Links, auch zu Websites von Betroffenen

www.opferhilfe-schweiz.ch
Website mit den grundlegenden Informationen zu Opferhilfe und Anspruchsvoraussetzungen. Die Opferhilfe berät Menschen, die durch eine Straftat in ihrer körperlichen, sexuellen oder psychischen Integrität unmittelbar verletzt worden sind. Opferhilfe-Beratungsstellen können Soforthilfe leisten, um die dringendsten Bedürfnisse eines Opfers und/oder seiner Angehörigen abzudecken.

Zwangsstörungen

www.zwaenge.ch
Schweizerische Gesellschaft für Zwangsstörungen (SGZ)
c/o Universitäre psychiatrische Kliniken Basel
Zentrum für Psychosomatik und Psychotherapie
Wilhelm-Klein-Strasse 27
4002 Basel
Umfangreiche Informationen und eine Broschüre zum Thema, Angebote zur Selbsthilfe, Tagungen für Betroffene und Fachpersonen, Literaturlisten
Fragen zu Diagnose, Behandlung und Verlauf von Zwangsstörungen können an das Sekretariat gerichtet werden, sie werden von Fachpersonen beantwortet. Kontaktmöglichkeit zum Austausch mit Betroffenen.

www.zwaenge.de
Deutsche Gesellschaft Zwangserkrankungen
Auf dieser Website finden sich viele
Informationen sowie die Möglichkeit
eines Chats und ein Diskussionsforum, in welchem sich auch Angehörige
austauschen können.

www.zwangserkrankungen.de
Deutsches Diskussionsforum, von
Betroffenen moderiert für Zwangs-
erkrankte und deren Angehörige

www.zwangsstoerung.ch
Diese Website wird von zwei Fachpersonen aus der Schweiz betrieben und
bietet viele hilfreiche Informationen
und Hinweise zu Selbsthilfe.

Stichwortverzeichnis

Ratgeber, auf die Sie sich verlassen können **Beobachter** EDITION

Wenn die Psyche streikt

Der Autor und Psychiater Dr. Thomas Ihde-Scholl zeigt in diesem Ratgeber, was im Arbeitsumfeld eine psychische Erkrankung auslösen oder fördern kann. Er erklärt, wie Symptome frühzeitig erkannt werden, wie Prävention funktioniert und welche Hilfsangebote es in der Schweiz bei Erkrankungssituationen gibt.

280 Seiten, Klappenbroschur
ISBN 978-3-85569-908-7

Wenn Kinder aus der Reihe tanzen

Kindern, die anecken, auffallen oder sich nicht altersgemäss entwickeln, kann bei frühzeitiger Diagnose und mit der richtigen Behandlung geholfen werden. Dieser Ratgeber vermittelt einen Überblick über die ganze Vielfalt an Behandlungsmöglichkeiten und Informationsstellen.

408 Seiten, Klappenbroschur
ISBN 978-3-85569-838-7

Stark gegen Stress

Dieser Ratgeber gibt Hinweise darauf, wie Stress differenzierter wahrgenommen werden kann. Er beleuchtet die Mechanismen und gibt vielfältige Tipps zur Stressbewältigung und Stärkung der eigenen Ressourcen.

256 Seiten, Klappenbroschur
ISBN 978-3-85569-587-4

Die E-Books des Beobachters: einfach, schnell, online. www.beobachter.ch/ebooks

Ratgeber, auf die Sie sich verlassen können  Beobachter EDITION

Demenz

Die verschiedenen Formen von Demenz und die Beziehung zwischen Betroffenen, ihren Angehörigen und Pflegenden werden in diesem Ratgeber beleuchtet. Es finden sich viele praktische, erprobte Tipps für die Alltagsgestaltung sowie Informationen zu Unterstützungsmöglichkeiten.

272 Seiten, Klappenbroschur
ISBN 978-3-03875-118-2

IV – Was steht mir zu?

Betroffene und Angehörige erfahren alles über Angebote, Rechte und Möglichkeiten, die Menschen mit Beeinträchtigungen offenstehen. Das Buch erklärt, was die IV leistet, wie das Verfahren abläuft und wie die verschiedenen Sozialversicherungen in der Schweiz zusammenspielen.

232 Seiten, Klappenbroschur
ISBN 978-3-03875-038-3

Krankheit oder Unfall

Arbeitsunfähigkeit kann alle treffen: Wer am Arbeitsplatz ausfällt, hat viele finanzielle und arbeitsrechtliche Fragen. Dieser Ratgeber bietet alle nötigen Informationen sowie viele nützliche Adressen.

200 Seiten, Broschur
ISBN 978-3-03875-050-5

Die E-Books des Beobachters: einfach, schnell, online. www.beobachter.ch/ebooks